Rainer Wicklmayr (Hg.)

Die unbekannten Schätze der Naturlandstiftung Saar

RAINER WICKLMAYR (HG.)

Die unbekannten Schätze der Naturlandstiftung Saar

Mit Beiträgen von
Axel Didion, Uli Heintz, Jo Leinen, Stefan Mörsdorf,
Simone Peter, Karl-Heinz Unverricht, Eberhard Veith,
Rainer Wicklmayr

Die Mitarbeiter der Naturlandstiftung Saar und der Naturland Ökoflächen-Management GmbH vor der Geschäftsstelle in der Feldmannstraße 85 in Saarbrücken – von links nach rechts: Steffen Süß, Jürgen Kautenburger, Klaudia Klein, Britta Bauer, Karin Schweitzer, Eberhard Veith, Marion Puffe, Axel Didion

Impressum

© 2012. Alle Rechte vorbehalten.
Herausgeber: Dr. Rainer Wicklmayr
Verlegt bei Edition Schaumberg Thomas Störmer, www.edition-schaumberg.de
Gestaltung, Satz und Druckvorlagen: Grafische Werkstatt, Ron Christmann, (06806) 987750
Druck und Verarbeitung: Kern GmbH, Bexbach
1. Auflage 2012, ISBN 978-3-941095-12-0

INHALTSÜBERSICHT

TEIL I   VORWORT UND GELEIT   9

Rainer Wicklmayr – Vorwort des Herausgebers   10
Karl-Heinz Unverricht – An zehn Jahren Aufbau mitgestaltet   22
Uli Heintz – Gemeinsam mach(t)en wir sie stark   46
Jo Leinen – SaarLorLux: Biodiversität grenzüberschreitend erhalten   60
Stefan Mörsdorf – »Wicky« und die starken Männer   72
Simone Peter – Zur Zukunft der Naturlandstiftung   92
Eberhard Veith – Mit neuen Ideen zum Erfolg   96

TEIL II   AKTIVITÄTEN DER NATURLANDSTIFTUNG SAAR   111
von *Axel Didion*

1	**Naturlandstiftung Saar (NLS)**	112
1.1	Vorbemerkung	112
1.2	Stiftungsrechtliche Grundlagen	113
1.3	Die vier Leitziele der Stiftung	113
1.4	Grunderwerb und Flächenentwicklung	115
1.5	Landesprojekte	118
1.5.1	Bliesauen-Projekt	118
1.5.2	Saar-Altarme-Projekt	119
1.5.3	Naturwacht Saarland (»Ranger«)	120
1.5.4	Landschaftspark und Hofgut Imsbach	122
1.5.5	Großflächenbeweidungen – eine Alternative für eine extensive Flächennutzung	127
1.5.5.1	Beweidungsprojekt Kiesgrube Welschbach	128
1.5.5.2	Ganzjahresbeweidungen	129
1.5.6	Möbel-Martin-Naturschutzpreis	132
1.6	Bundesprojekte	132
1.6.1	Naturschutzgroßprojekte – eine neue Dimension im saarländischen Naturschutz	132
1.7	Europäische Projekte	141

1.7.1	Grenzüberschreitende Kooperation	141
1.7.2	Interreg II-Projekt »Naturpark Dreiländereck«	143
1.7.3	Interreg-Rhein-Maas-Aktionsprogramm IRMA: Hochwasserschutz in der Bliesaue	144
1.7.4	Life-Projekte	146
1.7.4.1	Life-Projekt »Regeneration und Erhaltung von Trockenrasen in Deutschland«	146
1.7.4.2	Life-Projekt »Erhaltung und Regeneration von Borstgrasrasen Mitteleuropas«	150
1.7.5	Kulturhauptstadt Europas 2007	155
1.7.6	Interreg III B NWE-Projekt »Rheinnetz« – gemeinsam für den Rhein von morgen	156
1.8	Bilanz	159
2	**Die Naturland Ökoflächen-Management GmbH (ÖFM)**	162
2.1	Gründung der ÖFM	162
2.2	Gesellschaftsrechtliche Grundlagen	163
2.3	Die Aktivitäten der ÖFM	164
2.3.1	Flächenprogramm	165
2.3.2	Auenprogramm	165
2.3.3	Rückbauprogramm	168
2.3.3.1	Landschaft Entsiegeln – Natur Aktivieren (LENA)	171
2.3.4	Agrarflächenprogramm	173
2.3.5	Erneuerbare-Energien-Programm	176
2.3.5.1	ELKE-Projekt	176
2.3.6	Nachhaltigkeitsprogramm	179
3	**Die Imsbach Verwaltungs- und Entwicklungsgesellschaft mbH (IVEG)**	180
3.1	Gesellschaftsrechtliche Grundlagen	180
3.2	Die Aktivitäten der IVEG	181
3.2.1	Landwirtschaft	181
3.2.2	Sonstige Aktivitäten	183

INHALTSÜBERSICHT

4	Die **Biomasse Logistik GmbH (BML)**	184
4.1	Gesellschaftsrechtliche Grundlagen	184
4.2	Die Aktivitäten der BML	184

TEIL III ANHANG 187

1	Meilensteine in chronologischer Reihenfolge	188
2	Eintragung im Stiftungsverzeichnis	191
3	Satzung der NLS	191
4	Genehmigungsurkunde	199
5	Liste der Stifter und Zustifter	200
6	Organigramm der NLS	201
7	Liste der Vorsitzenden und Kuratoren der NLS	202
8	Liste der Schutzgebiete der NLS	203
9	Liste der Eigentumsflächen der ÖFM nach Gemarkungen	207
10	Eckdaten der Naturschutzgroßvorhaben	210
11	Liste der Rückbauprojekte	212
12	Brief Dr. Wicklmayr	213
13	Abkürzungsverzeichnis	214
14	Literaturverzeichnis	216
15	Bildnachweis	224
16	Karte der Schutzgebiete der NLS	226
17	Karte der Maßnahmengebiete der ÖFM	234

Dr. Rainer Wicklmayr (rechts, Vorsitzender NLS) übergibt 1982 das Schutzgebiet bei Bebelsheim zur Betreuung an Werner Martin (Vorsitzender DBV).

TEIL I

Vorwort und Geleit

- RAINER WICKLMAYR
- KARL-HEINZ UNVERRICHT
- ULI HEINTZ
- JO LEINEN
- STEFAN MÖRSDORF
- SIMONE PETER
- EBERHARD VEITH

RAINER WICKLMAYR

Vorwort des Herausgebers

»Ausschließlicher Zweck der Naturlandstiftung Saar ist der Erwerb ökologisch bedeutsamer Flächen sowie deren Erhaltung und Entwicklung zur Sicherung des Lebensraumes bedrohter Tiere und Pflanzen unserer Heimat.«

So lautet § 1 der Gründungssatzung der Naturlandstiftung Saar (NLS) aus dem Jahr 1976. Auch wenn im Lauf der Jahre noch einige Aufgaben dazugekommen sind, wie die Pflege stiftungseigener Bau- und Bodendenkmäler, Umweltbildung und die Trägerschaft der »Naturwacht Saarland«, so sind Grunderwerb und Flächenbetreuung zum Schutz der heimischen Tier- und Pflanzenwelt nach wie vor die Kernaufgaben der Stiftung.

Die Flächenbilanz nach 35 Jahren planvoller Ankaufstätigkeit ist beachtlich. Im Jahr 2011 ist die NLS-Eigentümerin von rund 720 Hektar ökologisch hochwertiger Flächen, die in 97 Schutzgebieten über das ganze Saarland verteilt sind. Nimmt man die Flächen ihrer 100-prozentigen Tochtergesellschaft, der Naturland Ökoflächen-Management GmbH (ÖFM), dazu, so sind es annähernd 1.700 Hektar, für die die Naturlandstiftung die Verantwortung trägt[1]. Auch die im Rahmen der drei Naturschutzgroßvorhaben »Wolfers-

---

1 Siehe Anhang 16 und 17: Karten der Schutzgebiete der NLS und Maßnahmengebiete der ÖFM

kopf«, »Saar-Blies-Gau/Auf der Lohe« und »Gewässerrandstreifenprogramm ILL« erworbenen Flächen von 170 bzw. 660 bzw. 410 Hektar, die sich im Eigentum der jeweiligen Zweckverbände[2] befinden, dürfen an dieser Stelle hinzugezählt werden. War es doch die NLS, die alle drei Großprojekte mit initiiert hat und bei den beiden Naturschutzgroßvorhaben »Wolferskopf« und »Saar-Blies-Gau/Auf der Lohe« als geschäftsführendes und umlagepflichtiges Mitglied der Zweckverbände auch den Flächenerwerb getätigt hat[3].

Ohne diese Flächen wäre der saarländische Naturschutz ärmer. Manches der großen Naturschutzprojekte wäre ohne die Bereitstellung der stiftungseigenen- und der Zweckverbands-Flächen nicht zustande gekommen. Das bekannteste ist das Biosphärenreservat Bliesgau[4]: Rund 10 Prozent seiner 1.109 Hektar großen Kernzone sind im Eigentum des Zweckverbands »Saar-Blies-Gau/Auf der Lohe«.

Ein weiteres Beispiel ist der »Landschaftspark Hofgut Imsbach« am Fuße des Schaumbergs bei Theley. Hier hat die NLS mit der ÖFM nicht nur ein viel besuchtes Naherholungsgebiet geschaffen, sondern – mit dem historischen Hofgut Imsbach als Mittelpunkt – auch einen der größten Bio-Landwirtschaftsbetriebe des Saarlandes aufgebaut mit Mutterkuh- und Schafhaltung an verschiedenen Standorten.

Aber trotz ihrer erfolgreichen Arbeit ist die NLS in der Öffentlichkeit weitgehend unbekannt. Daran ändert auch die Tatsache nichts, dass sie die älteste Stiftung dieser Art in Deutschland ist und in Fachkreisen hohes Ansehen genießt.

»Wer ist die NLS? Wer steht hinter diesem Namen? Wo liegen ihre Schutzgebiete und wie wird das alles finanziert?«

Solchen Fragen begegne ich immer wieder, wenn von der Stiftung die Rede ist. Ich vermute, dass der geringe Bekanntheitsgrad der Stiftung auf ihrer zurückhaltenden Öffentlichkeitsarbeit beruht, die zu einem gewissen Informationsdefizit geführt hat.

---

2   Siehe Anhang 10: Eckdaten der Naturschutzgroßvorhaben
3   Bei dem Naturschutzgroßvorhaben »Gewässerrandstreifenprogramm ILL«, aus dem sich später das Naturschutzgebiet »Täler der ILL und ihrer Nebenbäche« entwickelt hat, hat der Zweckverband den Grunderwerb in Eigenregie getätigt. Die NLS ist zwar Mitglied des Zweckverbands, aber nicht umlagepflichtig.
4   Biosphärenreservat Bliesgau: Gesamtfläche 36.150 Hektar, Kernzone: 1.109 Hektar, Pflegezone: 7.033 Hektar, Entwicklungszone: 28.008 Hektar.

25 Jahre NLS im Jahr 2001: Von links nach rechts: Eberhard Veith (Geschäftsführer NLS), Stefan Mörsdorf (Umweltminister des Saarlandes, Vorsitzender NLS), Jürgen Trittin (Bundesumweltminister), Dr. Rainer Wicklmayr (Ehrenvorsitzender NLS)

Deshalb haben wir uns entschlossen, dieses Buch herauszubringen, in dem der interessierte Leser fundierte Antworten auf alle seine Fragen finden soll.

Ich freue mich, dass es gelungen ist, zu diesem Zweck sieben namhafte Autoren zusammenzuführen, von denen jeder in besonderer Weise mit der Entwicklung der Stiftung verbunden ist. Sei es als deren Vorsitzender oder Kurator, sei es als wissenschaftlicher Mitarbeiter oder als Stifter. Jeder von ihnen hat die Stiftung ein Stück weit begleitet und zu ihrem Erfolg beigetragen.

Ich danke Herrn Jo Leinen und Herrn Stefan Mörsdorf für ihre spontane Bereitschaft, sich mit einem Beitrag an diesem Buch zu beteiligen. Beide Herren waren während ihrer Zeit als saarländische Umweltminister auch (gewählte!) Vorsitzende der Naturlandstiftung. Herr Leinen von 1988 bis 1994 und Herr Mörsdorf von 1999 bis 2009.

Jo Leinen ist heute Europaabgeordneter (SPD) und Vorsitzender des Ausschusses für Umwelt und Gesundheit des Europäischen Parlaments. Der

Beginn seiner Amtszeit als Vorsitzender der Naturlandstiftung fiel zusammen mit dem Übergang von der anfangs ehrenamtlichen Verwaltung der Stiftung zur hauptamtlichen Geschäftsführung, die mit der Einstellung von Herrn Eberhard Veith im November 1985 begann und einen ungeahnten Aufschwung der Stiftung bewirkte. Ein Beispiel mag das verdeutlichen: Allein im Jahr 1988 erwarb die Stiftung mehr Naturschutzflächen, als in den vorangegangenen 11 Jahren: 90 Hektar gegenüber knapp 70 Hektar.

Auch die anfänglich labile finanzielle Situation der Stiftung erfuhr während der Amtszeit von Herrn Leinen eine erfreuliche Verbesserung. Der saarländische Landtag beschloss im Jahr 1994, die Stiftung wegen ihrer gemeinnützigen Naturschutzaktivitäten finanziell zu fördern und stellte im Haushaltsplan 1995[5] erstmals Mittel in Höhe von 90.000 DM als institutionelle Förderung (Zuschuss zu den betrieblichen Kosten) bereit, die seither in gleichbleibender Höhe gewährt werden. Außerdem bezuschusste das Umweltministerium den Flächenerwerb der Stiftung – je nach der ökologischen Wertigkeit der Grundstücke – zwischen 60 Prozent und 90 Prozent.

Leider haben inzwischen steigende Kosten bei stagnierenden Landeszuschüssen und rückläufigen Zuwendungen von dritter Seite die finanzielle Situation der Stiftung stark beeinträchtigt. Soll ihre gemeinnützige Tätigkeit fortgeführt werden, so müssen neue Wege der Finanzierung erschlossen werden. Auch hiervon soll in diesem Buch die Rede sein.

Mit Umweltminister *Stefan Mörsdorf* (CDU), der heute Geschäftsführer der »Asko-Europa-Stiftung« mit Sitz in Saarbrücken ist, verbindet sich die für die Stiftung folgenreichste Entwicklung, die mit der Einführung der Ökokontoregelung im Saarland im Jahr 1998[6] zusammenhängt. Der Grundgedanke dieser Regelung, nämlich die zeitliche und örtliche Entkoppelung von Ausgleichsmaßnahmen von dem sie verursachenden Eingriff in Natur und Landschaft, machte erstmals die Bündelung solcher Maßnahmen und damit die Realisierung großer überörtlicher Naturschutzprojekte möglich. Zur Umsetzung dieser neuen Regelung hat die NLS im Jahr 1998 die ÖFM[7] als 100-prozentige Tochtergesellschaft gegründet, zu deren Geschäftsführer Herr

---

5 Kapitel 0902: Allgemeine Bewilligungen, Titel 68587 »Zuschüsse an Vereine, Verbände und Organisationen«
6 Erlass des Ministeriums für Umwelt, Energie und Verkehr vom 1. Januar 1998 (Gemeinsames Ministerialblatt des Saarlandes, Nr. 2 vom 25.02.1998, Seiten 74ff)
7 Naturland Ökoflächen-Management GmbH, HR-Nr. 13568

Veith bestellt wurde. Die Gewinne dieser Gesellschaft fließen weitgehend der Muttergesellschaft zu und sind für deren Fortbestand unentbehrlich.

Mit Herrn Karl-Heinz Unverricht und Herrn Eberhard Veith kommen zwei Kuratoren der Stiftung zu Wort, deren Ausführungen interessante Einblicke in die Entstehungsgeschichte, aber auch in die Gegenwartsprobleme der Stiftung gestatten.

Herr **Karl-Heinz Unverricht** hat die Stiftung in der schwierigen Anfangsphase von 1981 bis 1990 ehrenamtlich geführt, neben seiner Tätigkeit als Leiter der Landesgeschäftsstelle der »Deutschen Gesellschaft für Landentwicklung« DGL, bzw. ab 1987 als Geschäftsführer der »Landesentwicklungsgesellschaft« LEG. Er hat ihr feste Verwaltungsstrukturen gegeben, vor allem aber den Weg zu einer dauerhaften Zusammenarbeit mit der saarländischen Flurbereinigungsbehörde geebnet, was nicht nur zu verstärkten Biotopankäufen führte, sondern auch ökologisch wertvolle Flächenarrondierungen ermöglichte. Bei seinem engagierten Einsatz für die Stiftung war ihm sein Sekretariat eine wertvolle Hilfe, insbesondere Frau Hilde Schäfer, die später hauptberuflich zur NLS überwechselte.

Herr **Eberhard Veith** ist als erster hauptamtlicher Kurator Herrn Unverricht in der Leitung der Stiftung nachgefolgt. Wegen seiner Bestellung zum Geschäftsführer der ÖFM musste er aus Rechtsgründen das Amt des Kurators niederlegen, das seit 2005 ehrenamtlich von Herrn Ludger Wolf wahrgenommen wird. Die Mitwirkung von Herrn Veith am Tagesgeschäft der NLS ist dadurch nicht infrage gestellt. Er hat die Stiftung und die ÖFM geprägt und zu dem gemacht, was sie heute sind. Aus der Vielzahl seiner Aktivitäten will ich in dem engen Rahmen eines Vorworts nur eine besonders hervorheben: Dass wir in den 1980er- und 1990er-Jahren in unserem kleinen Saarland gleich drei große gesamtstaatlich repräsentative Bundesnaturschutzprojekte realisieren konnten, aus denen die Naturschutzgebiete »Wolferskopf« (337 Hektar), »Täler der ILL und ihrer Nebenbäche« (1.045 Hektar) und »Südlicher Bliesgau/Auf der Lohe« (1.575 Hektar) hervorgingen, ist nicht zuletzt seinem rastlosen Einsatz zu verdanken. Ähnliches gilt für mehrere europäische Naturschutzprojekte, z. B. das LIFE-Projekt »Regeneration und Erhaltung von Trockenrasen in Deutschland« oder das INTERREG III B-Projekt »Rheinnetz – Gemeinsam für den Rhein von Morgen«, von denen ebenfalls in diesem Buch berichtet wird.

RAINER WICKLMAYR | VORWORT DES HERAUSGEBERS

Ich bin den Herren Unverricht und Veith für ihre Mitarbeit an dieser Veröffentlichung außerordentlich dankbar.

Das Wertvollste, was eine Stiftung besitzt, sind ihre Stifter. Stellvertretend für diese Gruppe kommt Herr *Uli Heintz*, der Vorsitzende des NABU im Saarland, zu Wort. Herr Heintz steht in der Nach-nach-Nachfolge von Werner Martin[8], der von 1967 bis 1985 den »Deutschen Bund für Vogelschutz, Landesverband Saarland«, den heutigen NABU – Landesverband Saar, geführt hat und schon damals die Notwendigkeit des Biotopschutzes durch Eigentumserwerb erkannt und praktiziert hat.

Mit Werner Martin und Mile Weber, dem Vorsitzenden der »Vereinigung der Jäger des Saarlandes« von 1964–1979[9], so wie Wolfgang Maria Rabe, dem Hauptvorsitzenden des »Saarwaldvereins« von 1965 bis zu seinem Tod im Mai 1995 und Dr. Berthold Budell, dem Vorsitzenden des »Bund für Naturschutz e.V., Saarbrücken« von 1971–1977 und späteren saarländischen Umweltministers (10. April 1984 bis 9. April 1985), habe ich 1976 die Stiftung gegründet.

Mile Weber, Dr. Budell und ich lernten uns als Abgeordnete im Saarländischen Landtag kennen. Wir gehörten der CDU-Fraktion an und waren bekannt – besonders Dr. Budell – als engagierte Natur- und Umweltschützer, was auch die Basis meiner Freundschaft mit Wolfgang Maria Rabe und Werner Martin war. Keiner dieser grünen Pioniere ist mehr am Leben. Ihr Einsatz für eine bessere Umwelt soll auch mit diesem Buch gewürdigt und wachgehalten werden.

Zu der Gruppe der Stifter sind im Laufe der Jahre zahlreiche Zustifter[10] dazugekommen. Mit jedem von ihnen erfüllt sich der Wunsch der Stiftungsväter ein Stück mehr, die Basis der Stiftung zu verbreitern, um ihre Wirkungsmöglichkeit zu optimieren. Auch heute ist die Naturlandstiftung offen für Verbände und Vereine, die sich zu den Zielen ihrer Satzung bekennen und zu deren Erreichung einen Beitrag leisten wollen.

Ich bin Herrn Heintz sehr dankbar, dass er sich bereit erklärt hat, stellvertretend für die Gruppe der Stifter an diesem Buch mitzuwirken. Er ist nicht nur der langjährige Vorsitzende eines Stifterverbandes, sondern auch ein hervor-

---

8   Direkter Nachfolger von Werner Martin war Dr. Eckehard Gerke bis zu seinem Tod am 9. März 1995. Ihm folgte Stefan Mörsdorf.
9   Mile Weber war schon einmal von 1952–1956 Vorsitzender der Vereinigung der Jäger des Saarlandes.
10 Siehe Anhang 5: Liste der Stifter und Zustifter

ragender Kenner der NLS und Projektleiter des Zweckverbandes »Illrenaturierung«.

Herr **Dr. Axel Didion** ist seit 1991 wissenschaftlicher Mitarbeiter der NLS und der beste Kenner des Naturpotenzials ihrer Flächen. Seit Jahren erforscht und erfasst er das Vorkommen bedrohter Arten und ihre Abhängigkeit von den unterschiedlichen Nutzungsformen in den stiftungseigenen Schutzgebieten. Auf ihm ruht die Hauptlast dieser Veröffentlichung. Sein Beitrag bietet einen umfassenden Überblick über alle Arbeitsbereiche der Stiftung und die Bedeutung ihrer Flächen für den saarländischen, aber auch den gesamtdeutschen und europäischen Naturschutz. Sein Urteil hat in der Fachwelt Gewicht und kommt auch dieser Publikation in reichem Maß zugute. Er kann sich des Dankes seiner Leser gewiss sein.

An dieser Stelle möchte ich darauf hinweisen, dass dieses Buch auch einen wertvollen Tabellenanhang enthält, den ebenfalls Dr. Didion erstellt hat. Er informiert kurz und präzise über wissenswerte Fakten bezüglich der Stiftung.

Frau **Dr. Simone Peter** (Bündnis 90/Die Grünen), die nach der Landtagswahl vom 30. August 2009 in der »Jamaika Koalition« das Umweltministerium von Herrn Mörsdorf übernommen hat, ist diesem traditionsgemäß auch als Vorsitzende der Naturlandstiftung nachgefolgt. Nach ihrer Wahl an die Spitze der Stiftung am 21. September 2010 auf dem Hofgut Imsbach hat sie erklärt, »dass sie dieses Amt sehr ernst nehme und die Absicht habe, gemeinsam mit der NLS neue Wege zu gestalten und die erfolgreiche Arbeit der vergangenen Jahre fortzusetzen«[11]. Diese Veröffentlichung bietet ihr die Möglichkeit, ihre Vorstellungen über die Fortentwicklung der Stiftung weiter zu konkretisieren. Sie darf sich des Interesses aller Naturfreunde ebenso sicher sein wie meines Dankes für die Mitwirkung an diesem Buch.

Obwohl an diesem Buch nicht beteiligt, möchte ich auch Herrn Günther Schacht danken, der damals, als wir die Stiftung gründeten, Saarländischer Umweltminister (CDU) war, und zwar der erste in einem saarländischen Kabinett und – nach Bayern – der zweite in einem Bundesland. Er war ein wahrer Freund der Stiftung und hat sie bei ihren ersten Schritten in die Öffentlichkeit in vorbildlicher Weise ideell und finanziell gefördert.

---

11   Vergleiche Protokoll der Vorstandssitzung vom 21.9.2010.

NLS-Schutzgebiet in der Niedaue bei Niedaltdorf im deutsch-französischen Grenzgebiet

Nach dem Dank an die Autoren – dem Hauptanliegen dieses Vorworts – will ich noch in aller Kürze auf ein Thema zu sprechen kommen, das mich mein Leben lang beschäftigt hat: die fortschreitende Zersiedlung der Landschaft.

Es ist das gleiche Thema, das mich vor 35 Jahren dazu trieb, Gleichgesinnte zu suchen, die mit mir die Naturlandstiftung gründeten, um vor den Gefahren dieses Weges zu warnen und ein Zeichen zur Umkehr zu setzen.

Was ist seither geschehen? Auf den ersten Blick erschreckend wenig. Die Bodenvernichtung geht nahezu ungebremst weiter. Täglich werden in der Bundesrepublik »100 Hektar zugebaut«, wie der Präsident des Europäischen Bauernverbandes Gerd Sonnleitner in einem Beitrag über »Die Agrarpolitik in der EU« in der Saarbrücker Zeitung (SZ) vom 26. April 2011 beklagt.

Auch im Saarland sieht es nicht besser aus[12]. In den letzten 10 Jahren (2001–2010) wurden durchschnittlich 0,7 Hektar an jedem Tag »verbraucht«, wobei

---

12 Siehe Abbildung 4 in Kapitel 2.3.3

im Jahr 2010 mit 1,0 Hektar täglich sogar der zweithöchste Jahreswert erreicht wurde! Man könnte resignieren, gäbe es nicht auch Zeichen der Hoffnung.

Immer mehr Menschen erkennen die Gefahren dieses Irrweges und sind zu Konsequenzen bereit. Der Flächenverbrauch ist zum öffentlichen Thema geworden und die Notwendigkeit seiner Reduzierung ist inzwischen ein unbestrittenes politisches Ziel, dem hierzulande auch Taten folgten.

Bei der Novellierung des saarländischen Naturschutzgesetzes (SNG) im Jahre 2006[13] wurde auf meine Anregung eine Ergänzung des § 6 beschlossen, der zufolge die saarländischen Behörden nicht nur – wie bisher – verpflichtet sind, unzerschnittene Landschaftsräume zu schützen und zu erhalten, sondern – gemäß dem neu eingefügten Abs. 3 –, »durch den Rückbau nicht notwendiger landschaftszerschneidender Anlagen wieder herzustellen«.

Es ist das bleibende Verdienst des damaligen Umweltministers Stefan Mörsdorf, dass er zur Umsetzung dieser Vorschrift ein Förderprogramm erlassen hat, das den Rückbau derartiger Anlagen mit Hilfe von Landeszuschüssen attraktiv machte. Es lief unter dem Kürzel »LENA«, was für »Landschaft Entsiegeln, Natur Aktivieren« steht. Im Landeshaushalt für das Jahr 2008 wurden im Haushalt des Umweltministeriums erstmals 150.000 Euro dafür bereitgestellt[14], ebenso in den Haushaltsplänen für 2009 und 2010. Im Haushaltsplan 2011, dem ersten der Jamaika-Koalition, wurde der Ansatz auf 0 Euro gestellt.

Die ÖFM hat sich am LENA-Programm beteiligt und zwei leer stehende Aussiedlerhöfe[15] abgerissen, ihre Standorte rekultiviert und wieder in die freie Landschaft eingegliedert. Das Wichtige an diesem Vorgang sind nicht die einzelnen Rückbauprojekte, die mithilfe dieses Programms realisiert werden konnten. Das Wichtige ist der Paradigmenwechsel, der in diesem Vorgang zum Ausdruck kommt: vom passiven Schutz der Landschaft zur aktiven Rückgewinnung verloren gegangener Landschaftsräume.

Bei der Realisierung einer entsprechenden Politik wird uns eine Entwicklung helfen, die – obwohl lange vorhersehbar – erst jetzt mit ihren Gefahren und Chancen ins öffentliche Bewusstsein tritt: die demografische Entwicklung unserer Gesellschaft.

---

13 Gesetz Nr. 1592 im Amtsblatt des Saarlandes vom 05.04.2006 (Seite 726 ff)
14 Kapitel 0902: Allgemeine Bewilligungen, Titelgruppe 79 Landschaft Entsiegelung und Natur Aktivierung
15 Erläuterung zu Grünlandhof und Birkenhof siehe Kapitel 2.3.3.1 Landschaft Entsiegeln – Natur Aktivieren (LENA)

Infolge dieses Phänomens kommt es nicht nur in Städten und Dörfern zu massiven Leerständen, sondern auch in den ländlichen Außenbereichen. Auf eine weitere Ursache wachsender Leerstände im ländlichen Raum weist der Verband saarländischer Immobilienmakler hin[16]: die anhaltende »Landflucht« der Saarländer.

Während man sich der Folgen dieses Schrumpfungsprozesses für den urbanen Raum zunehmend bewusst wird und die notwendigen Rückbaumaßnahmen in den Dienst einer planvollen Verbesserung der Stadtstruktur stellt, überlässt man die Entwicklung im Außenbereich noch weitgehend sich selbst.

Hier muss eine neue Bodenpolitik ansetzen, die dem Rückbau im ländlichen Raum einen wesentlich höheren Stellenwert beimisst. Diese Forderung erhebt auch der saarländische Maklerverband, wenn auch aus anderen, als den nachstehend dargestellten Gründen. Ihm geht es um die Lebensqualität in unseren Dörfern und die Werterhaltung ländlicher Immobilien.

Aus der Sicht des Natur- und Umweltschutzes geht es in erster Linie darum, unvermeidbare Bodenverluste durch planvolle Rückgewinnung im Außenbereich weitgehend zu kompensieren und möglichst viele unzerschnittene Landschaftsräume zurückzugewinnen. Dass dies keine Utopie ist, lehren die Erfahrungen der ÖFM, die lange vor dem LENA-Programm auf diesem Gebiet aktiv war[17].

Die Vorteile einer konsequenten Rückbaupolitik sind vielfältig, können aber im Rahmen dieses Vorwortes nur angedeutet werden.

1. Der Nutzen für den Naturschutz liegt auf der Hand. Besonders hervorzuheben ist die große Bedeutung, die die Wiederherstellung unzerschnittener Landschaftsräume für bedrohte Arten hat, besonders für solche mit großem Raumbedarf, wie z. B. der Wildkatze oder auch des Luchses.
2. Auch für die heimische Landwirtschaft geht es hier um eine Schlüsselfrage. Nicht nur die fortschreitende Versiegelung der Böden und teilweise deren Inanspruchnahme für entsprechende ökologische Ausgleichsmaßnahmen bedroht ihre Existenz, sondern auch die zunehmende Konkurrenz von Flächen für Energie-Pflanzen. Eine konsequente Bodenpolitik – weniger

---

16 SZ vom 20/21.8.2011 Titelseite: »Saarländer zieht es vom Dorf in die Stadt«
17 Siehe Anhang 11: Liste der Rückbauprojekte

verbrauchen, mehr zurückgewinnen – könnte hier zu einer gewissen Entspannung führen.
3. Für Ver- und Entsorgungsunternehmen ist der Rückbau überproportional aufwendiger Versorgungsinseln im Außenbereich von besonderem Interesse. Denn nur wenn mit der Bevölkerung auch die Netze schrumpfen, besteht eine Chance auf Stabilisierung der Kosten.
4. Letztlich wird die Energiewende zu einer Flächennutzungskonkurrenz im ländlichen Raum von ungeahnten Ausmaßen führen. Der Flächenbedarf für den Anbau nachwachsender Rohstoffe, für Wind- und Solarparks, wie auch für zusätzliche Überlandleitungen wird sprunghaft ansteigen. Nicht zuletzt verleihen die planungsrechtlichen Abstandsgebote für Energieparks dem Rückbau von nicht notwendigen, die freie Landschaft zerschneidenden Anlagen eine ganz neue Dimension.

Ich hoffe, dass trotz der Beschränkung auf vorstehende Gesichtspunkte deutlich geworden ist, dass es hier um eine Frage von außergewöhnlicher Bedeutung geht, die es rechtfertigt, die Landesregierung aufzufordern, das Rückbaugebot des § 6 Abs. 3 SNG ernst zu nehmen und der Bodenpolitik im ländlichen Raum höchste Priorität einzuräumen.

Des Weiteren empfehle ich, eine Arbeitsgruppe einzurichten, in der unter Führung des Umweltministeriums Vertreter der Ver- und Entsorger sowie sonstige am Rückbau interessierte Personen und Institutionen ihre Interessen abstimmen und die Durchführung von Maßnahmen koordinieren können.

Beenden will ich mein Vorwort mit der Wiedergabe eines Satzes, den ich am 25. November 1987 im Plenum des Saaränischen Landtages dem damaligen Umweltminister Jo Leinen (SPD) zurief: »Herr Umweltminister, schaffen Sie endlich ein Gesetz zur Wiederherstellung natürlicher Landschaftsräume, wo Zerschneidungen der Landschaft durch Einbeziehung von Straßen, durch Beseitigung von Streusiedlungen und änliche Maßnahmen in einem höchst möglichen Umfang wieder rückgängig gemacht werden können.«

Heute haben wir die Instrumente § 6 Abs. 3 SNG und LENA.
Nutzen wir sie!

Dr. Rainer Wicklmayr
Völklingen, im Dezember 2011

RAINER WICKLMAYR | VORWORT DES HERAUSGEBERS

Hinweis des Herausgebers aus aktuellem Anlass

Nach der Drucklegung dieses Buches ist die im Saarland seit November 2009 bestehende »Jamaika-Koalition« aus CDU, FDP und Bündnis 90/Die Grünen von Ministerpräsidentin Annegret Kramp-Karrenbauer (CDU) am 6. Januar 2012 überraschend aufgekündigt worden. Konsequenterweise sind die von der FDP und Bündnis 90/Die Grünen gestellten Minister aus der Landesregierung ausgeschieden. So auch Umweltministerin Dr. Simone Peter, die traditionsgemäß auch Vorsitzende der Naturlandstiftung war. Wie ihre Vorgänger hat Frau Dr. Peter nach dem Verlust des Ministeramtes auch den Stiftungsvorsitz abgegeben und am 6. Februar 2012 im Rahmen einer Stiftungsratssitzung formell ihren Rücktritt erklärt.
Damit übernahm der Autor dieser Zeilen satzungsgemäß als stellvertretender Vorsitzender die Leitung der Stiftung bis zur Wahl eines Nachfolgers oder einer Nachfolgerin von Frau Dr. Peter.

Dr. Rainer Wicklmayr
Völklingen, im März 2012

KARL-HEINZ UNVERRICHT

An zehn Jahren Aufbau mitgestaltet

So fing es an!
Herr Dr. Wicklmayr, damals Minister des Innern des Saarlands, war mir schon in meiner dienstlichen Tätigkeit begegnet. Er hielt die Festrede als Vertreter der Landesregierung bei dem Jubiläum einer Gruppensiedlung landwirtschaftlicher Nebenerwerbsstellen Vertriebener und Flüchtlinge im Saar-Pfalz-Kreis. Dafür hatte das Ministerium ein Informationspapier von der von mir im Saarland geleiteten »Deutschen Bauernsiedlung – Deutsche Gesellschaft für Landentwicklung – DGL« gewünscht.

Schlangen-Knöterich im Schutzgebiet »Bliesaue«

Sehr angenehm überrascht wurde ich von der sachlichen und menschlichen Einfühlung des Festredners in die nicht alltägliche Materie. Er vergaß es schließlich auch nicht, mir für die verständliche Darstellung der ihm fremden Thematik zu danken.

Trotz dieser guten Erinnerung winkte ich wegen meiner starken beruflichen Belastung ab, als mich Herr Dr. Wicklmayr Ende 1980 anrief, und mir die Bitte unterbreitete, das Ehrenamt des Kurators der Naturlandstiftung Saar (NLS) zu übernehmen.

Doch wer Herrn Dr. Wicklmayr kennt, der weiß, dass er nicht so leicht von seinen Zielen abrückt. Er fand Wege, die mich veranlassten, meine anfängliche Absage zu überdenken. Dabei half mir nicht zuletzt die von Herrn Dr. Wicklmayr von Anfang an eindeutig vertretene Auffassung, dass ein nachhaltiger Schutz der Natur am sichersten zu gewährleisten sei, wenn sich die schutzwürdigen Flächen in der Obhut eines umweltbewussten Eigentümers befänden.

Diese Ansicht konnte ich nur teilen und zugleich war ich von meiner beruflichen Ausbildung her überzeugt, dass Naturschutz ohne Einbindung der Land- und Forstwirtschaft nur mangelhaft zu verwirklichen sei. Um diese Leitgedanken umzusetzen, war ich schließlich bereit, mein Spezialwissen im Grundstückswesen einzubringen.

Das war nicht einfach, denn Bauern und Naturschützer trauten einander nicht. Das bekam ich auch gleich bei Erstbegehungen zum Ankauf angedienter, für den Naturschutz geeigneter Grundflächen zu spüren. Die örtlichen Vertreter der Natur- und Umweltschutz treibenden Vereine zeigten sich umgehend reserviert, wenn ich ihnen auf ihre Frage hin antwortete, ich sei Agraringenieur. Das Pendant dazu war, dass es mir in einem Jahrzehnt nicht gelang, den Bauernverband Saar als weiteren Stifter zu gewinnen. Der damalige Bauernpräsident Victor Klein stand dem Ansinnen selbst sehr positiv gegenüber, konnte jedoch mit seiner Meinung innerhalb der entscheidenden Gremien nicht durchdringen. Später lösten sich die gedanklichen Fesseln und der Verband trat als Stifter bei.

Gründung der Stiftung

Am 3. November 1976 wurde die Naturlandstiftung Saar als Stiftung des privaten Rechts[1] errichtet von

- Herrn *Dr. Rainer Wicklmayr*, damals Minister für Rechtspflege
- Bund für Umweltschutz e.V., Saarbrücken (heute Bund für Umwelt- und Naturschutz Deutschland e.V., Landesverband Saarland, BUND), vertreten durch den Vorsitzenden Herrn *Dr. Berthold Budell*,
- Saarwaldverein e.V., vertreten durch den Hauptvorsitzenden Herrn *Wolfgang Maria Rabe*,
- Vereinigung der Jäger des Saarlandes, Körperschaft des öffentlichen Rechts, vertreten durch Herrn Landesjägermeister *Emil Weber* und
- Deutscher Bund für Vogelschutz, Landesverband Saarland e.V. (DBV, heute Naturschutzbund Deutschland e.V., Landesverband Saarland, NABU), vertreten durch Herrn *Klaus Speicher*, Referent für Arten- und Biotopschutz.

---

1 Wegen des Inhalts der Satzung, die im Verlauf der Jahre mehrfach geändert wurde, verweise ich auf den Anhang 3: Satzung der NLS.

Am 13. Januar 1977 wurde der erste Stiftungsvorstand gewählt. Er setzte sich aus den Gründungsmitgliedern zusammen. Zum Vorsitzenden wurde Dr. Wicklmayr gewählt. Schon kurze Zeit später schied Herr Dr. Budell wegen des zwischenzeitlich erfolgten Wechsels im Vorsitz des Bunds für Umweltschutz aus dem Vorstand aus und Prof. Dr. Paul Müller übernahm in der Sitzung am 7. April 1977 das Vorstandsmandat.

Am 15. Februar 1978 wird der Landesfischereiverband Saarland e.V., vertreten durch Herrn Leo Nikolay, als fünfter Stifter aufgenommen. Am 19. April 1979 teilte Herr Emil Weber mit, dass er nicht mehr das Amt des Landesjägermeisters bekleidet, und erklärte deshalb seinen Rücktritt als Mitglied des Vorstands. Seine Nachfolge hat der neue Landesjägermeister Herr Reinhold Feichtner angetreten.

Siebter Stifter wurde 1979 der Verband der Gartenbauvereine Saarland-Pfalz e.V., vertreten durch seinen Geschäftsführer Herrn Helmut Scherzinger. Als achter Stifter wurde die Arbeitsgemeinschaft für tier- und pflanzengeografische Heimatforschung für das Saarland – Delattinia e.V. – am 22. Mai 1981 aufgenommen, die formell von Herrn Dr. Erhard Sauer, in der Praxis aber von Herrn Dr. Harald Schreiber vertreten wurde.

Gemäß einer Satzungsänderung vom 11. Mai 1987, deren Auslöser formale Anpassungen an das geänderte saarländische Stiftungsgesetz waren, konnten jetzt auch der saarländische Minister für Umwelt, der Gemeindetag des Saarlandes und der Landkreistag des Saarlandes Zustifter werden. Dr. Wicklmayr ist und bleibt der einzige private Stifter.

Meine Wahl zum Kurator und der Beginn der Aufgabenerledigung

Die Naturlandstiftung war schon gut vier Jahre alt, als ich am 21. Januar 1981 im Vereinsheim des Schäferhundevereins Dirmingen, das mitten in unserem dortigen Schutzgebiet lag, zum Kurator gewählt wurde; ehrenamtlich und auf vier Jahre, wie es die Satzung vorsieht.

Ich war bereits der dritte Kurator der Stiftung. Der erste war Herr Erich Mattheis, der das Amt vom 13. Januar 1977 bis zum 19. April 1979 versah, von dem er aus gesundheitlichen Gründen zurückgetreten ist. Herr Mattheis war Dipl.-Ing. für Geodäsie und leitender Flurbereinigungsingenieur beim Bodenwirtschaftsamt in Saarbrücken, wo er mehrere Flurbereinigungsverfahren durchgeführt hat. Er war ein engagierter Naturschützer und hat in der sehr schwierigen Anfangsphase der Stiftung alles unternommen, diese im Inneren zu festigen und ihr nach außen ein Gesicht zu geben. Er verstarb am 9. September 1980.

Seine Nachfolge trat Herr Klaus Speicher an, der bis dahin den Deutschen Bund für Vogelschutz im Vorstand der Stiftung vertreten hatte. Diesen Platz übernahm nun dessen Vorsitzender Herr Werner Martin, denn der Kurator darf satzungsgemäß nicht gleichzeitig Mitglied des Vorstandes sein. Klaus Speicher blieb Kurator bis zum 21. Januar 1981, als ich ihn in diesem Amt ablöste.

Meine Arbeit als Kurator begann mit der Stunde meiner Wahl: Ich musste das Protokoll der Vorstandssitzung führen. An diesem Abend wurde u.a. der Entwurf eines ersten sechsseitigen Faltblatts zur öffentlichen Darstellung der Tätigkeit der NLS vorgelegt und abschließend beraten. Mir oblag es in der Folge, einige Änderungen und Ergänzungen mit dem Grafiker abzustimmen und bei der Druckerei 10.000 Exemplare zu bestellen, die statt der veranschlagten 4.500 DM zuzüglich Mehrwertsteuer dann 6.772 DM zuzüglich Mehrwertsteuer kosteten. Am 21. August 1981 stellte Herr Dr. Wicklmayr das Faltblatt anlässlich einer Bereisung unserer Schutzgebiete im Saarpfalz-Kreis in Blickweiler der Öffentlichkeit vor. Die Veranstaltung fand unter Teilnahme des Landrats, mehrerer Bürgermeister, von Vertretern der verschiedensten Behörden und Naturschutzverbände, aber auch interessierter Bürger statt und fand allgemein große Anerkennung und Beachtung und ein sehr positives Echo in den Medien.

In der Sitzung am 21. Januar 1981 stand des Weiteren der Vertrag für die Überlassung unseres Schutzgebiets in Bebelsheim an den DBV auf der Tagesordnung. Außerdem wurde ich beauftragt, mit den zuständigen Finanzbehörden zu erörtern, ob wir durch die Umwidmung unserer Grundstücke Grundsteuern sparen könnten, womit auch versicherungsrechtliche Fragen zusammenhingen.

Am Abend des 21. Januar 1981 wurde auch der Ankauf des aufgelassenen Steinbruchs in der Gemarkung Beckingen beschlossen, der dann am 14. Juni 1981 dem Saarwaldverein im Rahmen seines Sommerfestes am Fischerberghaus zur Betreuung übergeben wurde und später den Einstieg in das erste saarländische Projekt des Bundesprogramms zur »Errichtung und Sicherung schutzwürdiger Teile von Natur und Landschaft mit gesamtstaatlich repräsentativer Bedeutung« ermöglichte, woraus sich schließlich das Naturschutzgebiet »Wolferskopf« entwickelt hat.

Der Weg dorthin war allerdings lang und beschwerlich. Von Anfang an war mir klar, dass die Umsetzung dieses umfassenden Bundesnaturschutzprojekts – für das unter Führung der NLS der Zweckverband »Naturschutzvorhaben Wolferskopf«[2] gegründet wurde – wegen der starken Grundstückszersplitterung und einer großen Zahl verschiedener Eigentümer und Bewirtschafter nur in einem behördlich geleiteten Verfahren nach dem Flurbereinigungsgesetz realisiert werden konnte. Dazu eignete sich besonders das etwas einfachere »Beschleunigte Zusammenlegungsverfahren« (BZV). Damals löste mein Vorschlag bei den Fachleuten des Naturschutzes eine gewisse Verwunderung aus, galt doch die Flurbereinigung nicht gerade als naturschutzfreundlich. Aber meine Erläuterungen anhand der Flurkarte und die verworrenen Besitzverhältnisse überzeugten schließlich. Doch die Einleitung des Verfahrens scheiterte im ersten Durchgang. Dank meiner beruflichen Erfahrung auf diesem Gebiet konnte ich in viel Kleinarbeit die aufgetretenen Bedenken und Befürchtungen zerstreuen und nach einer zweiten Versammlung der Grundstückseigentümer und Bewirtschafter bekamen wir deren allgemeine Zustimmung. Das Verfahren wurde eingeleitet. Die erhobenen Einsprüche bereinigten die Mitarbeiter der damit beauftragten Landesentwicklungsgesellschaft Saarland. So entstand eines der größten und schönsten Naturschutzgebiete des Saarlandes auf Initiative der NLS, mit den Geldern und Ideen des Bundesumweltministeriums und des Zweckverbandes, vor allem aber dank der fachmännischen Flurneuordnung nach dem Flurbereinigungsgesetz.

In diesem Zusammenhang will ich noch berichten, dass in dem Steinbruch am Fischerberghaus drei Fundamente ehemaliger Kalkbrennöfen gefunden wurden, wovon die NLS auf Wunsch des geologischen Landesamtes und mit Unterstützung der Gemeinde Beckingen und des Saarwaldvereins, die je 5.000 DM zur Verfügung stellten, einen als geologisches Denkmal rekonstruiert hat. Durch einen glücklichen Zufall war noch ein alter Maurer gefunden worden, der das Handwerk des Bauens von Kalkbrennöfen früher gelernt und ausgeübt hatte. An mir lag es damals, die durch Zuschüsse nicht gedeckten Restkosten über gezielte Spenden einzutreiben.

---

2 Zweckverband »Naturschutzvorhaben Wolferskopf« (heute Zweckverband Naturschutzgebiet Wolferskopf): Gründung am 17.03.1989; Mitglieder: Gemeinde Beckingen, Stadt Merzig, Landkreis Merzig-Wadern und Naturlandstiftung Saar

Am Abend meiner Wahl (21. Januar 1981) erfuhr ich noch zu meinem Schreck, dass auch die in unser Schutzgebiet Dirmingen – wo wir tagten – führende Illbrücke im Eigentum der Stiftung stand und von ihr erneuert werden musste, weil sie völlig marode war. Zu meiner Beruhigung wurde gesagt, dass für den Ersatz der Überfahrt organisatorisch und finanziell schon alles geregelt sei. Das THW wolle den Neubau der Brücke in einer umfangreichen Übung übernehmen[3]. Jedoch dauerte es noch bis zum 19. September 1985, ehe das Bauwerk fertiggestellt war. Zwischenzeitlich mussten viele aufgetretene Schwierigkeiten bereinigt werden: von der mehrmaligen Erstellung der Statik bis zu deren Anerkennung durch die Genehmigungsbehörde. Der Einsatz einer Fachfirma für die Errichtung der beiden Widerlager war notwendig geworden und die gewaltig angestiegenen Baukosten trug schließlich die Teilnehmergemeinschaft im Rahmen des noch anhängigen Flurbereinigungsverfahrens.

An dieser Stelle will ich noch eine weitere Besonderheit des Schutzgebiets Dirmingen vor dem Vergessenwerden bewahren. Was heute Schutzgebiet ist, war früher einmal das Betriebsgelände der Backsteinfabrik Dirmingen. Die NLS hat es als Schenkung von Mme Gross-Picard, der Witwe des einstigen Betreibers, erhalten. Es war das erste Schutzgebiet der Stiftung. Als Gegenleistung für die Schenkung übernahm die NLS die Verpflichtung zur Erhaltung und würdigen Pflege der Familiengruft Picard auf dem Friedhof in Dirmingen, solange dieser besteht, mindestens jedoch 50 Jahre. Diese Verpflichtung hat dann der Hundesportverein Dirmingen übernommen, als Pachtentgelt für die Weiternutzung des Vereinsgeländes. Da es aber immer wieder zu Beschwerden über mangelnde Pflege der Grabstätte kam, beauftragte ich damit einen örtlichen Gärtner zulasten des Hundesportvereins. Seit dem Wegzug des Vereins trägt die NLS die Kosten selbst.

Ergänzen will ich noch, dass Mme Gross-Picard später auf tragische Weise ums Leben kam: Sie wurde das Opfer eines Raubmords in ihrer Wohnung in Nizza.

Zurück zu meiner 1. Sitzung am 21. Januar 1981, an deren Ende ich noch erfuhr, dass eine geordnete Übergabe der Akten an mich nicht möglich sei, weil diese am gleichen Tag einem eingeschalteten Wirtschaftsprüfer zur Erstel-

---

3   Das THW hat nicht nur bei dem Neubau der Brücke geholfen, sondern auf Wunsch der NLS auch das leer stehende Verwaltungsgebäude der Backsteinfabrik gesprengt, unter Erhaltung der Kellergewölbe als Unterschlupf für Fledermäuse.

Die Klasse 10e der Kreisrealschule Merzig besucht am 21. Mai 1981 das Schutzgebiet in Dirmingen (vorne rechts Dr. Rainer Wicklmayr, Vorsitzender NLS, hinten rechts Karl-Heinz Unverricht, Kurator der NLS).

lung eines Testats über die Tätigkeit der Stiftung in den vergangenen Jahren überlassen worden waren. Ich erhielt lediglich die Kopfbogen der Stiftung, eine Anzahl von Naturschutz-Aufklebern mit dem Eichhörnchen als Motiv, Blanko-Spendenbescheinigungen für 5-, 10- und 50 DM-Spenden und in einer Schuhschachtel die zur Erledigung anstehenden Vorgänge, einschließlich offener Rechnungen.

Ungeachtet dieser undurchsichtigen Lage ging ich zuversichtlich an die Arbeit. Um von vornherein einen besseren Überblick mit klarer Ordnung zu haben, entwickelte ich einen Aktenplan. Die Buchführung stellte ich von der Einnahme- und Ausgabenrechnung in je einer Spalte auf ein sogenanntes Amerikanisches Journal (eine einfache doppelte Buchführung) um. Eine exakte Aufgliederung der einzelnen Positionen war nun möglich.

Schon bald konnten einige Fragen zur Zufriedenheit abgeklärt werden. So wurde die grundsätzliche Freistellung der NLS von der Grunderwerbssteuer per Erlass des Finanzministers vom 15. April 1981 erreicht. Dies hatte natürlich zur Folge, dass die Flächen der Stiftung nicht mehr der Beitragspflicht der landwirtschaftlichen Berufsgenossenschaft unterlagen. Das Risiko gegenüber Schäden Dritter auf den Schutzflächen war damit nicht mehr abgedeckt und musste mit dem Abschluss einer Haftpflichtversicherung begegnet werden. Gleichzeitig bestätigte das Papier, dass für unseren Grundbesitz, soweit er dem gemeinnützigen Zweck des Naturschutzes dient, auf Antrag die Freistellung von der Grundsteuer gewährt wird. Die Stiftung selbst hatte keine Befugnis zur Ausstellung einer Spendenbescheinigung. Dies lösten wir, in dem wir Durchlaufspenden organisierten, die wir über die Stadt Saarbrücken laufen ließen oder über die Vereinigung der Jäger des Saarlandes, die als Körperschaft des öffentlichen Rechts zur Ausstellung berechtigt war.

Schwerpunkte meiner Arbeit

Der erste Außentermin führte mich nach Silvingen. Man suchte einen Träger für den Ankauf der stillgelegten Bahntrasse von Silvingen nach Biringen samt eines 1.750 m langen Tunnels, um die dort inzwischen angesiedelten Pflanzen und Tiere langfristig zu schützen. Meine Bedenken richteten sich gleich auf die unkalkulierbaren Risiken dieses Tunnels, die in einer Befahrung des Tunnels mit Fachleuten der Bahn, dem Bergamt und dem geologischen Landesamt bestätigt wurden. Zur tiefen Enttäuschung der Aktiven vor Ort wurde der Ankauf nicht weiter verfolgt. Weitere zum Kauf angebotene Grundstücke mussten auf ihre Eignung vor Ort besichtigt und begutachtet werden. So in den Gemarkungen Freisen, Marth, Niederkirchen, Saal, Morscholz, Rimmlingen, Hüttersdorf, Oberwürzbach, Wittersheim und Blickweiler.

Für August 1981 musste ich die erste Bereisung der Schutzgebiete der NLS im Saarpfalz-Kreis vorbereiten. Im Schutzgebiet »Ober der Rohrwies« in Bebelsheim konnte im Rahmen eines Beschleunigten Zusammenlegungsverfahrens (BZV) nach dem Flurbereinigungsgesetz (FlurbG) – Planer Herr Agraringenieur Emil Mäkler, DGL St. Wendel – eine Seggen – und Schilfgesellschaft auf staunassem Muschelkalkboden gesichert werden. Nördlich von Reinheim wurde ein ehemaliger Muschelkalk-Steinbruch einschließlich der alten Obstbäume und Halbtrockenrasen in seiner unmittelbaren Umgebung erworben.

In der Talaue im Bliesbogen bei Blickweiler wurde schließlich ein Drittel der 17 Hektar umfassenden Röhricht- und Mädesüß-Gesellschaft in das Eigentum der NLS überführt. Der Saarpfalz-Kreis beteiligte sich bis zu einem Drittel des Kaufpreises finanziell am Erwerb dieses Schutzgebietes.

Zur qualitativ fachlichen Abschätzung der uns angebotenen Grundstücke holte ich mir Rat entweder bei dem Botaniker Herrn Dr. Erhard Sauer oder dem Biogeografen Herrn Dr. Harald Schreiber, beide wissenschaftliche Mitarbeiter an der Universität des Saarlandes. Gemeinsam begutachteten wir die potenziellen Ankaufsflächen vor Ort. Als besonders naturschutzwürdig erwies sich eine zusammenhängende Fläche von rund 17 Hektar im Engelsgrund auf der Gemarkung Hüttersdorf, die wegen des zu erwartenden hohen Kaufpreises von 240.000 bis 320.000 DM abschnittsweise erworben werden sollte. Da die Gemeinde Schmelz eine Beihilfe von einem Drittel der Erwerbskosten bis zu 60.000 DM zusagte, wurden zunächst 2,9626 Hektar im Engelgrund zum Preis von 61.030 DM erworben. Damit war der Grundstein für das erste »Wildschutzgebiet« im Saarland gelegt.

Unsere Schutzgebiete in Bebelsheim und Reinheim wurden im Rahmen von Überlassungs- und Pflegeverträgen zur Betreuung an den Landesverband des DBV übergeben. Das Schutzgebiet »Weiherwiese« auf den Gemarkungen Oberthailen und Weierweiler haben wir der Vereinigung der Jäger des Saarlandes zur Pflege und Betreuung anvertraut. Nach der feierlichen Übergabe im Gelände fand eine bewegende Hubertusmesse in der Pfarrkirche Weiskirchen statt, die von der Bläsergruppe Hochwald musikalisch umrahmt wurde.

An dieser knappen Aufzählung der zahlreichen Aktivitäten in meinem ersten Tätigkeitsjahr kann ermessen werden, wie vielschichtig meine Arbeit als Kurator war. Ganz allein wäre dies für mich neben meinen beruflichen Aufgaben nicht leistbar gewesen, wenn ich nicht mein Sekretariat vor allem für die Schreibtätigkeit, Posterledigung und telefonische Terminabstimmung zur Verfügung gehabt hätte. Anfangs erledigte Frau Johann diese Arbeiten. Ab 1983 übernahm dies Frau Hildegard Schäfer. Frau Schäfer wurde ab Juni 1988 zunächst auf Stundenbasis und ab 1. November 1989 als Halbtagskraft fest von der NLS eingestellt. Sie blieb die hauptamtliche, langjährige Sekretärin und gleichzeitig Büroleiterin der NLS bis zu ihrem Ausscheiden in den Ruhestand im Jahr 2002.

Meine Dienstreisen in die einzelnen Regionen richtete ich mir so ein, dass ich auch die der Stiftung angebotenen Grundstücke in Augenschein nehmen konnte. Auch manchen Sonntagsspaziergang mit der Familie nutzte ich dazu, um die bestehenden Schutzgebiete zu durchstreifen und kennenzulernen oder um zu kontrollieren, ob die beauftragten Pflegeaufgaben auch umgesetzt wurden.

Die Martin-Ott-Stiftung lobte 1982 einen Umweltpreis aus. Die NLS gehörte der Jury als Mitglied an und so musste ich 11 eingereichte Arbeiten von Gruppen und Einzelpersonen bewerten. Ein ganz neues, aber sehr informatives und interessantes Metier für mich.

In der Sitzung des Vorstandes am 2. April 1982 beschloss man, die Schutzgebiete der NLS mit Informationstafeln zu kennzeichnen, wenn möglich sogar mit einer gusseisernen Schrift auf einem Findling oder sonst einem markanten Gegenstand.

Für das Frühjahr 1983 sollte eine Fahrt der NLS nach Nord- oder Süddeutschland stattfinden, um sich über Naturschutzprojekte von Institutionen zu informieren, die der Naturlandstiftung vergleichbar waren. Nachdem ich mich im Bundesumweltministerium hatte beraten lassen, wo die interessantesten Naturschutzprojekte zu finden wären, fiel die Entscheidung auf Süddeutschland. Gemeinsam mit Herrn Rabe stellte ich ein Programm einschließlich Fahrtroute, Übernachtungsstätten und eines detaillierten Zeitplanes zusammen. Die Fahrt fand vom 25. bis 28. Mai 1983 statt. Insgesamt meldeten sich 30 Teilnehmer/innen an der Fahrt an. Insgeheim hatten wir mit mehr Resonanz gerechnet. In Rheinau, im Ökologischen Institut bei der Landesanstalt für Umweltschutz, stand der Leiter Prof. Dr. Schönamsgruber Rede und Antwort. Daran schloss sich eine Führung durch das Taubergießen-Gebiet und den Kaiserstuhl an. Der erste Tag endete mit dem Besuch der Vogelschutzwarte Radolfzell. Danach wurde das Waldmadinger Ried und der Federsee besichtigt, wo der Umweltminister aus Baden-Württemberg, Herr Weisser, zu uns stieß. Die beiden folgenden Tage wanderten wir durch das Wimbachtal unter Führung von Herrn Dr. Weinzierl, dem Leiter des Nationalparks Berchtesgaden sowie durch den Nationalpark Bayerischer Wald, wo uns Herr Dr. Biebelriether begleitete. Überrascht war man über die gute Finanzausstattung der einzelnen Institutionen in den Nachbarländern. Der Saarländische Rundfunk hatte ein Filmteam abgestellt und die Saarbrücker Zeitung einen Mitarbeiter mitgeschickt. Der Film mit einem Kommentar des Vorsitzenden Herrn

Dr. Wicklmayr ist über das 3. Programm des SR ausgestrahlt worden. Die Resonanz der Fahrt fiel überaus positiv aus. Es wurde beschlossen, weitere Fahrten zu unternehmen und die erste Fahrt sollte nicht die letzte sein.

Auch die Studienreise nach Niedersachsen und Schleswig-Holstein, für die Herr Reinhard Reis (Dezernent für Naturschutz im Landkreis St. Wendel) Verantwortung trug, vom 6. bis 9. Juni 1985 war wieder ein voller Erfolg. Besichtigt wurden die Meißendorfer Teiche, der Dümmer See, das Diepholzer Moor und die Lüneburger Heide.

Aufgrund der sich langsam verbessernden Finanzausstattung schlug Herr Dr. Wicklmayr vor, neben kleineren Schutzgebieten eine größere zusammenhängende Fläche von etwa 70–100 Hektar anzustreben. Hierbei trat das Bliestal in den Blickpunkt.

Kernzone im Naturschutzgebiet »Wolferskopf«

Der Vorstand traf sich nicht selten an Orten, wo die Stiftung bereits Schutzgebiete besaß oder wo Verkaufsangebote vorlagen. Am 1. Juli 1982 besuchte man den Kreis Merzig-Wadern, wo in Rimlingen in »Bornichtal« 8,1035 Hektar und in Morscholz in »Jungenwaldswiesen« 5,5187 Hektar angeboten wurden. Der Kaufpreis von insgesamt 144.000 DM bereitete schon erhebliches Kopfzerbrechen. Obwohl das größere der beiden Gebiete von den Fachleuten mit einer nicht sehr hohen Priorität eingestuft wurde, entschloss sich der Vorstand nach einer Besichtigung der Flächen, beide Angebote anzunehmen. Vor allem, weil sich die Gemeinde Losheim mit einem hohen finanziellen Anteil von 40.000 DM Zuschuss neben dem Zuschuss des Landkreises beteiligte. Dieses Schutzgebiet übernahm am 25. Oktober 1984 der Saarwaldverein in Pflege.

Schutzgebiet »Spitzhübel« bei Bliesmengen-Bolchen

Am »Tag des Saarlandes« vom 17. bis 19. September 1982 präsentierte sich die NLS mit einem technisch und inhaltlich neu gestalteten Informationsstand ebenfalls der Öffentlichkeit. Die erhoffte Aufbesserung unserer verhältnismäßig geringen Spendeneinnahmen über den Verkauf von Plaketten und Spendenurkunden erfüllte sich mit einem Erlös von 243,50 DM nicht. Das Ausstellungsmaterial wurde dazu genutzt, um die NLS z. B. bei der Umweltausstellung des »Bundes Naturschutz Ostertal« BNO in Werschweiler oder bei der Schau des Vogelzucht- und Schutzvereins Wahlschied der Öffentlichkeit vorzustellen.

Der NLS bot man natürlich im Laufe der Jahre Flächen an, die nicht unbedingt als schützenswert eingestuft werden konnten. So erinnere ich mich an einen Jagdpächter, der der NLS 1,3 Hektar unter der Bedingung schenken wollte, diese Fläche bis zu seinem Lebensende nutzen zu können. Das wäre vielleicht noch vertretbar gewesen, doch verband er gleichzeitig die Hoffnung damit, dass eine rechtskräftige Abrissverfügung des neben seiner Jagdhütte errichteten, nicht genehmigten komfortabel eingerichteten Holzhauses aufgehoben würde. Doch auf solche finsteren Geschäfte ließ sich die NLS natürlich nicht ein.

Die Aktivitäten und Aufgaben der NLS hatten sich in den folgenden beiden Jahren vervielfacht und waren für einen ehrenamtlichen Kurator, trotz jeglicher Hilfe aus dem Vorstand, besonders von den Herren Rabe, Martin und Feichtner, eigentlich nicht mehr leistbar. Mein Wunsch auf Unterstützung traf auf Verständnis und in der Vorstandssitzung am 20. November 1982 beschloss der Vorstand, Herrn Rainer Grün, damals Pressereferent des Innenministeriums und ehrenamtlicher Naturschutzbeauftragter der Gemeinde Kirkel sowie Vorsitzender der dortigen DBV-Ortsgruppe, als Beauftragter für die Öffentlichkeitsarbeit in eigener Verantwortung, jedoch in enger Abstimmung mit dem Kurator, zu berufen. Seiner Initiative war es denn auch zu verdanken, dass 1983 unser Informationsstand in der Kreissparkasse (KSK) in Homburg, der Sparda Bank in Saarbrücken und der KSK in Saarlouis aufgestellt wurde. Neben größeren Spenden der Institute konnten auch über den Verkauf von Spendenurkunden kleinere Beträge eingeworben werden. In der Folge wanderte unser Infostand wohl durch alle größeren Bankniederlassungen im Saarland und wurde weiterhin bei Veranstaltungen unserer Stifterverbände eingesetzt. Der Ausstellungsstand war 1983 dazu eigens um die Vorstellung der von den Stiftern betreuten Schutzgebiete ergänzt worden.

Im Anschluss an die Vorstandsitzung vom 20. November 1982 fand, wie vorstehend bereits berichtet, die Übergabe unserer Schutzgebiete in Bebelsheim und Reinheim an die jeweiligen Ortsverbände des DBV statt. Der Vorsitzende Dr. Wicklmayr nutzte die Gelegenheit, sich herzlich bei dem Abteilungsleiter Landwirtschaft im Ministerium für Wirtschaft, Verkehr und Landwirtschaft, Herrn Ministerialdirigenten Dr. Vollmar, seinem zuständigem Referenten, Herrn Ministerialrat Hermann Steitz und dem Vorsteher des Bodenwirtschaftsamtes Saarbrücken, Herrn Alois Schneider, für die aktive Unterstützung der Arbeit der NLS in den jeweiligen Flurneuordnungsverfahren zu bedanken. Der sich anschließende rege Gedankenaustausch bildete letztendlich die Grundlage einer weiteren konstruktiven Zusammenarbeit mit den Flurneuordnungsbehörden, eingeschlossen auch das Bodenwirtschaftsamt St. Wendel mit seinem Vorsteher, Herrn Ringeisen. Im Übrigen fand die Veranstaltung großen Anklang in der Öffentlichkeit durch die Anwesenheit des Landrats Schwarz aus dem Saarpfalz-Kreis, der zuständigen Bürgermeister, vieler Vertreter aus dem Bereich Umwelt und Naturschutz, aber auch der örtlichen Bürger sowie von Presse, Rundfunk und Fernsehen.

Weil die Arbeitsbelastung des Kurators und des Beauftragten für Öffentlichkeitsarbeit weiter stark angewachsen war, schlug der Vorsitzende 1984 vor, die Funktion eines ehrenamtlichen stellvertretenden Kurators einzurichten. Vorstand und Stiftungsrat stimmten der Berufung von Herrn Reinhard Reis, Jurist und Dezernent für Naturschutz im Landratsamt St. Wendel, zu. Seine Mithilfe beschränkte sich dann leider nur auf die Öffentlichkeitsarbeit.

Der Leiter der Obersten Naturschutzbehörde, Herr Dr. Eberhard Wörner, ließ die NLS wissen, dass er anstrebe, die Schutzgebiete der NLS als Naturschutzgebiete nach §19 Saarländisches Naturschutzgesetz – SNG – auszuweisen. U. a. hob er als Gründe die öffentliche Förderung und die hohe Eignung der Schutzgebiete hervor. In der Sitzung des Vorstandes am 11. Mai 1983 bekam Herr Dr. Wörner Gelegenheit, seine Vorstellungen vorzutragen. Grundsätzlich gab es dagegen keine Bedenken, jedoch sollte vorab hierfür der ökologische Wert unserer Eigentums-Flächen festgestellt werden. Schließlich kam es nicht zu solch einem Schritt, weil einige rechtliche Bedenken nicht auszuräumen waren und eine weitaus höhere Förderung durch das Land notwendig geworden wäre. Schließlich kam es wegen des Einsatzes öffentlicher Mittel zur Eintragung einer beschränkten persönlichen Dienstbarkeit zugunsten des Saarlandes auf den Grundstücken der NLS. Es hatte einige Zeit gedauert, bis die richtige Fassung gefunden wurde, die auch von den Grundbuchämtern akzeptiert wurde.

Am 5. November 1983 erfolgte die Übergabe des Schutzgebietes »Engelgrund – Girtelwiese« an die Vereinigung der Jäger des Saarlandes (VJS). Dabei wurden gleichzeitig zwei Bronzeplatten auf einem Findling enthüllt. Die eine weist auf das Eigentum der NLS hin und die kleinere auf die Betreuung durch die VJS. Anschließend gab es eine feierliche Hubertusmesse mit reger Beteiligung der Bevölkerung in der Pfarrkirche Kreuzerhöhung in Hüttersdorf.

In viel Kleinarbeit erstellte Herr Rüdiger Kratz, Pressereferent im Innenministerium, eine Diareihe mit mehr als 100 Motiven, die Einblicke in alle Schutzgebiete der NLS mit kommentierendem Text gewährten.

Die Dauer meiner Berufung von 4 Jahren war 1984 zu Ende gegangen. Unter der Voraussetzung, mir längerfristig eine, wenigstens stundenweise Aushilfskraft zur Seite zu stellen, stimmte ich einer Fortsetzung meiner Tätigkeit zu.

Im darauffolgenden Jahr feierte die NLS ihr 10-jähriges Bestehen und das Ereignis sollte zu einer Vorstellung des Erreichten in der Öffentlichkeit genutzt werden. Herr Reis wurde beauftragt, alle Vorbereitungen für das Jubiläum zu treffen. In der Sitzung des Vorstandes am 10. Oktober 1985 wurden die Herren Dr. Wicklmayr, Dr. Schreiber, Grün und Reis in den Redaktionskreis für die Festschrift berufen. Neben den Fachbeiträgen und der ersten umfassenden Beschreibung der Schutzgebiete beteiligte ich mich darin mit einer Abhandlung zur Finanzierung der NLS.

Die Doppelbelastung durch Beruf und die stets wachsenden Anforderungen im Ehrenamt des Kurators machten sich bei mir langsam gesundheitlich bedenklich bemerkbar. Ein Umstand, der mich zwang, ernsthaft über die Aufgabe meines Ehrenamtes nachzudenken. Herr Dr. Wicklmayr und der Vorstand zeigten dafür einfühlsames Verständnis. Mit dem Arbeitsamt hatten wir für die Einstellung einer ABM-Kraft bereits Kontakt aufgenommen. Während wir an eine Verwaltungskraft dachten, schlug dagegen die Arbeitsverwaltung vor, einen Akademiker zu wählen und bot uns arbeitslose Juristen, Landwirte, Betriebswirte und Lehrer mit Biologiespezialwissen an. Herr Dr. Wicklmayr und ich suchten im Auftrag des Vorstandes aus den uns zugeleiteten Unter-

Allee beim Hofgut Imsbach

lagen zwei passende Bewerber aus und bestellten sie zu einem Gespräch. Beide schienen uns geeignet, doch letztlich entschieden wir uns für den Bewerber, der zusätzlich zu seinem ökologischen Interesse und eigenen Vorstellungen auch an die wirtschaftliche Führung solch einer Einrichtung dachte. So trat Herr Eberhard Veith am 1. November 1985 seinen Dienst als erste hauptamtliche Kraft an. Am 17. Dezember 1985 stellte sich unser neuer Mitarbeiter in der Vorstandsitzung vor. Unter diesen Voraussetzungen erklärte ich mich bereit, weiter als Kurator tätig zu sein.

Herr Veith entlastete mich von seinem ersten Arbeitstag an und so dauerte es nicht lange, und er erledigte nicht nur die tägliche Arbeit eigenständig, sondern entwickelte eigene Ideen, Initiativen und Strategien. So schlug er schon im August 1986 vor, für das Winterhalbjahr ABM-Kräfte für die Pflege zunächst der Schutzgebiete der NLS, später vielleicht auch für die saarländischen Naturschutzgebiete einzustellen. Kurze Zeit später wurde der Pflegetrupp installiert und es begann eine neue Phase der Aktivitäten der NLS. Am Jahresende standen bereits gebrauchte Werkzeuge im Wert von 3.100,– DM auf der Inventarliste. Wegen der sehr qualifizierten und engagierten Arbeit beschließt der Vorstand schon im März 1987, Herrn Veith nach Ablauf seiner ABM-Stelle im Oktober 1988 als Mitarbeiter der NLS zu übernehmen. Zwischenzeitlich war ihm die Geschäftsführung übertragen worden.

Meine Tätigkeit beschränkte sich mehr und mehr darauf, Herrn Veith mit Rat und Tat zur Seite zu stehen und die wichtigsten Entscheidungen mit ihm gemeinsam zu treffen. Natürlich gab es für mich auch weiterhin neue Aufgaben, wie die Neuformulierung der Satzung oder die Mitwirkung an den Satzungen für die Zweckverbände der Naturschutzgroßvorhaben »Wolferskopf« und »Illrenaturierung«, um nur die wichtigsten zu nennen. Die Gesamtverantwortung, auch die gerichtliche und außergerichtliche Vertretung der Stiftung, blieb weiter bei mir.

Die Finanzen der Stiftung

Nicht nur über das sachliche Wirken der NLS will ich Rechenschaft geben, sondern auch über ihre wirtschaftliche und finanzielle Situation, denn damit steht und fällt auch eine Stiftung.

Übernommen habe ich die Stiftung in einem vermeintlich guten finanziellen Zustand. Die von dem eingeschalteten Wirtschaftsprüfer testierte Ergebnisrechnung von der Gründung der Stiftung (3. November 1976) bis zum 31. Dezember 1980 wies Einnahmen von 145.777,93 DM und Ausgaben von 134.619,80 DM aus, mithin einen Kassenüberschuss von 11.280,45 DM.

Trotz dieser vermeintlich guten Situation musste ich dem Stiftungsrat in der Sitzung am 22. Mai 1981 eine schwierige Finanzsituation vortragen. Den vorhandenen Mitteln von 5.312,93 DM standen offene Rechnungen in Höhe von 31.138,78 DM gegenüber; das ergab eine Unterdeckung von über 26.000 DM. Darunter befand sich eine Forderung von 20.000 DM als Rückzahlung eines vom Land gewährten Zuschusses, einschließlich Strafzinsen, weil in dem Verwendungsnachweis für 1980 zu wenig Ankaufkosten belegt worden waren. Zusätzlich schrieb die Satzung vor, dass das freie Stiftungskapital 10.000 DM nicht unterschreiten dürfe. Demnach war die Stiftung überschuldet und der bekannte Gang zum Amtsgericht wäre erforderlich gewesen. Doch die Gläubiger hielten still, weil bekannte Persönlichkeiten hinter der Stiftung standen und ich versprach, unser Finanzwesen in aller Kürze in Ordnung zu bringen.

Der Stiftungsrat beschloss als erste Maßnahme zur Verbesserung der Finanzen eine »zweite Stiftungseinlage« von 1.000 DM je Stifter. Hier will ich anmerken, dass die »erste Stiftungseinlage« von ebenfalls 1.000 DM je Stifter bei der Gründung geleistet wurde. Nach Eingang der »zweiten« Einlage und einer großzügigen Einzelspende und der ersten Hälfte eines Zuschusses von 25.000 DM von der Saarland Sporttoto GmbH schrieben wir am 15. Juni 1981 schon wieder schwarze Zahlen.

Die erste von mir zu verantwortende Jahresabschlussrechnung für das Jahr 1981, die der Stiftungsrat am 19. Februar 1982 verabschiedete, zeigte folgendes Ergebnis: Den Einnahmen von 123.799,49 DM standen Ausgaben von 62.666,54 DM gegenüber, sodass ein Überschuss von 61.132,95 DM verbucht werden konnte. Ein guter Anfang!

Zur Entlastung des Vorstandes und des Kurators ist eine Prüfung der Jahresabschlüsse zwingend notwendig. Wird ein Wirtschaftsprüfer eingeschaltet, löst das erfahrungsgemäß entsprechende Kosten aus. Andererseits setzen vergleichbare Einrichtungen zwei ehrenamtliche Rechnungsprüfer aus den Reihen ihrer Mitglieder ein. Einer solchen Prüfungsmethode stand die Satzung nicht entgegen. So wurden nun für jeweils zwei Jahre zwei Rechnungsprüfer, die natürlich nicht dem Vorstand angehören durften, aus dem Stiftungsrat gewählt.

Zur Vorbereitung meines Beitrags in diesem Buch habe ich auch in den alten Akten der NLS geblättert und bin auf interessante Details ihrer Finanzierung in der Frühphase gestoßen.

Als erste Einnahme der Stiftung nach ihrer Gründung am 3. November 1976 sind die bereits erwähnten Stiftungseinlagen von 1.000 DM je Stifter, mithin 5.000 DM verbucht worden. Als erste Ausgaben sind neben den Kontoführungsgebühren für 1976 die Kosten für eine Matinee in der Modernen Galerie in Saarbrücken am 8. Januar 1977 abgebucht worden. Mit dieser Matinee, die in Anwesenheit des Ministers für Umwelt, Raumordnung und Bauwesen Günther Schacht (CDU) stattfand, stellte sich die NLS erstmals der Öffentlichkeit vor. Der aus dieser Veranstaltung zu erwartenden Unterdeckung konnte entspannt entgegengesehen werden, denn der Minister hatte versprochen, die Hälfte des Reinerlöses der vom Saarland veranstalteten »Aktion für eine bessere Umwelt« in Köln und des am 9. November 1976 in Bad Godesberg in der »Redoute« durchgeführten »Balls für eine bessere Umwelt« der NLS zur Verfügung zu stellen. Außerdem sagte Minister Schacht einen Zuschuss von 4.500

DM für die Anschaffung eines mobilen Informationsstandes zur Darstellung der Arbeit der NLS zu. Mit dieser Wanderausstellung konnte sich die Stiftung nicht nur im Herbst 1977 auf der »Welt der Familie« in Saarbrücken präsentieren, sondern viele Jahre in den Schalterhallen zahlreicher saarländischer Sparkassen und Banken für ihre Naturschutzziele werben, was ihr auch noch beachtliche Spenden seitens der Institute einbrachte. Mit dem Info-Stand, der laufend aktualisiert wurde, nahm die Stiftung an einem Gemeinschaftsstand mit der Vereinigung der Jäger des Saarlandes an der großen Messe »Wildtier und Umwelt« vom 23. Mai bis 1. Juni 1986 in Nürnberg teil. Mit dem Eingang des von Herrn Minister Schacht in Aussicht gestellten Geldes in Höhe von 14.685,37 DM waren die Konten wieder ausgeglichen.

Eine Darstellung der finanziellen Situation der NLS wäre ohne die Erwähnung des »Fördervereins für die Naturlandstiftung« unvollständig. Seine Gründung ist das Werk von Dr. Eckehard Gerke. Herr Dr. Gerke war Richter am Landgericht Saarbrücken und ein Naturschützer aus Passion. Er hatte sich in einigen Telefonaten und persönlichen Gesprächen bei mir sehr intensiv über den satzungsgemäßen Auftrag der Stiftung und dessen praktische Umsetzung erkundigt. Sein Name war mir schon länger geläufig im Zusammenhang mit größeren Spenden und dem spürbaren Anwachsen eingehender Bußgelder, nachdem Dr. Gerke seine Richterkollegen auf den gemeinnützigen Status der NLS aufmerksam gemacht hatte. Er fragte mich schließlich, ob er Mitglied der Stiftung werden könne. Nachdem ich dies verneinen musste, kam er auf die Idee, einen Förderverein für die Naturlandstiftung zu gründen.

Stiftungsrat und Stiftungsvorstand nahmen das Vorhaben positiv auf, und nachdem man sich über die Vereinssatzung geeinigt hatte, nahm der Stiftungsrat in seiner Sitzung am 25. Januar 1984 den »Förderverein Naturlandstiftung Saar e.V.«, vertreten durch seinen Vorsitzenden Dr. Eckehard Gerke, in die NLS auf. Der Verein war bereits am 4. August 1983 unter der Nr. 3041 in das Vereinsregister des Amtsgerichts Saarbrücken eingetragen worden. Der Verein hat spürbar zur Finanzierung der Stiftung beigetragen. Nach dem Tod von Dr. Gerke (9. März 1995) ging seine Bedeutung kontinuierlich zurück.

Es würde zu weit führen, die Vielzahl unserer Einkunftsquellen einzeln aufzuführen. Zusammenfassend lässt sich sagen, dass die Hauptlast des Grunderwerbs in vorbildlicher Weise vom Land getragen wurde und wir uns in zweiter Linie auf die Fördergelder der Saartoto GmbH verlassen konnten.

Nicht selten wurde der Grunderwerb zur Schaffung von Schutzgebieten auch von den Gemeinden und Landkreisen finanziell unterstützt. Eine weitere, allerdings nicht gleichmäßig fließende Geldquelle, waren Einzelspenden (zum Beispiel von Jungjägern nach Abschluss der Jägerprüfung) oder die schon erwähnten Bußgelder oder Zuwendungen befreundeter Vereine, wie des Saarwaldvereins, oder der Vereinigung der Jäger des Saarlandes. Mit diesen Geldern wurden hauptsächlich die nicht dem Grunderwerb zuzurechnenden Kosten bestritten.

Nicht unerwähnt soll bleiben, dass die Stifter zur Stärkung der Eigenkapitalbasis im Jahr 1985 eine weitere – die dritte – Stiftungseinlage von je 1.000 DM geleistet haben.

Der Jahresabschluss 1985 – gewissermaßen meine Halbzeitbilanz – schloss mit Einnahmen von 167.709,18 DM und Ausgaben von 121.630,31 DM ab. Das Vermögen der Stiftung betrug 820.335,82 DM, davon 757.171,49 DM in Grundstücken. Der Grundstücksbestand war seit dem 1. Januar 1981 um 42,2606 Hektar auf 63,1898 Hektar angestiegen.

Am 1. November 1985 ist Herr Eberhard Veith als erste hauptamtliche Kraft in den Dienst der Stiftung getreten. Durch seinen unermüdlichen Einsatz sind die Aktivitäten der Stiftung in den Folgejahren stark angewachsen. Das zeigt ganz überzeugend der letzte Jahresabschluss, für den ich noch Verantwortung trug: den für 1990. Er schloss mit Einnahmen von 826.975,00 DM (zum Vergleich: 167.709,18 DM im Jahr 1985) und Ausgaben von 845.734,56 DM (121.630,31 DM im Jahr 1985), also einer Unterdeckung von 18.759,55 DM ab. Bei einem Guthabenvortrag von 208.231,95 DM keinesfalls ein Problem, weil immer noch eine Reserve von 189.472,40 DM für das Folgejahr verblieb. Das Grundstücksvermögen war auf 2.429.242,00 DM (gegenüber 757.171,49 DM im Jahr 1985) angestiegen zuzüglich einer inzwischen vorhandenen Betriebs- und Geschäftsausstattung von 96.214,56 DM. Der Grundstücksbestand war auf 252,3002 Hektar gegenüber 63,1898 Hektar im Jahr 1985 angewachsen.

Dr. Wicklmayr gibt den Vorsitz ab

Nach der Landtagswahl vom 10. März 1985, bei der es zu einem Regierungswechsel von der CDU zur SPD kam, wurde Herr Jo Leinen von dem neuen Ministerpräsidenten Oskar Lafontaine als Umweltminister berufen.

Sumpf-Läusekraut im Schutzgebiet »Borstgrasrasen Sitzerath«

Anfang 1986 sickerte durch, die neue Landesregierung erwäge, eine öffentlich-rechtliche Stiftung mit ähnlichen Aufgaben wie die der NLS ins Leben zu rufen. Als Gründe wurden u.a. erwähnt, der Umweltminister habe zu wenige Einflussmöglichkeiten auf die Tätigkeit der Stiftung.

Das Thema beschäftigte natürlich die kurz darauf am 27. Februar 1986 anstehende Sitzung des Stiftungsrats. Darin bestätigte sich das Ansinnen der Regierung. Nach eingehender Diskussion stellte das Gremium fest, dass die Gründung einer öffentlich-rechtlichen Stiftung wahrscheinlich das Aus für die NLS bedeuten würde. Ohne die finanzielle Unterstützung des Landes könne insbesondere der weitere Grundstückserwerb nicht mehr in dem notwendigen Maße erfolgen. Zu bedenken sei auch, dass eine private Stiftung den großen Vorteil größerer Beweglichkeit besitze. Im Übrigen sei die oberste Naturschutzbehörde stets über die Aktivitäten der NLS informiert worden. Schließlich war man der Meinung, dass gegen die Einbindung der öffentlichen Verwaltung keine

Bedenken bestünden, sofern sie die gleichen Rechte und Pflichten wie die anderen Stifter habe. Gleiches gelte für die Mitwirkung des Städte- und Gemeindetages und des Landkreistages, die damals der Stiftung beitreten wollten.

Am Schluss der Debatte beauftragte das Gremium den Vorsitzenden Dr. Wicklmayr, kurzfristig ein klärendes Gespräch mit Herrn Ministerpräsident Lafontaine zu führen. Nach diesem Gespräch, das am 20. August 1986 stattfand, versicherte Herr Lafontaine, auf eine öffentliche Stiftung verzichten zu wollen.

Nun bedurfte es vieler Gespräche, um die vielfältigen damit zusammenhängenden Probleme aus der Welt zu schaffen. Hierbei hatte ich in Herrn Rabe einen vertrauensvollen Mitstreiter gefunden. Wir stellten allein das Wohl der Stiftung in den Vordergrund und schließlich signalisierte der Umweltminister, der Stiftung beitreten zu wollen. Die notwendige Satzungsänderung erfolgte nach Abstimmung mit der Aufsichtsbehörde jetzt auch im engen Einvernehmen mit dem Umweltministerium. Rein formal kam es aber erst in der Sitzung des Stiftungsvorstands am 18. Mai 1988 zum Beitritt des Saarlands, vertreten durch seinen Umweltminister Jo Leinen, der dann auch zum Vorsitzenden der Stiftung gewählt wurde.

Herr Dr. Wicklmayr hatte bereits mit Schreiben vom 11. April 1988[4] an die Stifter mitgeteilt, dass er nicht mehr für den Vorsitz der Stiftung kandidieren werde.

Nach der Wahl von Herrn Minister Leinen am 30. Juni 1988 zum neuen Vorsitzenden der Stiftung wählte das Gremium auf Antrag von Herrn Jo Leinen den bisherigen Vorsitzenden Dr. Wicklmayr zum Ehrenvorsitzenden.

Rückblickend betrachtet wurde mit der Wahl von Herrn Leinen eine Tradition begründet, die bis auf den heutigen Tag Bestand hat: dass nämlich der jeweilige Umweltminister des Landes auch zum Vorsitzenden der Stiftung gewählt wird[5].

---

4   Kopie des Schreibens siehe Anhang 12: Brief Dr. Wicklmayr
5   Die Vorsitzenden bis zum Jahr 2011 siehe Anhang 7: Liste der Vorsitzenden und Kuratoren der NLS

Die Naturlandstiftung Saar – ein Vorbild für andere Bundesländer

Meine Tätigkeit als Kurator, die ich gerne machte und die mir viel gab, fand schließlich zum Jahresultimo 1990 ihr Ende, weil ich mich beruflich nach Hessen veränderte. Ich wurde Geschäftsführer der »Hessischen Landesgesellschaft mbH, staatliche Treuhandstelle für ländliche Bodenordnung« HLG in Kassel. Aber der Kontakt zur Stiftung riss nie ganz ab und zu anstehenden Jubiläen wurde ich regelmäßig eingeladen. Auch wenn ich aus Termingründen nicht immer teilnehmen konnte, so blieb ich über die Aktivitäten der Stiftung doch stets unterrichtet. So auch über den beispielhaften Aufbau und das erfolgreiche Wirken der Naturland Ökoflächen-Management GmbH (ÖFM), einer hundertprozentigen Tochter der NLS zum Zweck der Errichtung und Bereitstellung eines Ökokontos nach dem saarländischen Erlass von 1998[6]. Dieser innovative Schritt veranlasste mich, mehrmals Besuche von Landesgesellschaften bei der ÖFM in Saarbrücken zu arrangieren und zu begleiten. Die Handhabung des Ökokontos – sowohl verwaltungsmäßig wie auch die Durchführung vor Ort – zu studieren, war eindrucksvoll und lehrreich. Hier hat die NLS unter Führung von Herrn Veith für die gesamte Republik Pionierarbeit geleistet.

In Hessen haben die im Saarland gemachten Erfahrungen dazu geführt, dass die hessische Landesgesellschaft, der ich bis zu meinem Eintritt in den Ruhestand als Geschäftsführer vorstand, als einzige Ökoagentur nach der hessischen Kompensationsverordnung vom 1. September 2005 mit der Berechtigung zur Ausstellung von Freistellungsbescheiden anerkannt worden ist.

---

6   Erlass des Ministeriums für Umwelt, Energie und Verkehr vom 1. Januar 1998 (Gemeinsames Ministerialblatt des Saarlandes, Nr. 2, Seiten 74 ff, vom 25.02.1998)

ULI HEINTZ

Gemeinsam mach(t)en wir sie stark

Als im Januar 2011 Herr Dr. Rainer Wicklmayr zu einer Besprechung wegen seiner Absicht einlud, ein Buch über die Naturlandstiftung Saar herauszubringen und mich bat, einen Beitrag dazu aus der Sicht einer der Gründerorganisationen zu verfassen, bin ich dieser Bitte ausgesprochen gerne nachgekommen. Zum einen, weil es mir in Würdigung seiner persönlichen Verdienste um den saarländischen Naturschutz fast unmöglich erschien, eine solche Bitte abzuschlagen; vor allem aber weil ich der Auffassung bin, dass das in 35 Jahren seitens der Stiftung geleistete über die Landesgrenzen hinaus beispielhaft ist und ich einen Beitrag zur größeren Wahrnehmung dieses Erfolges leisten möchte. Darüber hinaus hoffe ich, dass meine Ausführungen dazu beitragen, dass alle Verantwortlichen die Notwendigkeit erkennen, und die Voraussetzungen dafür schaffen, dass die NLS auch in Zukunft noch Sachwalterin des saarländischen Naturerbes sein kann und wird.

Betrachtet man die Geschichte der Stiftung im Zeitraffer, vor allem ihre Handlungsschwerpunkte – wobei die Betonung auf dem Wort »Handlung« liegt – so spiegelt sie die Entwicklung der naturschutzfachlichen Diskussion im Allgemeinen und die entsprechende gesellschaftspolitische Reaktion im Saarland beispielhaft wider.

Fünf Herren trafen sich am 20. Januar 1976 im Büro des damaligen Ministers Dr. Rainer Wicklmayr, um die Gründung einer Stiftung vorzubereiten, deren maßgebliches Ziel darin bestehen sollte, Flächen zu erwerben, die unmittelbar oder mittelbar dem dauerhaften Schutz von Lebensräumen (Biotopen) bedrohter Tiere und Pflanzen im Saarland dienen sollten. Sie repräsentierten damals bereits sowohl wissenschaftlichen Sachverstand, besonders in der Person von Prof. Dr. Dr. hc. mult. Paul Müller als auch ehrenamtliches Engagement für Umwelt- und Naturschutz vor allem durch die Mitwirkung des landesweit bekannten Umwelt-Politikers Dr. Berthold Budell (CDU, MdL und Vorsitzender des Bundes für Umweltschutz Saarbrücken, heute BUND) und der nicht minder engagierten Herren Wolfgang Maria Rabe (Hauptvorsitzender des Saarwaldvereins) und Klaus Speicher (Artenschutzreferent des Deutschen Bundes für Vogelschutz Saarland, heute NABU.) Noch während der Sitzung wurde der Fünfte »im Bunde« der Stifter gefunden, Emil Weber, Vorsitzender der Vereinigung der Jäger des Saarlandes (CDU, MdL).

Obwohl sich die Initiatoren dieses Treffens, Dr. Budell und Dr. Wicklmayr, mit der Absicht der Gründung einer solchen Stiftung bereits in prominenter nationaler und internationaler Gesellschaft befanden – National Trust, WWF und Bund Naturschutz Bayern erwarben schon zu dieser Zeit seit vielen Jahren schutzwürdige Biotope – im Saarland wurde damit absolutes Neuland betreten. Dazu kam noch, dass mit der gewählten und gewünschten Zusammensetzung der Stifter ein neuer Weg beschritten wurde, nämlich nicht der der Gründung einer weiteren »reinen« Naturschutzorganisation, sondern der des Zusammenschlusses möglichst vieler Gruppierungen, deren Schutz- und Nutzinteresse der heimischen Landschaft galten.

Diese Vorgehensweise war meines Erachtens der entscheidende Grund dafür, dass die Akzeptanz der Stiftung in Politik und Gesellschaft und ihr Werben für die Idee des Flächenerwerbs so schnell wachsen konnten.

So überzeugend die Idee für den dauerhaften Erhalt von »Natur« auch war und ist, so trat man doch in Konkurrenz zum staatlichen Naturschutzmonopol einerseits und zu konkurrierenden Nutzungs- und Eigentumsinteressen andererseits; ein Punkt, der in späteren Jahren zu teils heftigen Diskussionen führen sollte.

Werfen wir noch einmal einen Blick zurück in das Jahr 1976. Für den Erfolg von Ideen, gleich welcher Art, braucht man Persönlichkeiten, die entschlossen sind, sie zu realisieren, die die Überzeugungskraft haben, andere mitzunehmen und die Hartnäckigkeit und Ausdauer besitzen, alle Schwierigkeiten zu überwinden, die sich dem in den Weg stellen. Dr. Rainer Wicklmayr erfüllte alle diese Voraussetzungen von der Gründungszeit an – und dies ist besonders erfreulich – bis zum heutigen Tag.

Es war beileibe keine Selbstverständlichkeit, dass Verbände, die teils sehr unterschiedliche Interessen an der »Natur« hatten und das auch deutlich herausstellten, bereit waren, gemeinsam und konstruktiv zum Erfolg der Stiftung beizutragen. Als ein Beispiel dieses Gemeinsinns möchte ich eine im Juli 1982 gemeinsam veröffentlichte Forderung aller! Stifterverbände erwähnen, die auf den weitgehenden Erhalt landschaftsprägender Bäume im »Saar-Eck-Park« in Mettlach im Zusammenhang mit dem geplanten Ausbau der Saar zielte. Ob eine solche Erklärung noch in heutiger Zeit möglich wäre, wage ich infrage zu stellen.

Allen an der Gründung der Stiftung Beteiligten war von Anfang an klar, dass der Erfolg ihres Vorhabens maßgeblich davon abhing, wie es in der Öffentlichkeit wahrgenommen würde. Glücklicherweise vollzog sich gerade damals beginnend eine spürbare Verbesserung der öffentlichen Meinung bezüglich der Notwendigkeit von Umwelt- und Naturschutz; das Ergebnis intensiver und langjähriger Anstrengungen aller Beteiligten.

Eine weitere Folge der zunehmenden positiven Wahrnehmung der Stiftungsziele war, dass die Zahl der Stifterorganisationen ständig zunahm. Bereits 1978 kam der Landesfischereiverband Saar und der Verband der Gartenbauvereine Saar-Pfalz hinzu. Im Jahr 1981 folgte die Arbeitsgemeinschaft für tier- und pflanzengeografische Heimatforschung »DELATTINIA«. Sie – benannt nach dem Saarbrücker Zoologen Gustaf de Lattin – trug durch ihre fachkundigen Kenntnisse des Vorkommens von Tier- und Pflanzenarten im Saarland über viele Jahre maßgeblich dazu bei, dass ein naturwissenschaftliches Fundament zur Richtschnur der gezielten Flächensicherung, besonders aber auch der späteren Pflegemaßnahmen wurde.

Goldene Acht im Schutzgebiet »Naheaue« bei Gonnesweiler

1983 kam der auf Initiative von Herrn Dr. Eckehard Gercke – dem Nachfolger des DBV-Vorsitzenden Werner Martin – gegründete »Verein zur Förderung der Naturlandstiftung« hinzu. Die Riege der Zustifter ist um das Umweltministerium, den Landkreistag des Saarlandes, die Schutzgemeinschaft Deutscher Wald und den Bauernverband Saar gewachsen.

Gerade mit Letztgenanntem wird dokumentiert, dass auch die landwirtschaftliche Interessenvertretung nicht außen vor bleiben wollte bei einer Einrichtung, die sich schwerpunktmäßig dem Erwerb von Flächen widmet. Wenn auch Interessenkonflikte – hier Landwirtschaft, da Flächensicherung für den Naturschutz – geradezu vorprogrammiert waren, so halte ich es unter dem Strich für begrüßenswert, dass sich der Bauernverband Saar in die Reihe der Zustifter gestellt hat. In den Folgejahren wurde die Zahl der Zustifter noch um weitere acht Organisationen und Institutionen ergänzt: Neunkircher Zoologischer Garten, Landesdenkmalamt, Institut für Landeskunde, Saarländischer Privatwaldbesitzerverband, SaarForst Landesbetrieb, Verband der Landwirte im Nebenberuf, Arbeitskammer des Saarlandes und Landesentwicklungsgesellschaft des Saarlandes.

Doch noch einmal zurück zu den Anfängen. Da musste mächtig die Werbetrommel gerührt werden, um neben der politischen und gesellschaftlichen Akzeptanz letztlich auch die Mittel zu beschaffen, um schnell handlungsfähig zu sein. So machte die Stiftung erstmals von sich reden, als sie sich in einer eindrucksvollen Matinee im Beisein des ersten saarländischen Umweltministers Günther Schacht am 8. Januar 1977 in der Modernen Galerie der Öffentlichkeit vorstellte. Das brachte ihr neben der öffentlichen Wahrnehmung auch erste Spendengelder ein. Das Wichtigste aber war die Zusage des Ministers, der Stiftung künftig laufende Zuwendungen aus dem Landeshaushalt zu gewähren, die dann über Jahre hinweg eine solide Stütze werden sollten.

Der erste Erfolg beim Grunderwerb stellte sich 1977 ein. Den Netzwerken des Stiftungsvorsitzenden war es sicher zu verdanken, dass das Gelände der ehemaligen Tongrube und Backsteinfabrik in Eppelborn – Dirmingen, eine knapp 10 Hektar große Fläche, der Stiftung zu treuen Händen geschenkt wurde. Danach nahm der Erwerb weiterer Flächen langsam Fahrt auf, um nach der Einstellung von Herrn Eberhard Veith als hauptamtlichen Geschäftsführer ab 1988 geradezu sprunghaft zu steigen.

Bald nach der Übernahme des Geländes der ehemaligen Backsteinfabrik wurde den Stiftungsverantwortlichen und den Verbänden schnell klar, dass nicht nur die reine Flächenbilanz als Erfolgsindikator der geleisteten Arbeit gelten konnte. Denn der zu erhaltende Artenreichtum der Stiftungsflächen beruhte eben nicht darauf, dass sie längere Zeit vor menschlichen Einflüssen verschont blieben. Ganz im Gegenteil war er meist das – wenn auch zufällige – Ergebnis langjähriger menschlicher »Eingriffe«. Aus dieser Erkenntnis, die auch in die Diskussion der Verbände getragen wurde, ergab sich die zwingende Notwendigkeit, dass in Zukunft neben dem Erwerb von Flächen auch ihre Pflege und Entwicklung ein Schwerpunkt der Arbeit der Stiftung sein musste. Und auch in diesem Punkt erwies sich die Einbeziehung der »grünen Verbände« als im wahrsten Sinne des Wortes »unbezahlbar«; nämlich durch die ehrenamtliche Übernahme von Pflegepatenschaften. Betrachtet man die Auflistung dieser Patenschaften, so entsteht der nicht unbegründete Eindruck, als hätte zur damaligen Zeit geradezu ein Wettbewerb unter den Verbänden eingesetzt, wer welches Gebiet betreuen darf. Einige Gebietspatenschaften möchte ich beispielhaft aufzählen.

GEBIETE	VERBÄNDE
Ehemalige Tongrube und Backsteinfabrik Dirmingen	DBV (heute NABU) Obst- und Gartenbauverein Dirmingen
Flächen um das Fischerberghaus bei Beckingen	Saarwaldverein
Feuchtgebiet bei Weiskirchen-Weierweiler	Vereinigung der Jäger des Saarlandes
Schutzgebiete Bebelsheim und Reinheim	DBV (heute NABU)
Schutzgebiet Bornigbachtal, Rimlingen	Saarwaldverein
Engelgrund-Girtelwiese, Hüttersdorf	Vereinigung der Jäger des Saarlandes

So wichtig wie die Pflegearbeiten selbst war es, dass diese nach naturschutzfachlichen Vorgaben erfolgten, die sich aus dem (gewünschten) Artenbestand der Gebiete ableiteten; hier leistete die DELATTINIA mit ihrem Expertenwissen wertvollste Zuarbeit.

Auf Einladung der Naturlandstiftung erfolgte 1987 ein erster Erfahrungsaustausch zwischen der zuständigen Landesbehörde, dem Landesamt für Umweltschutz und den Schutzgebietsbetreuern. So gelang es nicht nur Theorie und Praxis zu verknüpfen, sondern ein immer größer werdendes »grünes Fachwissen« in die Verbände zu tragen und auch in der Fläche zur Anwendung zu bringen.

In diesem Zusammenhang sei auch die Organisation einer ersten Besichtigungsfahrt zu Schutzgebietsflächen im Saarland erwähnt, die dem gleichen Zweck diente und als Vorläuferin späterer, mehrtägiger Exkursionen in Schutzgebiete, Nationalparks und Naturschutzgroßvorhaben in Deutschland und Europa betrachtet werden kann. Diese boten nicht nur den Vertretern der Verbände, sondern auch den politisch Verantwortlichen die Gelegenheit, ihr eigenes Wissen vor Ort einzubringen, es aber auch zu vertiefen. Anschauungsunterricht im besten Sinne des Wortes. Hier konnten grundsätzliche oder spezielle Fragen zu Themen wie Gebietsmanagement, Besucherlenkung, Öffentlichkeitsarbeit usw. inmitten großartiger Landschaften mit bemerkenswerten Persönlichkeiten des nationalen und internationalen Naturschutzes erörtert werden. Nicht wenige Anregungen wurden durch diese Exkursionen z. B auch in den NABU getragen und haben ihren Niederschlag in zahlreichen kleineren und größeren Projekten im Saarland gefunden. Aber auch bei den mitreisenden Landes- und Kommunalpolitikern blieb im Reisegepäck nicht selten die Erkenntnis hängen, dass nicht nur in Deutschland der Natur- und Landschaftsschutz ernst genommen wird. Das Erstaunen war oft groß, mit wie viel Fantasie und Engagement und mit welch üppiger Mittelausstattung andernorts Naturschutzprojekte vorangetrieben wurden. Das intensive Befassen aller Interessierten mit der Thematik der Landschaftspflege wäre in dieser Form ohne die Stiftung sicher nicht gelungen; darf doch nicht vergessen werden, dass die Alltagsaufgaben der Trägerorganisationen oftmals ganz anderer Natur sind.

Ein »Unternehmen« mit den in der Zeit gewachsenen Ansprüchen wie die Naturlandstiftung Saar konnte trotz seiner geglückten Struktur und seiner engagierten Trägerverbände auf Dauer nicht ehrenamtlich geführt werden. Bei der Vielschichtigkeit der Aufgaben und dem damit zwangsweise verbundenen unerlässlichen Zeitaufwand mussten selbst der aktivste Vorstand und der tüchtigste (ehrenamtliche) Kurator irgendwann an ihre Grenzen stoßen. Aus dieser

Erkenntnis hat der Stiftungsvorstand im Jahre 1985 den Agraringenieur Eberhard Veith aus Schiffweiler als ersten hauptamtlichen Mitarbeiter eingestellt. Aus heutiger Sicht eine richtungsweisende Entscheidung. Mit ihm nahm die Entwicklung der Stiftung die Fahrt auf, die sie zu ihrer heutigen Bedeutung führte. Die Wertschätzung und die Leistung seiner ehrenamtlichen Vorgänger – Erich Mattheis, Klaus Speicher und Karl-Heinz Unverricht – sollen und dürfen darüber nicht vergessen werden.

Nach der Einstellung von Herrn Veith hat sich die Schutzgebietsfläche der Stiftung sprunghaft vergrößert und betrug 1989 bereits rund 200 Hektar; aus heutiger Sicht betrachtet zwar immer noch bescheiden, aber vor dem Hintergrund der damaligen Verhältnisse für die Verbände fast unvorstellbar.

Noch im gleichen Jahr konnte eine aus Saartoto-Mitteln finanzierte erste Hochleistungsmaschine für die Landschaftspflege angeschafft werden. Dieser Vorgang erscheint mir aus zwei Gründen erwähnenswert:

1. Bei der erreichten Größe der Eigentumsflächen war es – selbst bei überdurchschnittlichem Engagement der Ehrenamtlichen in den Verbänden – schlichtweg unmöglich, diese noch fachgerecht von Hand zu pflegen. Es wurde unumgänglich, dass die Professionalisierung dieser Arbeiten weiter voranschreiten musste. Das zeigte sich am deutlichsten bei den Kommunen, die nahezu zeitgleich dazu übergingen, Aufgaben im Umwelt- und Naturschutz zu übernehmen und professionell zu erledigen.
Diese Entwicklung zwang die Ehrenamtlichen in den Verbänden, die Jahrzehnte die Speerspitze und die Lastenträger dieser Aufgaben waren, ihre Rolle sowohl in der Stiftung aber auch in der Gesellschaft neu zu definieren. Denn bei allen unbestreitbaren Vorteilen, die Hauptamtlichkeit und Professionalität für die Sache mit sich brachten, für nicht wenige Ehrenamtliche hatte sie bedauerlicherweise auch ein »Zurückziehen« aus der aktiven Arbeit zur Folge.
2. Dass Saartoto im Jahr 2011 im Rahmen seiner 60. Geburtstagsfeier zu Recht darauf hinweisen konnte, dass zwischenzeitlich erhebliche Totomittel zur Förderung des Naturschutzes im Saarland ausgegeben werden konnten, hängt zumindest indirekt mit der Existenz der Naturlandstiftung zusammen. Dr. Wicklmayr ergriff nämlich in seiner damaligen Funktion als Innenminister und Vorsitzender des Aufsichtsrats der Saartoto-GmbH

1984 die Initiative und unterbreitete Herrn Ministerpräsident Franz-Josef Röder den Vorschlag, den Reinerlös aus der neu gegründeten Rubbellotterie neben dem Bereich Kultur auch dem Bereich der Natur zukommen zu lassen. Als Ergebnis seines Vorstoßes sind alleine zwischen 2001 und 2011 rund 25 Mio. Euro in Projekte des Naturschutzes geflossen.

Das Jahr 1988 markierte für die Stiftung eine tiefe Zäsur. Nachdem es bei der Landtagswahl 1985 zu einem Regierungswechsel von der CDU zur SPD gekommen und Jo Leinen neuer Umweltminister geworden war, flammte die Diskussion um die Gründung einer neuen regierungsnahen Naturschutzstiftung auf. Um dem vorzubeugen, verzichtete Dr. Wicklmayr bei der Vorstandswahl im April 1988 auf den Vorsitz und machte diesen Platz für Umweltminister Jo Leinen (SPD) frei.

Die Verankerung des Stiftungsvorsitzes in der jeweiligen Landesregierung, die seither zur Tradition wurde, ist aus heutiger Sicht – auch vor dem Hintergrund der immer wieder diskutierten Nachteile – meines Erachtens ein wichtiger strategischer Schritt zur dauerhaften Erhaltung der Stiftung für den saarländischen Naturschutz.

Ein weiterer Meilenstein für die Entwicklung der Stiftungsaktivitäten geht, wie aus den Archiven zu ersehen ist, auf einen Hinweis der Vereinigung der Jäger des Saarlandes im Jahr 1985 zurück. Sie empfahl, an dem Förderprogramm des Bundesumweltministeriums zur »Errichtung und Sicherung schutzwürdiger Teile von Natur und Landschaft mit gesamtstaatlich repräsentativer Bedeutung« teilzunehmen. Das zupackende Aufgreifen dieses Hinweises bescherte der Stiftung in den folgenden Jahren damals kaum vorstellbare Gebietserweiterungen und Fördergelder und zwangsläufig damit einhergehende neue Arbeitsschwerpunkte.

Im Jahr 1988 übernahm die Naturlandstiftung die Geschäftsführung und Projektleitung für das erste saarländische Projekt im Rahmen dieses Programms, das »Naturschutzgroßvorhaben Wolferskopf« bei Beckingen. Weitere Projekte sollten im Saarland folgen.

Mit ihnen begann eine neue Erfolgsgeschichte, die selbst bei bundesweiter Betrachtung als nahezu einmalig angesehen werden muss. Bei einem Blick auf die Übersichtskarte des Bundesamtes für Naturschutz für laufende oder abgeschlossene Naturschutzgroßvorhaben in Deutschland wird schnell deutlich,

Der Eisvogel fühlt sich im Projektgebiet »Illrenaturierung« wohl.

dass es nirgendwo eine derartige Häufung von Bundesprojekten zum Schutz des nationalen Naturerbes gibt wie hier im Saarland. Das ist nicht nur der zum Teil auch bundesweit bemerkenswerten Artenausstattung unserer heimischen Landschaft geschuldet, sondern im Wesentlichen auch der erfolgreichen Abwicklung solcher Förderprojekte durch die Naturlandstiftung.

Diese Erfolge waren nur möglich, weil man hierzulande speziell für die Umsetzung der Bundesförderprojekte eigene öffentlich-rechtliche Zweckverbände schuf, deren Mitglieder – neben der Naturlandstiftung – die Gemeinden und Landkreise waren, auf deren Gebiet die zu entwickelnden »schutzwürdigen Teile von Natur und Landschaft« lagen und die in der Zweckverbandsversammlung in der Regel von ihren Bürgermeistern bzw. Landräten vertreten wurden. Diese straff organisierten und hochrangig besetzten Projektträger waren den andernorts bevorzugten zivilrechtlichen Trägerkonstruktionen – Vereine, Gesellschaften oder Stiftungen – meist an Schlagkraft überlegen, zumal sie die Komplementärmittel in Höhe von 10 bis 15 Prozent der Fördergelder des Bundes mittels Umlagen zulasten ihrer Mitglieder erheben konnten.

Der 1989 für das Wolferskopfprojekt gegründete Zweckverband besteht aus der Gemeinde Beckingen, der Stadt Merzig, dem Landkreis Merzig-Wadern und der Naturlandstiftung. Während die Verbandsvorsteher im Laufe der Jahre öfter wechselten, liegt die Geschäftsführung und Projektleitung bis auf den heutigen Tag bei der Naturlandstiftung.

Besonders wichtig erscheint mir, dass der Zweckverband auch nach dem Auslaufen der Förderphase im Jahr 1994 bestehen blieb und die Mittel für die laufende Unterhaltung eines der schönsten Naturschutzgebiete unseres Landes aus eigener Kraft aufbringt. Ein Besuch lohnt sich!

Dem »Zweckverband Wolferskopf« folgte 1995 bereits der »Zweckverband Illrenaturierung«, bestehend aus den Gemeinden Eppelborn, Illingen, Marpingen und Merchweiler sowie wiederum der Naturlandstiftung Saar. Ich selbst hatte das Glück, in diesem Verband für das »Gewässerrandstreifenprogramm ILL« und darüber hinaus als Projektleiter bis zum heutigen Tage tätig sein zu dürfen. Gerade in den Anfangsjahren waren die Erfahrungen der von der Stiftung entsandten Vertreter Eberhard Veith (Geschäftsführer Naturlandstiftung), Helmut Harth (BUND) und Ludger Wolf (Gemeinde Illingen) an vielen Stellen hilfreich. Mit rund 1.110 Hektar Kernbereichsfläche wurden die »Täler der ILL und ihrer Nebenbäche« zum zweitgrößten saarländischen Naturschutzgebiet. Standen beim Wolferskopf teilweise bundesweit einmalige Orchideenbestände und entsprechende Nutzungs- und Pflegekonzepte neben dem Grunderwerb im Mittelpunkt, so waren es beim Ill-Projekt die Erhaltung und Schaffung größtmöglicher Eigendynamik der rund 140 Kilometer Bachläufe, ihre weitest gehende Wiedervernetzung und neben der natürlichen Entwicklung der Auenvegetation vor allem die naturschutzkonforme Grünlandnutzung.

Auch dieser Verband hat sich nach Ende der Förderphase nicht aufgelöst. Er hat sich neben der Gebietsbetreuung und -entwicklung neuen Aufgabenfeldern wie Umweltbildung, Regionalentwicklung und Umsetzung der europäischen Wasserrahmenrichtlinie zugewandt.

Das dritte Großprojekt wurde mit dem Zweckverband »Saar-Bliesgau / Auf der Lohe« 1995 auf den Weg gebracht. War das aus dem Naturschutzgroßvorhaben »Wolferskopf« hervorgegangene Naturschutzgebiet mit 340 Hektar noch vergleichsweise »klein«, so ist das aus dem »Saar-Bliesgau/Auf der Lohe«-Projekt hervorgegangene mit 1.575 Hektar zwischenzeitlich das größte saarländische Naturschutzgebiet. Das Projektgebiet wurde zwischenzeitlich auf 2.357 Hektar erweitert und die Ausweisung der Erweiterungsflächen als Naturschutzgebiet wurde eingeleitet. Die Gemeinden Gersheim und Mandelbachtal sowie der Saarpfalz-Kreis mit Landrat Clemens Lindemann an der Spitze, dem ich für seine langjährige konstruktive Unterstützung des Naturschutzes in »seinem« Kreis an dieser Stelle ausdrücklich einmal danken möchte, bildeten mit der Naturlandstiftung zusammen den Projektträger dieses Vorhabens. Ähnlich wie beim Wolferskopf waren es auch in diesem Gebiet die auf den Muschelkalkhängen wachsenden Orchideen und die bunten Blumenwiesen mit der typischen Begleitvegetation und Tierwelt, die bundesweit bedeutsam sind und durch ihre Sicherung einen Beitrag zum Erhalt des Naturerbes der Bundesrepublik Deutschland leisten.

Getragen von den Erfahrungen der Abwicklung nationaler Förderprojekte wurden auf der Grundlage der Förderinstrumente der EU (Interreg, Life, ELER) neue Projektideen entwickelt. So gingen die ersten länderübergreifenden Aktivitäten im saarländischen Naturschutz Anfang der 90er Jahre auf die Naturlandstiftung Saar zurück. Durch die enge Zusammenarbeit mit der französischen Partnerorganisation Conservatoire des Sites Lorrains wurden gemeinsame Schutzgebiete im saarländisch-lothringischen Grenzgebiet zwischen Niedergailbach auf deutscher Seite und Obergailbach auf französischer Seite sowie auf dem Hammelsberg bei Perl im Dreiländereck Deutschland-Frankreich-Luxemburg eingerichtet. Die europäische Förderkulisse machte aber auch Projekte wie Hochwasserschutzmaßnahmen in der Blies- und Saaraue (IRMA, Rheinnetz) sowie die Regeneration und Erhaltung von orchideenreichen Trockenrasen, Borstgrasrasen und Arnikawiesen in insgesamt 26 Projektgebieten im Saarland und 22 weiteren Teilgebieten in Luxemburg, Belgien und Rheinland-Pfalz möglich.

Ebenfalls mit Mitteln der Europäischen Union (ELER) konnte die Stiftung Maßnahmen umsetzen, die im internationalen Naturschutz in den letzten Jahren eine immer größer werdende Rolle spielen, nämlich die Offenhaltung von Landschaften durch eine ganzjährige Extensivbeweidung mit robusten Weidetieren (Rindern, Pferden, Schafen). Solche großflächigen Beweidungen finden vor allem in Gebieten statt, die vom Rückgang der landwirtschaftlichen Nutzung besonders stark betroffen sind und deren Artenausstattung von der ehemaligen kleinbäuerlichen Nutzung profitierte. Die Stiftung richtet seit 2011 in vier Gebieten im Saarland solche großflächigen Beweidungen mit Galloway-Rindern ein.

Aus Sicht der Verbände ist der 1. Januar 1998 ein guter Tag für den saarländischen Naturschutz: Er brachte die gesetzliche Einführung des »Ökokontos«. Diese wiederum löste die bis dahin gültige Regelung ab, wonach Eingriffe in Natur und Landschaft zwangsweise in zeitlichem und räumlichem Zusammenhang mit dem Eingriff auszugleichen waren. Diese Regelung stieß zunehmend an naturschutzfachliche und operative Grenzen und erwies sich häufig als Kosmetik. Die Neuregelung, die auch unter Einbeziehung des Wissens und der Erfahrung der Naturlandstiftung, aber auch der Naturschutzverbände, erarbeitet wurde, entkoppelte die bisherige zeitliche und räumliche Verknüpfung und ermöglichte erstmals, Ausgleichsmaßnahmen gewissermaßen auf Vorrat zu »produzieren«. Dem »Produzenten« werden dafür sog. Ökopunkte gutgeschrieben, die er dann an ausgleichsverpflichtete Eingreifer zu Marktpreisen verkaufen kann.

Dieses Verfahren ist trotz nach wie vor bestehender Mängel in der Interpretation und praktischen Anwendung letztlich doch der alten Ausgleichsregelung weit überlegen, da es grundsätzlich auch zu großräumigeren und damit nicht zuletzt auch wirkungsvolleren Kompensationsmaßnahmen führen kann.

Die Naturlandstiftung Saar, die sich auf dem neuen Markt betätigen wollte, sah sich wegen ihres gemeinnützigen Charakters daran gehindert und gründete deshalb 1998 eine 100-prozentige Tochtergesellschaft nach Handelsrecht, die Naturland Ökoflächen-Management GmbH (ÖFM), die seither Kompensationsmaßnahmen auf speziell dafür angekauften Flächen realisiert und die erwirtschafteten Ökopunkte an Eingreifer verkauft. Diesem Umstand verdankt unser Land großartige Schutzgebiete wie z. B. die wieder renaturierte Niedaue bei Hemmersdorf im Bereich des ehemaligen Campingplatzes Wackenmühle oder die großflächige Entwicklung von Auwald in der Bliesaue.

Es muss Aufgabe auch der Verbände sein und bleiben, ein wachsames Auge darauf zu haben, dass bei der Anwendung der Ökokontoregelung ausschließlich naturschutzfachliche Gesichtspunkte im Vordergrund stehen. Abschließend sei erwähnt, dass von Anfang an im Aufsichtsrat der ÖFM je ein Vertreter der Stifterverbände BUND (zwischenzeitlich ausgetreten) und NABU eine Stimme haben, sodass ihre Mitwirkung auch dauerhaft gesichert ist.

Die ständig steigenden Aktivitäten ihrer Tochtergesellschaft ÖFM und gesellschaftsrechtliche Erfordernisse zwangen den Stiftungsvorstand schließlich zu personellen Konsequenzen. Im Jahr 2005 wurde Herr Ludger Wolf aus Illingen zum neuen Kurator der Stiftung anstelle des bisherigen Amtsinhabers Eberhard Veith gewählt, dessen Arbeitskraft und Erfahrungen der Stiftung aber erhalten werden konnten, indem ihm die bisher unbesetzte Position eines Geschäftsführers übertragen wurde. Daneben blieb Herr Veith selbstverständlich auch weiterhin Geschäftsführer der ÖFM.

Ludger Wolf kommt das Verdienst zu, ehrenamtlich Verantwortung übernommen zu haben für die Organisation der unter dem Dach der Naturlandstiftung eingerichteten saarländischen Naturwacht, die mit vier hauptamtlichen und zahlreichen ehrenamtlichen Mitarbeitern die Schutzgebiete des Landes und der Stiftung betreut und für den Qualitätserhalt auf diesen Flächen Verantwortung trägt. Damit ist eine langjährige Forderung der Naturschutzverbände in Erfüllung gegangen.

Ludger Wolf sieht sich auch in der Pflicht, das Zusammenwirken der Stiftung mit den sie tragenden Verbänden mit neuem Leben zu erfüllen. Am wichtigsten aber ist ihm, eine Strategie zu entwickeln, um die Stiftung dauerhaft auf stabilen finanziellen Boden zu stellen. Denn trotz aller Verdienste ist nicht zu übersehen, dass die Stiftung wegen der immer umfangreicher werdenden Aufgaben der Qualitätssicherung in ihren Schutzgebieten bei gleichzeitig rückläufigen und zudem unkalkulierbaren Finanzzuwendungen an ihre Grenzen stößt. Die diskutierten Modelle zur Lösung dieser Problematik müssen aus Sicht der Verbände neben dem Erhalt der Schlagkraft der Stiftung vor allem eine verlässliche finanzielle Zukunftsperspektive eröffnen. Am vordringlichsten aber ist, die Debatte möglichst schnell zu einem guten Ende zu führen.

Aus Sicht der in der Stiftung tätigen Verbände kann man den derzeit Verantwortlichen nur den Mut und die Weitsicht der Gründungsväter wünschen, damit die Stiftung bleiben kann, was sie heute ist: ein bundesweit beachteter Motor des Naturschutzes im Saarland.

JO LEINEN

SaarLorLux: Biodiversität grenzüberschreitend erhalten

Als Minister für Umwelt in der saarländischen Landesregierung war mir der Naturschutz so wichtig wie die anderen Themen. Das Saarland hat eine reichhaltige und wertvolle Landschaft vorzuweisen. Trotzdem gab es in den 80er Jahren sehr wenige ausgewiesene Naturschutzgebiete. Was auf staatlicher Ebene nicht richtig vorankam, wurde auf privater und zivilgesellschaftlicher Ebene bereits angepackt. Mit dem Ankauf und der Betreuung von Flächen war die Naturlandstiftung Saar zur gleichen Zeit Vorreiter und Vorbild. Unter der Präsidentschaft von Minister a.D. Dr. Rainer Wicklmayr entwickelte die saarländische Naturschutzstiftung eine ausgesprochene Kompetenz für das Auffinden und dann für die Erhaltung nachhaltiger Landschaftsteile. Der Ankauf für Zwecke des Naturschutzes stand dabei nicht selten im Widerspruch zu anderen Nutzungsinteressen. Die Naturlandstiftung musste oftmals Mut und Ausdauer beweisen. Ich erinnere mich an ein aufgelassenes ehemaliges Industriegelände, das von einem Hundesportverein genutzt wurde. Erst als von der zuständigen Gemeinde unter schwierigen Bedingungen ein neuer Platz für den Verein gefunden wurde, konnte sich die Natur unbeeinträchtigt und unbeschwert auf der von der Naturlandstiftung betreuten Talfläche entwickeln.

Das von der Naturlandstiftung entwickelte Landschaftspflegekonzept sollte sich segensreich auch für die Pflege der staatlichen Naturschutzgebiete auszahlen. Bei der überschaubaren Größe des Saarlandes war es sowieso sinnvoll, die Pflege der privaten wie auch der öffentlichen Schutzflächen in eine Hand zu geben. An der Grenze zu den Nachbarn in Lothringen und Luxemburg war es naheliegend, die Zusammenarbeit in der Großregion zu suchen. Auch hier hat die Naturlandstiftung Pionierarbeit geleistet. Gerne erinnere ich mich an die Treffen mit der lothringischen Organisation »Conservatoire des Sites Lorrains« in Metz. Wir haben nicht schlecht gestaunt, mit wie viel Geld und mit welcher Großzügigkeit Naturschutz in Lothringen vorangetrieben wurde. Jenseits des Kohlebeckens hat Lothringen auch äußerst schützenswerte Landschaftsteile vorzuweisen. Mit der luxemburgischen Fondation »Hëllef fir d'Natur« war natürlich die Moselaue ein Ziel gemeinsamer Anstrengungen. Ein industrialisierter Tourismus wie auch gewerbliche Absichten gefährdeten die wertvollen Moselauen. Die Naturlandstiftung hat sehr viel zur Bewusstseinsbildung und zum schlussendlichen Schutz der betreffenden Gebiete geleistet.

Als Minister für Umwelt hatte ich schon bald nach Übernahme des Amtes im Jahre 1988 die Idee, die private Stiftung mit den Möglichkeiten der Landesregierung zu koppeln. Anfangs gab es auf Seiten der Stiftung durchaus Zweifel, ob hierdurch nicht die Unabhängigkeit der Arbeit gefährdet wird. Auf der anderen Seite war klar, dass die spärlichen privaten Spenden nicht ausreichen würden, um größere Sprünge in der Naturschutzarbeit zu erreichen. Schließlich wurde es zum guten Brauch, dass der/die jeweilige Umweltminister/in des Saarlandes auch Vorsitzender/e der Stiftung ist. Dies hat sich in den Folgejahren ausgezahlt. Durch die finanziellen Beiträge des Umweltministeriums wie auch von Saartoto konnte sich die Naturlandstiftung Saar erheblich fortentwickeln.

Im Konzert der Naturlandstiftungen aus anderen Bundesländern wie auch über die nationalen Grenzen hinaus spielt unsere saarländische Stiftung eine besondere Rolle. Das ist auch eine Hilfe für die offizielle Politik im Land. Die Begehungen und Begegnungen mit der Naturlandstiftung waren für mich als Umweltminister erkenntnisreich wie auch erlebenswert. Daran erinnere ich mich noch heute gerne zurück. Auf diesem Wege ein herzliches Dankeschön an alle Ehrenamtlichen wie auch den Mitarbeitern der Stiftung, die zu diesem Erfolg beigetragen haben.

Der Naturschutz als Internationale Herausforderung

Neben der Bekämpfung des Klimawandels und der Bekämpfung der Armut in der Welt gehören der Schutz der Artenvielfalt und der Erhalt unserer Ökosysteme zu den größten Herausforderungen, denen sich die Menschheit in den nächsten Jahrzehnten stellen muss. Denn die Biodiversität – also die Vielfalt an Ökosystemen, Arten und Genen – ist unsere »Lebensversicherung«, sie versorgt uns mit Nahrung, Trinkwasser und sauberer Luft, Arzneimitteln und trägt zur Klimaregulierung bei. Sie ist auch unser Naturkapital, denn sie stellt Ökosystemdienstleistungen bereit, die die Grundlage unserer Wirtschaft bilden.[1] Rasches Handeln zum Schutz der Biodiversität ist dringend geboten. Nach Angaben der FAO haben sich 60 Prozent der weltweiten Ökosysteme verschlechtert oder werden nicht nachhaltig genutzt; 75 Prozent der Fischbestände sind überfischt bzw. stark abgefischt und seit 1990 gingen weltweit 75 Prozent der genetischen Vielfalt landwirtschaftlicher Kulturen verloren. Geschätzte 13 Millionen Hektar Regenwald werden jedes Jahr geschlagen[2], und 20 Prozent der tropischen Korallenriffe der Welt sind bereits verschwunden, während 95 Prozent der noch vorhandenen Riffe Gefahr laufen, bis 2050 zerstört oder extrem geschädigt zu werden, wenn der Klimawandel ungebremst fortschreitet.[3] In der EU befinden sich nur 17 Prozent der EU-rechtlich geschützten Lebensräume und Arten und 11 Prozent der wichtigsten EU-rechtlich geschützten Ökosysteme in einem günstigen Zustand[4] und dies trotz aller Maßnahmen, die insbesondere seit der im Jahr 2001 erfolgten Festlegung des Biodiversitätsziels der EU für 2010 zur Bekämpfung des Biodiversitätsverlustes getroffen wurden. Die größten Bedrohungen sind vor allem der Verlust der Lebensräume, die Umweltverschmutzung, die Ausbeutung natürlicher Ressourcen und der Klimawandel. Besonders die Verschiebung der Jahreszeiten, Wetterextreme und die Veränderung der Lebensräume aufgrund der Erderwärmung werden den meisten Arten große Probleme bereiten. Abgesehen von den offensichtlichen Einflüssen wie der Gletscherschmelze, die den Eisbären den Lebensraum nimmt, wird auch eine nur minimale Erhöhung der Erdtemperatur viele Arten zur Anpassung zwingen.

---

1 KOM (211) 244, Lebensversicherung und Naturkapital: Eine Biodiversitätsstrategie der EU für das Jahr 2020
2 FAO 2010
3 »Reefs at Risk Revisited«, World Resources Institute, 2011
4 http://www.eea.europa.eu/publications/eu-2010-biodiversity-baseline/

Ausschnitt aus der Saarbrücker Zeitung vom 18. Oktober 1985

Diese Bedrohungen der riesigen Vielfalt von Leben auf der Erde sind meist menschengemacht und müssen in den nächsten Jahrzenten vermindert werden, um die Ökosysteme zu schützen. Natürlich ist dies in erster Linie eine globale Aufgabe, denn nur eine gemeinsame Anstrengung aller Länder im Rahmen einer weltweiten Verpflichtung kann einen wirksamen Erfolg für die zukünftigen Generationen erzielen. Da sich die Weltgemeinschaft aber offensichtlich größtenteils nicht darüber im Klaren ist, in wie weit ihre wirtschaftlichen, sozialen und kulturellen Aktivitäten unser Klima und die biologische Vielfalt beeinträchtigen, müssen wir gleichzeitig auf lokaler und globaler Ebene eine Bildungsoffensive starten, um eine nachhaltige Nutzung natürlicher Ressourcen zu sichern und das Bewusstsein der Menschen zu stärken. Umweltschutz ist kein Luxus, sondern schlicht und ergreifend notwendig für den Fortbestand der Menschheit.

Internationale Bemühungen zum Schutz der Artenvielfalt

Auf zwischenstaatlicher Ebene haben die Staaten der Welt im Rahmen der Vereinten Nationen mit der Artenvielfalts-Konvention bereits (oder erst?) vor zehn Jahren die ersten Bemühungen zum Schutz der Biodiversität gestartet. Denn im Jahr 2002 hatten sich die Staaten auf dem Weltgipfel in Johannesburg versammelt und beschlossen, den Rückgang der biologischen Vielfalt bis ins Jahr 2010 signifikant zu verlangsamen. Im Jahr 2011 kann man feststellen, dass dieses Ziel bei weitem nicht erreicht wurde. Dennoch gibt es ermutigende Zeichen, dass die Weltgemeinschaft sich in Zukunft verstärkt für den Artenschutz einsetzen wird.

Im Oktober 2010 trafen sich Vertreter der 193 Mitgliedsstaaten zur Biodiversitäts-Konferenz in Nagoya/Japan und beschlossen, »effektive und dringende Maßnahmen zu ergreifen, um dem Verlust der Artenvielfalt Einhalt zu gebieten und sicherzustellen, dass sich bis 2020 die Ökosysteme erholen und weiterhin essentielle Dienste tun und dabei die Vielfalt von Leben auf dem Planeten sichern und zum menschlichen Wohlsein und zur Armutsbekämpfung beitragen.« Ein Strategischer Aktionsplan für 2011 bis 2020 setzt Ziele für den Schutz unserer Ökosysteme: so zum Beispiel die Rettung von 17 Prozent der terrestrischen und Inlandwassergebiete, 10 Prozent der Meer- und Küstengebiete sowie das Ziel, die Entwaldung bis 2020 zu stoppen.

Auf drei zentralen Feldern konnten sich die Mitgliedsstaaten auf weitreichende Beschlüsse einigen: so wurden ein neues globales Biodiversitätsziel und eine ambitionierte Strategie für den globalen Schutz der biologischen Vielfalt von 2011 bis 2020 verabschiedet. Außerdem wurden verbindliche Finanzierungsziele für deren Umsetzung aufgestellt und das »ABS-Protokoll« verabschiedet. Dieses Protokoll beinhaltet verbindliche Regelungen für den Zugang zu genetischen Ressourcen und die gerechte Gewinnaufteilung aus deren Nutzung. Die internationale Staatengemeinschaft hat sich so mit einem Instrument zur Verhinderung der Biopiraterie ausgestattet, dessen Wirksamkeit sich in den nächsten Jahren beweisen muss. Zumindest ist es die Grundlage einer gerechteren Nutzung genetischer Ressourcen, wobei die Entwicklungsländer gegenüber den Industrieländern gestärkt werden. Diese Konferenz könnte die Grundlage dafür sein, dass auch ärmere Länder sich in Zukunft den Schutz der Artenvielfalt »leisten« können. Denn meist sind ökonomische Erwägungen der Grund für die übermäßige Ausbeutung der Natur.

Blutrote Heidelibelle

Feld-Sandlaufkäfer

Faulbaum-Bläuling

Sichelschrecke

Grasfrosch

Zauneidechse

Artenvielfalt der Tiere in den Schutzgebieten der NLS

Die Europäische Union als Motor der Artenschutzbemühungen

Die EU ist sich ihrer besonderen Verantwortung für den Schutz der Biodiversität bewusst. Wie auch beim Kampf gegen den Klimawandel und dem Ausbau der Erneuerbaren Energien sind es die europäischen Staaten, die als Lokomotive die anderen Industrienationen zu ambitionierten Zielen motivieren. So hat sich die EU bei den UNO-Konferenzen für besonders weitreichende Maßnahmen eingesetzt.

Die EU-Biodiversitäts-Strategie 2020, die von der Europäischen Kommission vorgelegt wurde, soll die Umsetzung dieser ehrgeizigen Ziele garantieren und die natürlichen Ressourcen bewahren.

Mit der Strategie soll ein Beitrag zum Artenschutz und zum Schutz von Lebensräumen, zur Bekämpfung des Klimawandels, zur Anpassung an seine Auswirkungen sowie zur Erreichung der Ziele der EU-Initiative für ein ressourcenschonendes Europa geleistet werden. Anstatt wie bisher auf eine weit gefasste und damit wenig effektive Strategie zu setzen, konzentriert sich der neue Plan auf sechs prioritäre Ziele: die Ausweitung der Bemühungen zum Artenschutz und zum Schutz der Lebensräume; die Erhaltung und Wiederherstellung von Ökosystemen und ihren Dienstleistungen; die Verankerung der Biodiversitätsziele in den verschiedenen Bereichen der EU-Politik, insbesondere der Land- und Forstwirtschaft sowie Fischerei; die Bekämpfung invasiver gebietsfremder Arten; und die Erhöhung des EU-Beitrags zur Eindämmung des weltweiten Biodiversitätsverlusts.[5]

Die EU hat schon vor der ersten UN-Biodiversitätskonferenz einige Programme aufgelegt, die die Umwelt und die Artenvielfalt in Europa erhalten sollen.

Das wohl bekannteste Programm ist Natura 2000, das sich aus der Flora-Fauna-Habitat-Richtlinie von 1992 und der Vogelschutzrichtlinie von 1979 ergeben hat. In diesem Netzwerk, dem Herzstück der EU-Biodiversitäts-Politik, sind länderübergreifende Schutzgebiete entstanden. Laut EU-Natura 2000-Barometer waren im Mai 2010 13,7 Prozent der Fläche als Gebiete von

---

5 Biodiversitätsstrategie der EU bis 2020: http://ec.europa.eu/environment/nature/biodiversity/comm2006/pdf/2020/Citizen%20summary/WEB-2011-00293-01-00-DE-TRA-00.pdf

europaweiter Bedeutung ausgewiesen.[6] Im Saarland sind bisher 11,2 Prozent der Landesfläche als Natura 2000-Gebiete gemeldet worden.[7]

Europaweit waren viele dieser Gebiete zuvor bereits nationale Naturschutzgebiete. Dennoch wurde mit Natura 2000 zum ersten Mal ein europaweit einheitliches Regelwerk geschaffen, das gleiche Standards für schutzwürdige Tiere, Pflanzen und Landschaften setzt. Allerdings wird bei den zu ergreifenden Maßnahmen den Mitgliedsstaaten noch sehr viel Freiheit gegeben. So gilt in diesen Gebieten nur ein Verschlechterungsverbot, die Mitgliedstaaten können die Ausgestaltung der Schutznormen unter dieser Prämisse relativ frei gestalten. Einige Länder wie Österreich nutzen diese Freiheit zur Verbesserung der bestehenden Zustände. Diesem Vorbild sollte sich auch Deutschland anschließen.

Trotz großer Fortschritte kann man feststellen, dass der ehrgeizige Zeitplan der EU, den Verlust der Artenvielfalt mit diesem Programm zu stoppen, bisher nicht erfüllt wurde. Zeitlich hängen die Mitgliedsstaaten den Vorgaben noch deutlich hinterher. Das liegt natürlich zum einen daran, dass zum Beispiel in den neuen Mitgliedsstaaten der Umweltschutz zuvor kaum eine Rolle gespielt hat und nicht auf bereits bestehende Naturschutzgebiete zurückgegriffen werden konnte. Außerdem werden viele Erfolge der Maßnahmen in Europa wieder durch die zunehmenden Belastungen für die Artenvielfalt kompensiert: fortschreitender Klimawandel, Landumnutzung, Umweltverschmutzung und Bevölkerungswachstum sind nur einige Beispiele. Das fehlende Bewusstsein für den Naturschutz bei der Bevölkerung verstärkt diese Faktoren zusätzlich.

Zum anderen ist das Scheitern der Ziele auch der Tatsache geschuldet, dass die Einsetzung von Natura 2000-Gebieten europaweit Widerstände erfährt, überall dort, wo die Maßnahmen im Gegensatz zu privaten und ökonomischen Interessen stehen. Größere Fortschritte werden in den Regionen erreicht, in denen die Betroffenen von Anfang an in die Ausgestaltung der Schutzgebiete mit einbezogen wurden. Das Saarland ist leider ein Negativbeispiel, denn hier wurden die Eigentümer nicht von Anfang an eingebunden. Dann ist es schwie-

---

6   Natura 2000 Barometer, http://ec.europa.eu/environment/nature/natura2000/barometer/docs/SCI_EU27.pdf
7   Natura 2000 im Saarland: http://www.saarland.de/8881.htm

Wund-Klee

Kalk-Aster

Wiesen-Storchschnabel

Bienen-Ragwurz

Huflattich

Acker-Winde

Artenvielfalt der Pflanzen in den Schutzgebieten der NLS

rig, den Menschen zu verdeutlichen, dass Artenschutz und Landnutzung kein Gegensatz sein müssen, sondern sich ergänzen sollen.

Zu großen Fortschritten im Ausbau des Natura 2000-Netzwerks haben die Umweltverbände beigetragen, die ihr Expertenwissen für die Identifizierung von Gebieten genutzt und den Regierungen beratend zur Seite gestanden haben. Die Naturlandstiftung war im Saarland beträchtlich daran beteiligt, dass zusammenhängende Flächen in Naturschutzgebiete umgewandelt werden konnten, die jetzt dem Natura 2000-Netzwerk zugefügt werden. Diese Rolle liest man auch deutlich aus der Biodiversitätsstrategie des Saarlandes heraus, in der die Naturlandstiftung vielfach als federführende Institution, besonders bei EU-finanzierten Projekten, genannt wird. Artenschutz gibt es nicht zum Nulltarif. Und ein Bundesland wie das Saarland ist auf finanzielle Unterstützung bei seinen Bemühungen angewiesen.

Die EU fordert nicht nur mehr Umwelt- und Artenschutz von ihren Mitgliedsstaaten, sondern stellt dafür auch notwendige Mittel zur Verfügung. Unterstützung der Bemühungen um mehr Naturschutz in der EU bietet z.B. das Programm LIFE+[8] zur Finanzierung von Projekten, die der Erhaltung der Natur dienen. Unterstützt werden sowohl die Anträge von öffentlichen als auch von privaten Institutionen. Es soll besonders für den Ausbau des Natura 2000-Netzwerkes verwandt werden, diesem Ziel ist die Hälfte der Mittel vorbehalten.

Daneben werden aber auch die Entwicklung innovativer und integrierter Umwelttechniken und Informationskampagnen zu Naturschutzthemen unterstützt. Im Saarland wurden mit Geldern aus dem LIFE+-Programm unter der Projektträgerschaft der Naturlandstiftung Saar zuletzt die für das Saarland prägenden Trockenrasen-Landschaften gefördert, auf denen z. B. in Niedergailbach wunderschöne Orchideen wachsen. Weitere Projekte waren der Erhalt der Arnikawiesen und Borstgrasrasen. Diese Landschaften bieten zahlreichen Tier- und Pflanzenarten ein Zuhause und sind damit für den Erhalt der Artenvielfalt insgesamt von großer Bedeutung.

Neben diesen Förderprogrammen, die direkt auf die finanzielle Unterstützung von Artenschutz-Projekten ausgelegt sind, wird in Zukunft auch die GAP (Gemeinsame Agrarpolitik der EU) ein verstärktes Augenmerk auf

---

8 L'Instrument Financier pour l'Environnement (Finanzierungsinstrument für die Umwelt)

Maßnahmen zur Wahrung der Biodiversität legen. Denn der massive Anbau von Monokulturen (z.B. Mais) trägt mit zum Verlust an Artenvielfalt bei. Der Umweltausschuss des Europäischen Parlaments hat sich in den Verhandlungen für die GAP nach 2013 dafür eingesetzt, dass die Förderung Anreize bieten müssen, um einen kohärenten Beitrag zu den Zielen der Bekämpfung des Klimawandels und der vernünftigen Bewirtschaftung der natürlichen Ressourcen wie Schutz der biologischen Vielfalt, Wasser- und Bodenschutz zu leisten.[9] Die Landwirtschaft ist ein wichtiger Partner für den Artenschutz und soll diese Rolle in Zukunft noch stärker übernehmen.

Grenzüberschreitende Zusammenarbeit mit Modellcharakter

Was für den Artenschutz auf internationaler und europäischer Ebene gilt, trifft natürlich genauso auf regionaler Ebene zu. Umwelt und Lebensräume folgen nicht menschengemachten Staatsgrenzen, sondern breiten sich darüber hinweg aus. Folglich müssen auch die Bemühungen zum Erhalt dieser Schätze der Natur grenzüberschreitend sein. Die Umwelt ist das gemeinsame Gut und ihr Schutz fordert gebündelte Anstrengungen. Der Umweltschutz ist bis heute eine wichtige Triebfeder der europäischen Integration. Auf kaum einem anderen Gebiet gibt es so viele europäische Gesetze. Die Umweltbestimmungen schaffen überall in der EU hohe Standards für den Erhalt der Natur, den Zustand von Böden und Gewässern und für den Artenschutz. Die Umsetzung dieser Regeln obliegt aber in erster Linie den Verantwortlichen vor Ort. Dabei ist die grenzübergreifende Kooperation besonders wichtig. Wegen unterschiedlicher Verwaltungsstrukturen und Zuständigkeiten ist diese Zusammenarbeit zwischen den Verwaltungen nicht immer einfach. Eine entscheidende Rolle spielen deswegen Umweltverbände, die sachorientiert gemeinsame Ziele verfolgen. So hat sich die Naturlandstiftung bereits seit 1983 in der Großregion für gemeinsames Handeln eingesetzt. Zusammen mit dem Conservatoire des Sites Lorrains aus Frankreich, der Fondation Hëllef fir d'Natur aus Luxemburg, Réserves Naturelles RNOB (Natagora) aus Belgien und der Stiftung Natur und Umwelt Rheinland-Pfalz hat die Naturlandstiftung viele Projekte

---

9   Stellungnahme des Ausschusses für Umweltfragen, Volksgesundheit und Lebensmittelsicherheit für den Ausschuss für Landwirtschaft und ländliche Entwicklung zur GAP bis 2020: Nahrungsmittel, natürliche Ressourcen und ländliche Gebiete – die künftigen Herausforderungen: http://www.europarl.europa.eu/meetdocs/2009_2014/documents/envi/ad/864/864323/864323de.pdf (Abgerufen am 8.7.2011)

umgesetzt, z.B. das »Naturerlebnis Dreiländereck« an der deutsch-französisch luxemburgischen Grenze oder das LIFE-Projekt »Erhaltung und Regeneration von Borstgrasrasen Mitteleuropas«. Diese Projekte haben europaweit Vorbildcharakter für andere Grenzregionen. Der NLS wird deshalb auch in den kommenden Jahren die wichtige Aufgabe zufallen, den Naturraum nicht nur im Saarland, sondern – zusammen mit den Nachbarn aus Lothringen und Luxemburg – den des gesamten Saar-Lor-Lux-Gebietes zu erhalten, wieder in Stand zu setzen und zu gestalten. Hierfür wünsche ich allen Erfolg.

STEFAN MÖRSDORF

»Wicky« und die starken Männer

»Es fand sich eine Schar wackerer Männer …« so oder doch meistens so ähnlich beginnen die Erzählungen von Dr. Rainer Wicklmayr, wenn er im Kreise seiner grünen Freunde auf die Entstehungsgeschichte seiner Naturlandstiftung Saar zu sprechen kommt. Manche haben diese Geschichte schon öfter gehört, jedenfalls oft genug, um sie mühelos wiederzugeben und selbst erzählen zu können …

Es waren in der Tat nur Männer, die die Naturlandstiftung aus der Taufe hoben. Erst später traten auch wackere Frauen hinzu, an die sich der Gründervater aber erst langsam gewöhnen konnte und musste. Doch alles der Reihe nach!

Gründervater? Um die Frage, wer denn eigentlich die Idee hatte, ranken sich Legenden. Erfolge, wie gute Ideen haben bekanntlich viele Väter, mindestens aber zwei. So auch hier: Zweifelsohne war es Dr. Rainer Wicklmayr, damals im Amt des Justizministers des Saarlandes, der die Schar der wackeren Männer am 20. Januar 1976 in seinem Büro zu einer Besprechung zusammenrief, um die Gründung der Naturlandstiftung vorzubereiten: Klaus Speicher (Deutscher Bund für Vogelschutz), Prof. Dr. Paul Müller und Dr. Berthold Budell (Bund für Umweltschutz Saarbrücken), Wolfgang Maria Rabe (Saarwaldverein). Dieses Treffen war von Berthold Budell angeregt worden. Dieser hatte zuvor bereits in seiner Eigenschaft als Vorsitzender des Bundes für Umweltschutz Saarbrücken im Januar 1976 die Gründung einer Naturschutzstiftung angeregt, die schutzwürdige Flächen erwerben sollte.

Und so kam es, dass zwei durchaus eigensinnige Persönlichkeiten die Idee der Gründung der Naturlandstiftung für sich reklamierten. Der eine, Dr. Rainer Wicklmayr, nachdrücklich, wie es seiner Art entspricht, der andere Dr. Berthold Budell, eher leise und zurückhaltend. Wie es auch sei:

Die Idee wurde allseits für gut befunden und es kam zu jener legendären Zusammenkunft wackerer Männer. Wer waren diese fünf Männer?

Wolfgang Maria Rabe wurde am 10. Oktober 1933 in Amsterdam geboren und kam als Dreijähriger ins Saarland. Bereits als 19jähriger engagierte er sich für das Wandern im Saarwaldverein und in der Deutschen Wanderjugend. Bereits 1965 – damals war Rabe erst 32 Jahre alt – wurde er Hauptvorsitzender des Saarwaldvereins, der unter seiner Führung aufblühte und die Mitgliederzahl und die Zahl der Ortsvereine vervielfachte. Von der Ausbildung diplomierter Betriebswirt fand Rabe auch seine berufliche Heimat im Wandern. Als Bundesgeschäftsführer des Verbandes deutscher Gebirgs- und Wandervereine holte er die Bundesgeschäftsstelle dieses Verbandes 1982 ins Saarland.

Der europäischen Idee war Wolfgang Maria Rabe in besonderer Weise verbunden. Er engagierte sich ehrenamtlich als Generalsekretär und 1. Vizepräsident der Europäischen Wandervereinigung und wies unermüdlich auf die europäische Dimension seines Heimatlandes an der Saar hin.

Im Landesbeirat für Naturschutz war Wolfgang Maria Rabe seit dessen Gründung als Vorsitzender tätig. Am 21. Mai 1995 verstarb Wolfgang Maria Rabe nach schwerer Krankheit im Alter von 62 Jahren.

Emil »Mile« Weber, geboren am 14. November 1907 in Linden an der Ruhr, übernahm 1952 die Aufgabe des Landesjägermeisters und nutzte seine zahlreichen persönlichen Beziehungen, um die Struktur der Vereinigung der Jäger des Saarlandes aufzubauen und hier insbesondere das »Jägerheim« an der Universität des Saarlandes zu errichten. Von 1952 an war er auch Mitglied im 2. Saarländischen Landtag, wo er der Fraktion der Christlichen Volkspartei angehörte. Im Abstimmungskampf setzte er sich für das europäische Statut ein und trat nach der Wahlniederlage 1956 von seinem Amt zurück. Ersetzt wurde er durch einen Vertreter der Heimatbundparteien, Julius von Lautz, später Minister im Kabinett Röder. Emil Weber, der Unermüdliche, kehrte jedoch in die Politik und in die Verbandsarbeit zurück. 1964 wurde er erneut Landesjägermeister und ein Jahr später zog er erneut als CDU-Abgeordneter in den Landtag ein, dem er bis 1975 angehörte.

Klaus Speicher vertrat zunächst den Deutschen Bund für Vogelschutz (DBV), der sich später zum NABU umbenannte, im Stiftungsrat und -vorstand. Als Klaus Speicher 1979 die Aufgabe des Kurators der Stiftung übernahm, folgte ihm der langjährige Vorsitzende des DBV, Werner Martin, in die Stiftungsgremien nach. Klaus Speicher hatte sehr vielfältige Interessen: Ausgezeichneter Ornithologe, Vogelzüchter (u.a. publizierte er Bücher über Kanarienvögel), Naturfotograf, profunder Kenner der Landnutzungsgeschichte und alter Rassen, Hundemann und Liebhaber der Jagd (obwohl selbst kein Jäger). Speicher war ein Brückenbauer und vermittelte zwischen Naturschutz und Landnutzung und ihren Interessenvertretern. Viel beachtet wurde seine Broschüre »Vogelschutz im Industriegelände«, die er 1971 veröffentlichte und darin am Beispiel des Eisenwerkes Neunkirchen die Möglichkeiten des Vogelschutzes beschrieb, die er zuvor praktisch umgesetzt hatte. Der Zeit entsprechend handelte es sich um »Nistkasten-Naturschutz«. Aber der Ansatz, nach Kooperation und nicht nach Konfrontation zu suchen, war und blieb Handlungsmaxime von Klaus Speicher, der er auch in seiner langjährigen Tätigkeit im Umweltministerium treu blieb.

Klaus Speicher konnte durch seine Dia-Vorträge begeistern. Zwar litt er unter einem Sprachfehler und es kam regelmäßig vor, dass er während seiner Vorträge ins Stottern geriet, aber seine Fachkenntnisse, seine bisweilen überraschenden Verknüpfungen von Zusammenhängen sowie seine Fotos machten dieses mehr als wett und häufig sprang seine eigene Begeisterung auf die Zuhörer über.

Dr. Berthold Budell (geboren am 23. November 1929 in Ramstein-Miesenbach, gestorben am 10. Mai 2010 in Homburg) wuchs in der Pfalz auf und studierte Biologie, Chemie und Physik an der Universität Freiburg, wo er 1956 promovierte und in den saarländischen Schuldienst eintrat.

1965 wurde er für die CDU in den saarländischen Landtag gewählt, dem er mit einer Unterbrechung von 1970 bis 1973 bis 1990 angehörte. Bereits früh engagierte er sich für die Idee des Umweltschutzes und gründete 1971 den Bund für Umweltschutz Saarbrücken, die Vorläuferorganisation des BUND. Berthold Budell hatte eine Kämpfernatur und ging keinem Streit aus dem Wege, wenn es darum ging, für die Belange von Natur und Umwelt einzutreten. Mit seinem Motto »Was biologisch richtig ist, kann politisch nicht falsch sein« prägte er die saarländische Umweltszene der siebziger Jahre und dachte dabei über den Tellerrand und das Parteibuch hinaus. So engagierte er sich gegen die Kernenergie und nahm an Demonstrationen gegen Atomkraftwerke teil. Kein Wunder, dass er auch in seiner eigenen Partei nicht unumstritten war!

Gerade mal neun Monate lang bekleidete er das Amt des Ministers für Umwelt, Raumordnung und Bauwesen im 3. Kabinett Zeyer, bevor der Regierungswechsel 1985 ihn auf die Oppositionsbank zwang. Sein Engagement blieb ungebrochen. Fortan engagierte er sich im Landesvorstand des NABU, war über viele Jahre dessen stellvertretender Landesvorsitzender, gründete die NABU-Ortsgruppe Homburg, deren Vorsitz er wie selbstverständlich übernahm, und ließ sich vor den Karren spannen, als die Freunde der Biosphäre einen Verein gründeten und einen Vorsitzenden suchten.

In den frühen Siebzigern veranstaltete er – gemeinsam mit Prof. Paul Müller – vielbeachtete Tagungen, deren Ergebnisse in der Reihe »Umwelt – Saar« veröffentlicht wurden. Als der Tagungsband »Umwelt – Saar 1975« im Januar 1976 der Öffentlichkeit im Rahmen einer Pressekonferenz des Bundes für Umweltschutz vorgestellt wurde, vertrat dort Berthold Budell die Forderung, »Flächen im Saarland, die vom Standpunkt der Ökologie aus schutzwürdig sind, sollen künftig von einer noch zu bildenden Stiftung aufgekauft werden.« Der Vorschlag zur Gründung der Naturlandstiftung war in der Welt!

Berthold Budell und Rainer Wicklmayr waren »Parteifreunde«. Viele Jahre gehörten sie gemeinsam der CDU-Landtagsfraktion an. Als Budell im Juli 1984 in die Landesregierung eintrat, musste Wicklmayr – für ihn überraschend – ausscheiden. Ihr Verhältnis war von gegenseitigem Respekt geprägt, herzlich war es nicht. Obwohl die Naturlandstiftung auch seine Idee und sein Kind war, auf das er stolz war, hielt er zur Naturlandstiftung immer eine gewisse Distanz. Nie nahm er an den Studienreisen teil, noch an den Begehungen und Besichtigungen der saarländischen Schutzgebiete, oder auch an den Jubiläumsfeiern. Warum dieses so war, blieb sein Geheimnis.

Berthold Budell interessierte sich für Ahnenforschung und entdeckte Wurzeln in Rumänien, wohin er über Jahre Lebensmitteltransporte organisieren half. Zuletzt engagierte er sich für Äthiopien, wohin ihn eine Reise 1998 geführt hatte.

Dr. Rainer Wicklmayr war der Fünfte im Bunde der »wackeren Männer«. Oder besser der Erste. Denn er war es, der über 35 Jahre unermüdlich Kopf, Herz und Seele der Naturlandstiftung war und ist. Kann man von einem Lebenswerk sprechen? Bei einem Mann, der auch in anderen Bereichen Beachtliches und Dauerhaftes geleistet hat? Ja, man kann. Denn die Gründung der Naturlandstiftung Saar und ihre Entwicklung aus zaghaften Anfängen heraus zu einer großen und einflussreichen Stiftung trägt unzweifelhaft seine Handschrift. Wicklmayr und seine unbeirrbare Hartnäckigkeit, seine Zähigkeit, manchmal auch ein gewisser Starrsinn, haben entscheidend dazu beigetragen, dass die Stiftung heute hohes Ansehen gerade auch außerhalb des Saarlandes genießt und aus dem saarländischen Naturschutz nicht wegzudenken ist. Gerade auch in schwierigen Zeiten – und von denen gab es einige!

Wicklmayr wurde am 12. Januar 1929 in Itzehoe geboren und verbrachte seine Kindheit in Würzburg und im Saarland. 1949 legte er in Saarbrücken das Abitur ab und studierte in Saarbrücken, in Paris und in Freiburg Rechts- und Staatswissenschaften, die er 1958 nach erfolgter Promotion in Freiburg und einem Referendariat in Rheinland-Pfalz mit dem zweiten juristischen Staatsexamen abschloss. Im gleichen Jahr fing er bei der »Röchlingschen Eisen- und Stahlwerke GmbH« in Völklingen als Mitarbeiter der Rechtsabteilung an, deren Leiter er später wurde. Außerdem leitete er die Grundstückabteilung der Hütte. Sein Wechsel zur Kreissparkasse Saarbrücken, wo er einer der vier Direktoren war, dauerte nur kurz, denn Franz-Josef Röder berief Wicklmayr im gleichen Jahr in sein Kabinett. 14 Jahre lang gehörte er der saarländischen Landesregierung an und verantworte dabei das Arbeits- und Sozialministerium (1970–1974), das Justizressort (1974–1980) und das Innenministerium (1980–1984).

Dr. Rainer Wicklmayr (Ehrenvorsitzender der NLS) und Umweltminister Stefan Mörsdorf (Vorsitzender NLS) stoßen auf 25 Jahre NLS im Jahr 2001 an

Trotz seiner Belastungen als Minister, zudem war er noch Bevollmächtigter des Saarlandes beim Bund, hob er nicht nur die Naturlandstiftung aus der Taufe, sondern kümmerte sich um das Gedeihen des zarten Pflänzchens. Dabei wurde er von seinem Mitarbeiterstab im Justiz- und später im Innenministerium – Rainer Grün und Rüdiger Kratz sind hier zu nennen – unterstützt.

Ich lernte Dr. Wicklmayr persönlich bei der ersten Fahrt der Naturlandstiftung nach Süddeutschland kennen, die im Mai 1983 stattfand. Er schien mir mit den Attitüden eines preußischen Landjunkers ausgestattet: Immer im Mittelpunkt der Gruppe, tonangebend stellte er Fragen in den Raum, deren Beantwortung er selten abwartete. Seine Mitarbeiter sprach er grundsätzlich nur mit dem Nachnamen an: »Grün – bringen Sie mal einen Ehrenteller!«, und das Wort »Bitte« kam ihm in diesem Umfeld nur selten von den Lippen. Nein, sympathisch war mir dieser Wicklmayr zu diesen Zeiten nicht. Aber ich zollte ihm Respekt. Er beeindruckte durch seinen festen Willen, den Naturschutz im Saarland und die Naturlandstiftung nach vorne zu bringen. Und er überraschte mich durch sein Interesse an der Sache. Die Studienreisen dienten dazu, von den Erfahrungen anderer zu lernen und sie für die eigene Arbeit zu nutzen und immer war es Wicklmayr, der die Fragen und meistens die richtigen Fragen stellte.

Das Jahr 1984 und sein Ausscheiden aus der Landesregierung bedeutete eine Zäsur für ihn. Er gewöhnte sich daran, nicht mehr immer und überall Chef zu sein und im Laufe der Jahre wurde er ruhiger und verträglicher, weniger aufbrausend und geduldiger. Natürlich behielt er seine Ecken und Kanten – und dieses bis heute – aber sie wurden zunehmend runder.

Und fortan hatte er mehr Zeit und kümmerte sich selbst um kleine Details. Im August 1984 kommentierte er die von Rüdiger Kratz vorgestellte Diaschau mit dem Vermerk:

»Ich überlege auch, ob die Reihenfolge der letzten drei Dias nicht umgekehrt sein sollte. Ein Sonnenaufgang symbolisiert Hoffnung und Erwartung, die Abendstimmung könnte als Resignation missverstanden werden.«

Der Verlust des politischen Einflusses machte sich auch in der Arbeit der Stiftung bemerkbar. Die Stiftung war gegründet worden als Stiftung des privaten Rechtes, sie wurde getragen von den Verbänden und der Privatperson Wicklmayr. Zwar wurde der Grunderwerb aus öffentlich Mitteln gefördert, doch war die Stiftung unabhängig.

Der von Lafontaine geführten Landesregierung war dieses nicht recht. Sie stellte Überlegungen an, eine öffentliche von der Landesregierung finanzierte und kontrollierte Stiftung ins Leben zu rufen. Jedem war klar, dass ein solcher Schritt das Ende der Naturlandstiftung Saar bedeutet hätte. Es formte sich Widerstand. Der Stiftungsrat stellte sich hinter seinen Vorsitzenden. Und Wicklmayr gelang es in einem Gespräch, das er mit Ministerpräsident Lafontaine im Anschluss an eine Plenarsitzung des saarländischen Landtages am 20. August 1986 führte, diesem das Zugeständnis abzuringen, dass es keine entsprechende staatliche Stiftung des Saarlandes geben würde. Aber der Druck ließ nicht nach. Im November 1986 schreibt Dr. Eckehard Gerke (Vorsitzender des Fördervereins der Naturlandstiftung Saar) an Minister Leinen und schlägt vor, eine Beteiligung des Landes an der Naturlandstiftung herbeizuführen – unter der Voraussetzung, dass Wicklmayr den Vorsitz der Naturlandstiftung abgeben sollte.

Im März 1988 – wiederum im Landtag – kam es zu einem Gespräch zwischen Umweltminister Jo Leinen und Dr. Rainer Wicklmayr. In diesem

Gespräch teilt Leinen mit, dass er erwäge, selbst für den Vorsitz der Naturlandstiftung zu kandidieren. Wicklmayr rät davon ab, hält die Funktionen nicht für vereinbar, und kündigt seine eigene Kandidatur an. Ohne Einigung, aber in ruhigem Ton geht man auseinander und will vor der entscheidenden Stiftungsratssitzung nochmals miteinander reden.

Zwei Wochen später besuchen die Herren Karl-Heinz Unverricht (Kurator der Stiftung) und Eberhard Veith (Geschäftsführer der Stiftung) Dr. Wicklmayr in seiner Privatwohnung in Völklingen. Dort versichern sie ihm ihre Loyalität und sichern zu, den Sachverhalt mit niemandem besprochen zu haben. Weitschweifig führen sie aus, dass es im Interesse der Naturlandstiftung sei, wenn Wicklmayr nicht mehr als Vorsitzender kandidieren würde, und legten ihm einen Verzicht nahe. Es sei zweifelhaft, ob das Land sich zum Beitritt entschlösse, wenn Wicklmayr Vorsitzender bliebe, ebenso könne nicht ausgeschlossen werden, dass das Projekt »Wolferskopf« eventuell anderen, namentlich dem DBV, übertragen würde. Und mit großer Wahrscheinlichkeit müsse man mit der Kürzung von Fördermitteln (Toto) rechnen. Es werde dann schwerfallen, Herrn Veith zu bezahlen, dessen ABM-Stelle im November auslaufen würde. Veith ließ dabei durchblicken, dass er sich gezwungen sehen könnte, eine andere Stelle zu suchen. Wicklmayr legt sich nicht fest und der Abend endet mit einem Abendessen in kühler, aber freundschaftlicher Atmosphäre.

Doch Wicklmayr ist einsichtig. Mit Schreiben vom 11. April 1988 teilt er den Mitgliedern des Stiftungsrates mit, dass er unter den gegenwärtigen politischen Verhältnissen bei der Stiftungsratssitzung am 14. April nicht mehr für die Position des Vorsitzenden kandidieren werde, um Schaden von der Stiftung abzuwenden. Am 14. April 1988 tritt er nicht wieder als Vorsitzender der Naturlandstiftung an und schlägt Leinen als seinen Nachfolger vor. In der gleichen Sitzung wird er zum Ehrenvorsitzenden der Naturlandstiftung Saar bestimmt. Wicklmayr zeigt Größe. Er zieht sich nicht schmollend aus der Arbeit zurück, sondern bleibt weiterhin an Bord.

Jo Leinen (geb. 6. April 1948 in Bisten) studierte Rechts- und Wirtschaftswissenschaften in Saarbrücken, Bonn, Brügge und in den USA und erhielt seine Referendars-Ausbildung am Oberlandesgericht Koblenz. Seinen Berufseinstieg fand er als Rechtsanwalt in Freiburg.

Hausspatzen fühlen sich auf dem Hofgut Imsbach wohl.

Bereits während seines Studiums engagierte er sich in der Umwelt- und Friedensbewegung und erwarb als Vorstandssprecher (1977–1984) des Bundesverbandes Bürgerinitiativen Umweltschutz (BBU) einen hohen Bekanntheitsgrad in Deutschland.

1984 holte Oskar Lafontaine ihn in sein Schattenkabinett und der Überraschungscoup war erfolgreich. Es gelang, die Grünen unter die Fünfprozenthürde zu drücken und die absolute Mehrheit im saarländischen Landtag zu holen.

Folgerichtig wurde Leinen in das erste Kabinett Lafontaine im April 1985 berufen, dem er bis November 1994 als Minister angehörte.

Jo Leinen sorgte dafür, dass das Saarland Zustifter der Naturlandstiftung wurde und damit die Voraussetzung für seine Wahl als Vorsitzender gegeben war. Er begründete damit eine Tradition, die bis auf den heutigen Tag hielt: Die jeweiligen Umweltminister wurden immer auch zu den Vorsitzenden der Naturlandstiftung gewählt.

Leinen setzte seinen Schwerpunkt im technischen Umweltschutz. Abfallproblematik, der Bau von Kläranlagen, Bodenschutz und Altlasten, Cattenom und der Kampf gegen die Kernenergie waren die wichtigsten Themen seiner Agenda. Naturschutz gehörte nicht zu seinen ersten Prioritäten. Als 1995 der Journalist Karl-Otto Sattler ein Buch über Jo Leinen und dessen fast zehnjährige Amtszeit als Minister im Saarland vorlegte und Leinen in einem ausführlichen Interview und in zwei langen eigenen Beiträgen über seine Arbeit berichtete, kam der Naturschutz überhaupt nicht vor. Dennoch waren ihm die Naturlandstiftung und ihre Arbeit ans Herz gewachsen. Das persönliche Verhältnis zu »Wicky« hatte sich deutlich gebessert und vor allem ließ er seinem Geschäftsführer (und seit 1990 auch Kurator) Eberhard Veith freie Hand und hielt ihm den Rücken frei. Eine Haltung, die sich sehr bewähren sollte, denn Veith gelang es, in diesen Jahren so manches erfolgreiche Projekt auf den Weg zu bringen. Projekte, die nicht nur zu Meilensteinen des Naturschutzes im Saarland wurden, sondern auch Fördergelder des Bundes und der EU in das Land brachten. Als zwischen der Gemeinde Illingen und dem Landkreis Neunkirchen (der damalige Bürgermeister Werner Woll (CDU) und der Landrat Rudi Hinsberger (SPD) gingen nicht gerade freundschaftlich miteinander um) die »ILL-Renaturierung« zu scheitern drohte, war es Leinen, der durch seinen Einsatz das Projekt rettete.

Werner Martin

Als Werner Martin (1915–1998) den Landesvorsitz des NABU, der damals noch Deutscher Bund für Vogelschutz (DBV) hieß, im Jahre 1967 übernahm, fand er eine schwierige Ausgangssituation vor: Zerstrittenheit, Bedeutungslosigkeit und rote Zahlen waren die Startbedingungen für sein Wirken. Seinem ausgleichenden auf Harmonie bedachten Wesen, seiner lustigen und freundlichen Art war es zu verdanken, dass sich die Reihen schnell hinter ihm schlossen. Mit Hartnäckigkeit und Ausdauer, mit seinen Fähigkeiten als »Allrounder«, der sich für nichts zu schade war, wenn es dem Vogelschutz diente, stellte er einen Verband auf die Beine, der bald gesellschaftliche Beachtung und Anerkennung fand. Der »Rundbrief«, Vorläufer der Zeitschrift »Naturschutz im Saarland«, war sein Kind, das er hätschelte. Er schrieb Berichte, oft bis in die Nacht, tippte sie selbst, klebte die Seiten, organisierte Werbeanzeigen, sorgte für den Druck (später mit seinem Freund Winfried Fromm auf dem Großkopierer des Umweltministeriums) und versandte die Hefte in ganz Europa. Schaltzentrale war ein kleines Dachzimmer in seinem Privathaus am Hagelsrech in Ensdorf.

Für die Jugend hatte er nicht nur stets ein offenes Ohr, sondern auch jederzeit Verständnis. Er nahm die Jugendlichen im DBV ernst, vertraute ihnen und traute ihnen was zu, gab ihnen Verantwortung, ohne sie zu überfordern. Als es im Bundesverband Anfang der Achtziger Jahre zum offenen Streit zwischen der damaligen DBV-Jugend und der Verbandsspitze kam, war es Werner Martin, der verhinderte, dass der damalige Wortführer der DBV-Jugend aus dem Verband ausgeschlossen wurde. Dieser hatte es gewagt, offene Kritik am damaligen Präsidenten und seinem Geschäftsführer zu äußern. Der aufmüpfige Vorsitzende der DBV-Jugend wurde später selbst langjähriger und erfolgreicher Präsident des NABU und ist heute Präsident des Umweltbundesamtes: Jochen Flasbarth.

Werner Martin war Ensdorfer. Wie selbstverständlich war er Naturschutzbeauftragter seiner Gemeinde. Er gehörte zwei Wahlperioden dem Gemeinderat Ensdorf an und gehörte zu den Gründern des FC Ensdorf. Über viele Jahre hinweg engagierte er sich darüber hinaus im saarländischen Fußballbund und war Mitglied der saarländischen Fußball-Spruchkammer. Auch war er Präsident des Ensdorfer Kegelklubs und aktiver Kegler.

Vom Vogelschutz kommend erkannte er bald die Bedeutung eines umfassenden Schutzes von Lebensräumen. So erwarb er in seiner Amtszeit über 30

Hektar schutzwürdige Flächen für den DBV. Insbesondere der Flächenerwerb in der Bliesaue, einer der Ausgangspunkte für das Bliesauenprojekt, und der Erwerb der Wadrill-Aue zwischen Wadern und Wedern sind hier zu nennen. Folgerichtig war es auch nicht schwer, ihn von der Idee der Gründung der »Naturlandstiftung« zu überzeugen. Zunächst wurde der DBV durch Klaus Speicher vertreten, als dieser die Aufgabe des Kurators 1979 übernahm, vertrat Werner Martin den DBV selbst im Vorstand. Auch nach seinem Ausscheiden als DBV-Landesvorsitzender im Jahr 1985 vertrat er noch weitere neun Jahre den NABU im Vorstand der Naturlandstiftung.

Eckehard Gerke

Eckehard Gerke (1946–1995) kam zum Naturschutz über seine persönliche Freundschaft zu Reinhard Reis (Dezernent für Naturschutz im Landkreis St. Wendel). Beide hatten sich während ihres Jurastudiums kennengelernt. Dr. Gerke war Richter am Amtsgericht in Saarbrücken.

Um die Naturlandstiftung zu unterstützen und weil die Stiftungssatzung eine persönliche Mitgliedschaft nicht zuließ, gründete er 1983 einen Förderverein für die Naturlandstiftung, der als Zustifter in die Naturlandstiftung aufgenommen wurde. Als Richter am Amtsgericht Saarbrücken machte er seine Richterkollegen auf die Arbeit der Stiftung aufmerksam. So stiegen die Einnahmen aus Bußgeldern spürbar an. Den britischen »national trust« hatte Gerke, der sich sehr für England, seine Kultur und Literatur interessierte, als Vorbild für die Naturlandstiftung vor Augen. Jede Mark, die für den Erwerb von Naturschutzflächen ausgegeben wird, ist gut angelegt, war seine Devise.

Ebenfalls im Jahr 1983 wurde Dr. Gerke Mitglied im Landesvorstand des NABU, dem er bis zu seinem Tode 1995 angehörte. Von 1985 bis 1990 war er Landesvorsitzender und löste Werner Martin ab. Obwohl ihm die Naturlandstiftung persönlich sehr wichtig war, verzichtete er darauf, den NABU in der Naturlandstiftung selbst zu vertreten, sondern entsandte seinen Vorgänger Werner Martin. Dennoch war er immer bestens über die Entwicklungen in der Naturlandstiftung informiert und hatte maßgeblichen Anteil an den Entwicklungen, die letztlich zu einer Aufnahme des Landes in den Kreis der Stifter und zum Wechsel im Vorsitz von Dr. Wicklmayr zu Jo Leinen führte.

Dr. Gerke war kein Vereinsmeier. Die Verbandsarbeit war für ihn nie Selbstzweck. Er wollte etwas bewegen und wirken nach seiner tiefen inneren Überzeugung, dass uns unser Naturerbe als Schöpfung anvertraut ist. In seiner Arbeit war er nie anfällig für Trends oder Moden. Er sprang nicht auf fahrende Züge auf, sondern unterzog sich stets dem mühsamen Geschäft, sie in Bewegung zu setzen. Die Wurzeln für sein Engagement lagen in seiner Naturverbundenheit. Er konnte sich von Herzen über kleine Dinge freuen und begeisterte sich für blühende Wiesen oder für einen Schmetterling, den er noch nie zuvor gesehen hatte. Als er im Frühsommer 1983 von seiner Krankheit erfuhr und sich sehr schnell einer ersten Operation unterziehen musste, war es sein Wunsch, zuvor noch mit mir und Reinhard Reis durch das Bliestal und die blühenden Hänge des Bliesgaus zu wandern. Einer Landschaft, die ihm in besonderer Weise ans Herz gewachsen war.

Im Alter von 48 Jahren erkrankte Eckehard Gerke unheilbar an Magenkrebs. Wenige Wochen vor seinem Tod im März 1995 suchte er sich gemeinsam mit Helga May-Didion (Umwelt-Dezernentin beim Saarpfalz-Kreis) und Eberhard Veith eine Blumenwiese bei Medelsheim aus, von der man einen weiten Blick in die Parr hatte. Diese Fläche wurde auf seinen Wunsch hin und mit Mitteln aus seinem Nachlass und weiteren Spenden als Gedenkbiotop erworben, ganz im Sinne seines Kästnerschen Lebensmottos »Es gibt nichts Gutes, es sei denn, man tut es«.

Paul Müller

Prof. Dr. Dr. h.c. mult. Paul Müller (geboren am 11. Oktober 1940 in Gersweiler, gestorben am 30. Mai 2010 in seinem Jagdhaus in Wahlen) war Saarländer. Er besuchte in Ottweiler das Aufbaugymnasium und lernte bereits zu Schulzeiten seine spätere Frau kennen. Nach dem Studium der Biologie, Biochemie und Paläontologie promovierte er 1967 an der Universität des Saarlandes zum Dr. rer. nat. 1970 folgte mit der Habilitation über das Thema »The Dispersal Centres of Terrestrial Vertebrates in Neotropical Realm« die Venia Legendi für das Fach Biogeografie. 1971 wurde Paul Müller auf den neu geschaffenen Lehrstuhl für Biogeografie an die Universität des Saarlandes berufen.

Paul Müller war polyglotter Saarländer, überall in der Welt unterwegs und doch im Saarland zuhause, in Güdingen, wohin er öfters auch Studenten einlud oder nach Wahlen in sein Jagdhaus, von wo aus er gemeinsam mit dem NABU die Kolkraben im Saarland wieder einbürgerte. Er war ein Wissenschaftler mit scharfem analytischem Verstand und – für Geografen nicht ganz untypisch – einem sehr breiten Wissen in unterschiedlichen Disziplinen. Das wissenschaftliche Denken trat aber bisweilen in den Hintergrund, wenn es um jagdliche Fragen ging. Dann war er Interessenvertreter, Lobbyist und argumentierte politisch – allerdings nie ohne es wissenschaftlich zu verbrämen. Er schaffte es, selbst einfache Sachverhalte so mit ausgefallenen Fremdwörtern zu umschreiben, dass nur Insider ihn verstehen konnten.

Paul Müller verstand es, mit seiner Begeisterung Studenten, Mitarbeiter und Kollegen anzustecken und zu großen Leistungen zu motivieren. Dies zeigte sich nicht zuletzt im Aufbau des »Zentrums für Umweltforschung der Universität des Saarlandes«, das er von 1989 bis zu seinem Wechsel an die Universität Trier leitete, und an dem an der Universität Trier eingerichteten Sonderforschungsbereich »Umwelt und Region«, dessen Sprecher er vier Jahre lang war.

Die Politik, seine politische Heimat war die FDP, reizte ihn. Auf der einen Seite teilte er immer kräftige und häufig auch wenig differenzierte Kritik aus, auf der anderen Seite war er aber nie bereit, die Freiheit von Forschung und Lehre aufzugeben und sich in politische Gestaltungsverantwortung nehmen zu lassen. Sein Biotop waren die wissenschaftlich beratenden Gremien, etwa der Sachverständigenrat der Bundesregierung für Umweltfragen (SRU) und viele andere mehr.

Paul Müller war international sehr erfolgreich und anerkannt. So vereinbarte und förderte er als Universitätspräsident Partnerschaften mit den Universitäten in Chiang Mai (Thailand), Porto Alegre (Brasilien) und insbesondere mit osteuropäischen Universitäten, wie Warschau (Polen) und Sofia (Bulgarien) sowie mit Tbilissi (Georgien). Sein internationaler Einsatz für die Umweltforschung wurde gewürdigt u. a. durch die Berufung zum Chairman of the Scientific Environmental Monitoring Group der EG in Brüssel, die Wahl zum Chairman der afrikanischen APEMAF (Nairobi) und des Institute of Biodiversity (Nairobi), die Berufung in den wissenschaftlichen Beirat beim Ministerium für Wirtschaftliche Zusammenarbeit in Bonn und zum Vorsitzenden der Philip Morris Forschungspreis Jury sowie zum externen Sachverständigen der Regierung Taiwans und zum Berater des White Sands Research Center nach Alamogordo (New Mexico). Ehrendoktorwürden erhielt er von den Universitäten Chiang Mai (Thailand 1988) und Yokohama (Japan 1989).

Trotz dieser internationalen Ausrichtung blieb er dem Saarland verbunden und interessierte sich intensiv für seine Heimat. Was lag also näher, als dass er sich für die Gründung der Naturlandstiftung einsetzte. Zuvor hat er schon gemeinsam mit Dr. Berthold Budell den Bund für Umweltschutz Saarbrücken begründet.

Im Januar 1981 übernahm *Karl-Heinz Unverricht* die Aufgabe des Kurators von Klaus Speicher als dritter Kurator der Naturlandstiftung. Seit der Gründung der Naturlandstiftung hatte Erich Matheis (leitender Flurbereinigungsingenieur beim Bodenwirtschaftsamt Saarbrücken) diese Aufgabe übernommen, musste jedoch krankheitsbedingt dieses Amt niederlegen. Klaus Speicher sprang für anderthalb Jahre ein. Klaus Speicher hatte viele Talente – Verwaltung gehörte nicht dazu.

Nachdem Dr. Wicklmayr ihn – schon damals für eine gewisse Hartnäckigkeit bekannt – weichgeknetet hatte, übernahm im Januar 1981 Karl-Heinz Unverricht die Aufgabe des Kurators. Im Beruf leitete Unverricht die Deutsche Gesellschaft für Landentwicklung (DGL) mit Sitz in der Feldmannstraße wenige Häuser entfernt von der aktuellen Geschäftsstelle der Naturlandstiftung auf der anderen Straßenseite. Diese Landesgesellschaft führte Flurbereinigungsverfahren durch und siedelte Landwirte im Rahmen des grünen Planes aus. Grundstücksangelegenheiten waren das tägliche Geschäft der DGL und ihres Geschäftsführers. Der Profi Unverricht brachte in kürzester Zeit Ordnung in den Laden der Naturlandstiftung, ordnete die Finanzen und die Akten, die Grundstückverwaltung, sorgte dafür, dass die Stiftung von der Grunderwerbssteuer befreit wurde, und mehrte das Grundvermögen. Nicht nur sein ehrenamtliches Engagement für die Naturlandstiftung beanspruchte Unverricht. Auch im Beruf war er stark gefordert und die ihm eigene gründliche und verlässliche Arbeitsweise ließ keine halben Sachen zu. Wiederholt bat er Dr. Wicklmayr um Entlastung: 1985 fasste Karl-Heinz Unverricht den Entschluss sich zurückzuziehen. Er klagte über eine permanente Überlastung und ständig steigende Anforderungen im Beruf und bat darum, spätestens zum Jahresende 1985 aufhören zu können. Aber natürlich gab Wicklmayr nicht bei. Er überredete ihn weiterzumachen und es wurde nach Möglichkeiten gesucht, Unverricht das Leben als Kurator einfacher zu machen.

Dr. Wicklmayr, damals Innenminister, nahm die Mitarbeiter seines Ministerbüros in die Pflicht: Rainer Grün, damals persönlicher Referent, und Rüdiger Kratz, damals Pressesprecher des Innenministeriums, halfen daraufhin tatkräftig mit bei der Öffentlichkeitsarbeit. Rainer Grün, der dem Naturschutz ohnehin sehr verbunden war und die DBV-Ortsgruppe in seiner Heimatgemeinde Kirkel gründete und ihr bis zu seinem beruflichen Wechsel nach Sachsen-Anhalt vorstand sowie viele Jahre im NABU-Landesvorstand aktiv war, organisierte die Pressearbeit. Rüdiger Kratz, ein leidenschaftlicher Hobby-Fotograf, stellte eine Diaschau und eine Ausstellung zusammen.

Zeitgleich und folgenreich war die Einstellung von Eberhard Veith zum 1. November 1985 zunächst im Rahmen einer Arbeitsbeschaffungsmaßnahme. Die Entscheidung für Eberhard Veith erwies sich schon nach kurzer Zeit als Glücksfall. Herr Veith arbeitete sich sehr schnell ein und entlastete Herrn Unverricht nicht nur vom Tagesgeschäft, sondern entwickelte nach wenigen Monaten eigene Ideen und Initiativen, die er selbstständig umsetzte.

So machte Unverricht die Arbeit wieder Freude. Gerne gab er seine Erfahrung und sein Wissen an Veith weiter, war ihm ein väterlicher Ratgeber und blieb noch fünf weitere Jahre bis zum 18. Dezember 1990 bis zu seinem beruflichen Wechsel nach Hessen Kurator der Naturlandstiftung.

Gemeinsam mit Herrn Rabe organisierte Herr Unverricht im Mai 1983 eine mehrtägige Studienreise nach Süddeutschland. Auf dem Programm standen Naturschutzgebiete und -projekte in Baden-Württemberg. Selbstverständlich nahm auch Wicklmayr an dieser Reise teil und selbstverständlich war damit verbunden, vor dem Besuch des jeweiligen Naturschutzgebietes den ortsansässigen Bürgermeister oder Landrat zu besuchen und einen saarländischen Ehrenteller zu überreichen, von denen es offensichtlich zahlreiche gab. Der letzte Teller aus der großen Kiste, die Rainer Grün zu verwalten hatte, wurde auf der Rückfahrt dem Busfahrer überreicht …

Diese Rückfahrt war aber auch aus anderem Grund bemerkenswert. Auf der Rückbank des Busses nahmen die Herren Reinhard Reis, Rainer Grün, Dr. Eckehard Gerke und meine Person Platz. Damals 21 Jahre alt und ornithologisch interessiert, erinnere mich genau, dass mich die ständigen Tellerübergaben, die uns davon abhielten, uns intensiver die Schutzgebiete anzuschauen, nervten. Verbündeter im Geiste war Dr. Eckehard Gerke, Richter am Amtsgericht Saarbrücken, der zuvor den Förderverein der Naturlandstiftung gegründet hatte. Gerke war zudem mit Reinhard Reis befreundet und wir heckten gemeinsam auf dieser Fahrt die Idee aus, Eckehard Gerke als Nachfolger von

Werner Martin für den Vorsitz des Deutschen Bundes für Vogelschutz, Landesverband Saarland, vorzuschlagen. Anfänglich schien Eckehard Gerke nicht sonderlich begeistert, aber nach wenigen Wochen sagte er letztlich zu. Nun lag die Aufgabe vor uns, auch Werner Martin von diesem Vorschlag zu überzeugen, der seinerseits bereits Ernst Platz für diese Aufgabe ausgeguckt hatte.

Damit wurde eine lange Tradition von Studienfahrten begründet, die in jedem Jahr unterschiedliche Ziele in anderen Bundesländern oder auch im europäischen Ausland zum Ziel hatten. Diese Reisen, an denen in der Regel 15 bis 20 Personen teilnahmen, waren häufig folgenreich: Nicht nur die anregenden und lehrreichen Ziele, die uns neue Ideen mit nach Hause bringen ließen, sondern vor allem auch der intensive Austausch untereinander und die Dynamik innerhalb der Gruppe ließen neue Projekte und Bündnisse entstehen. Eberhard Veith, der später diese Reisen gemeinsam mit seiner Sekretärin Hilde Schäfer (»Es Hilde«) organisierte, sorgte für eine gelungene Mischung aus Naturerlebnis und Information, neuen Kontakten und Landeskunde. Markenzeichen waren stets die hervorragende regionale Küche, auch wenn bei einer Reise an drei Abenden hintereinander in den jeweiligen Hotels »Confit de canard« gereicht wurde. Doch das blieb die Ausnahme.

Höhepunkte gab es viele und neben der Stammbesatzung, zu der Rudi Reiter (NABU Landesverband), Landrat Michael Kreiselmeier und seine Frau, Ludger Wolf (Gemeinde Illingen), Uli Heintz (NABU Landesverband), Dr. Axel Didion (wissenschaftlicher Mitarbeiter der NLS) und Helga May-Didion sowie der Autor dieses Artikels gehörten, war auch immer Wicklmayr beteiligt. Die Exkursionen hatten einen festen Platz in seinem Kalender. Mit ihnen sind viele Anekdoten und Geschichten verknüpft, an deren Zustandekommen Wicklmayr regelmäßig beteiligt war.

Im Jahr 2000, die Exkursion führte uns in die Extremadura, spendierte Dr. Wicklmayr – und das war ansonsten nicht seine Sache – der Reisegruppe eine Kiste Bier! Und so, als schiene ihm das übertrieben, veranlasste er Wilhelm Bode, damals Abteilungsleiter Naturschutz, die Hälfte der Kosten zu übernehmen …

Dabei konnte Wicklmayr sehr großzügig sein: So war er der Einzige, der die Stiftungseinlage von 1.000 DM je Stifter und ihre zweimalige Erhöhung um je 1.000 DM aus seinem privaten Konto zahlte.

Studienfahrt in den Nationalpark Kellerwald-Edersee im Jahr 2004 (von links nach rechts: Ludger Wolf (Kurator NLS), Stefan Mörsdorf (Vorsitzender NLS), Dr. Rainer Wicklmayr (Ehrenvorsitzender NLS)

Der Fall der Mauer schuf Reisefreiheit. Auch für die Naturlandstiftung und so fuhren wir gen Osten. Bereits 1991 fand eine Studienreise nach Mecklenburg-Vorpommern statt. Der frühere Merziger OB Anton erklärte seiner Frau und uns allen die Welt und insbesondere die frühere DDR. Er hatte vor allem aber die Sorge, nicht rechtzeitig zur Eröffnung des Viezfestes zurück zu sein. Damit nervte er alle – und das sollte sich rächen. Denn am Tag der Rückfahrt, ausgeheckt am Abend zuvor, inszenierten Ludger Wolff, Uli Heintz und möglicherweise war auch der Autor dieses Artikels beteiligt, eine Buspanne auf der Autobahn: Der Bus blieb liegen, musste auf den Standstreifen und Oberbürgermeister Anton geriet in Panik, weil er fürchten musste, die Eröffnung des Viezfestes zu verpassen. Eine Situation, die alle genossen – außer Anton und seine Frau. Letztlich war es dem handwerklichen Geschick von Ludger Wolf zuzuschreiben, dass der Bus wieder flottgemacht werden konnte und wir alle mit überglücklichem Oberbürgermeister unseren Zug auf dem Hamburger Bahnhof pünktlich erreichten.

Höhepunkt dieser Reise war jedoch der Aufenthalt auf der Ostseeinsel Vilm, die heute eine Außenstelle und Akademie des Bundesamtes für Naturschutz darstellt, zu DDR-Zeiten jedoch Urlaubsinsel der Mitglieder des Zentralrates der DDR war. Jeder hatte seine eigene Datscha und die Reisegruppe übernachtete in den Betten von Erich Honecker, Günter Mittag, Erich Mielke und Co. Und es kam, wie es kommen musste. Angeregt durch die Umgebung entspannen sich am ersten Abend politische Diskussionen über das DDR-System, die Privilegien der Parteibonzen und anderes mehr. Besonders heftig und kontrovers diskutierten die Herren Dr. Gerke und Dr. Wicklmayr miteinander und es mag dem Saale-Unstruter-Wein geschuldet gewesen sein, dass Wicklmayr den Sozialdemokraten Dr. Gerke ausgeprägter Naivität bezichtigte und dieses lautstark mit dem Ausruf kundtat: »Sie sind ein Simpel, jawohl ein Simpel, ich sage es nochmal: Ein Simpel sind Sie!« Damit war die Diskussion auch schon beendet und wäre in Vergessenheit geraten, wenn nicht Eckehard Gerke, der immer großen Wert auf seinen Doktortitel legte, seither den Spitznamen »Dr. Simpel« getragen hätte.

Weitere Männer begleiteten die Entwicklung der Naturlandstiftung: Reinhold Feichtner und Herr Haffner für die VJS, Prof. Beckenkamp, Jörg Dietrich und Helmuth Harth für den BUND, Dr. Harald Schreiber für die Delattinia, der mit seinen Studenten so manche Fallstudie über künftige Schutzgebiete auf den Weg brachte, Karl Borger als Landesbeauftragter für Naturschutz, der eindrucksvoll und unaufhörlich über Slowenien zu berichten wusste, Reinhard Reis, Albert Laufer für den Saarwaldverein, Rudi Reiter für den NABU und andere mehr. Frauen schien es in der Naturlandstiftung nicht zu geben. Zufall? Aber eine Ausnahme bestätigt die Regel.

Helga May-Didion

Helga May-Didion gehörte von 1994 bis 1999 dem Vorstand der Naturlandstiftung an, wohin sie der NABU entsandt hatte. Im Beruf leitete sie das Umweltdezernat des Saarpfalz-Kreises und war daher auch beruflich mit Naturschutzfragen befasst. Viele der Projekte der Naturlandstiftung fanden in diesem Kreis statt, immer stark unterstützt durch den Landrat Clemens Lindemann. Zwischen Frau May-Didion und Eberhard Veith entstand in dieser

Zeit eine sehr enge und vertrauensvolle Zusammenarbeit und sie hielt Herrn Veith, der nach dem Ausscheiden von Herrn Unverricht Kurator geworden war, in vielen Fällen den Rücken frei. Eberhard Veith, der sehr effizient und umsetzungsstark arbeitete, aber nicht unbedingt dazu neigte, sein Wirken auch zu kommunizieren, verärgerte hierdurch – häufig völlig unnötig – auch wohlmeinende Partner. Zerschlagenes Porzellan, das Frau May-Didion immer wieder zusammenkitten musste. Eine Rolle, die sie auch später wahrnahm, als sie längst aus dem Vorstand der Naturlandstiftung und des NABU ausgeschieden war und das Landesamt für Umweltschutz leitete.

Starke Frauen passten nicht unbedingt in das Weltbild von Dr. Wicklmayr. So diskutierte er – wo, wenn nicht bei einer Exkursion – bei dem abendlichen Beisammensein mit Frau May-Didion die Rolle der Frau in unserer Gesellschaft. Wortgewaltig versuchte er, sie davon zu überzeugen, dass die natürliche Bestimmung der Frau die der Hausfrau und Mutter sei. Aber Wicklmayr war kein blinder Eiferer. Er stand voll im Leben und erwähnte bei solchen Diskussionen gerne, dass zu seiner Zeit als Justizminister sein tüchtigster Richter eine Frau und Mutter gewesen sei. Ich bin sicher, dass er – mutadis mutandis – von Frau May-Didion in gleicher Weise sprechen würde.

Die Geschichte der Naturlandstiftung ist nicht zu Ende. Eberhard Veith (Geschäftsführer) und Ludger Wolf (heutiger Kurator der Stiftung) bemühen sich redlich und mit unermüdlichem Einsatz. Doch die politische Unterstützung der Stiftung ist – trotz einer grünen Vorsitzenden – weitgehend abhanden gekommen. Inzwischen sieht sich die Stiftung gezwungen, Teile des Vermögens zu veräußern, um die laufenden Kosten tragen zu können. Nachhaltig ist dies nicht und so stellt sich die Frage, wie schon so oft, wie es mit der Stiftung weitergeht?

Die Stärke dieser Stiftung war und ist die Bereitschaft von Menschen mit unterschiedlichem Profil, mit unterschiedlicher Ausbildung und mit unterschiedlicher politischer Heimat, sich hinter einem gemeinsamen Ziel zu versammeln: unsere Natur und unsere Heimat der Nachwelt zu bewahren.

SIMONE PETER

Zur Zukunft der Naturlandstiftung

Bereits kurz nach dem Regierungswechsel 2009 bat mich der Ehrenvorsitzende der Naturlandstiftung, Herr Dr. Rainer Wicklmayr, den Vorsitz der Naturlandstiftung Saar zu übernehmen. Es ist guter Brauch, dass der jeweilige saarländische Umweltminister, und nun auch eine Ministerin, den Vorsitz führt. Und es ist für die Naturlandstiftung prägend, dass sich ehemalige Vorsitzende weit über ihre Amtszeit hinaus für die Stiftung und deren Anliegen einsetzen. Das überzeugt und ich setze diese Tradition gerne fort.

Damit stehe ich einer Institution vor, die sich vor nunmehr 35 Jahren, genau am 3. November 1976, dem Schutz bedrohter Tier- und Pflanzenarten sowie ihrer Lebensräume im Saarland verschrieben hat. Die Maßnahmenplanung und -umsetzung verfolgt dabei nicht das Ziel, die wertvollen Flächen unantastbar zu machen, um die Schutzwürdigkeit zu erhalten und alle anderen Einflüsse abzuwehren. Geleitet von der Erkenntnis, dass unsere Kulturlandschaft durch das Leben und Wirtschaften des Menschen entstanden ist und sich auch weiter entwickeln kann, sollen die erworbenen Eigentumsflächen in eine entsprechend schonende Nutzung überführt und so gepflegt werden, dass ihre Naturschutzwürdigkeit erhalten bleibt.

Das Engagement der Naturlandstiftung hat sich gelohnt: Im Saarland hat sie auf insgesamt 720 Hektar Fläche bisher rund 100 Schutzgebiete eingerichtet. Untersuchungen zeigen, dass rund drei Viertel aller saarländischen Arten auf diesen Eigentumsflächen der Stiftung vorkommen. 60 Prozent dieser Pflanzen- und Tierarten sind in ihrem Bestand bedroht.

Eigentum verpflichtet. Um diese Arten zu schützen, war es deshalb sinnvoll und notwendig, kompetente Partner zu suchen, sich in Projektgebieten zusammenzuschließen und naturschutzwürdige Flächen zu vernetzen, beispielsweise durch Flächenkauf oder durch Bewirtschaftungsvereinbarungen. Die Naturlandstiftung ist deshalb an den Naturschutzgroßvorhaben »Wolferskopf«, »Saar-Bliesgau/Auf der Lohe und dem Gewässerrandstreifenprogramm »ILL« beteiligt. Natur macht auch nicht an Landesgrenzen halt. Die Naturlandstiftung pflegt deshalb eine erfolgreiche grenzüberschreitende Zusammenarbeit mit dem »Conseravtoire des Sites Lorrains« in Lothringen, der Luxemburger »Fondation Hëllef fir d'Natur«, der »Stiftung Natur und Umwelt Rheinland-Pfalz« und der belgischen »NATAGORA«.

Eine stolze Bilanz von 35 Jahren Engagement, eine Bilanz, die sich sehen lassen kann! Welche Zukunft erwächst aus einer solch reichhaltigen Geschichte, welche Vision kann auf dieses Fundament gestellt werden? Was kann, was soll in den nächsten 35 Jahren geleistet werden?

Die eingeschlagenen Wege möchte ich gemeinsam mit allen Beteiligten weiter verfolgen. Aber es müssen auch neue Wege beschritten werden, um die Ziele des Naturschutzes mit anderen Belangen wie dem wachsenden Bedürfnis nach Erholung in der Natur in Einklang zu bringen. Den Ansatz »Schutz durch Nutzung« verfolgt die Naturlandstiftung zum Beispiel im Beweidungsprojekt

Fotovoltaik-Anlage auf Flächen der ÖFM in St. Nikolaus (ehemalige Schachtanlage Merlebach)

»Eiweiler«. Die dort eingesetzten Galloway-Rinder (robuste Rinderrasse aus Südwest-Schottland) sind nicht nur hervorragende »Landschaftspfleger«, die den Arten- und Biotopschutz gewährleisten, sie steigern auch den Erlebniswert der Landschaft und sind damit ein interessanter Faktor für Naherholung und Tourismus. Gerade diese Synergieeffekte sind es, die das Vorurteil widerlegen, dass der Naturschutz bremsend und verhindernd wirkt. Nein, der Naturschutz kann Motor und Gestalter sein, um die regionale Entwicklung zu unterstützen.

Diesen Ansatz werden wir weiter ausbauen und auch in der Öffentlichkeitsarbeit deutlich machen. Bei einem sich veränderten Freizeitverhalten ist es umso wichtiger, die Menschen, die in der Natur Erholung suchen, mitzunehmen und für den Schutz zu gewinnen. Hierzu gehört auch, dass im Rahmen der Biodiversitätsstrategie für den Auf- und Ausbau eines landesweiten Biotopverbunds im Sinne eines verbesserten Arten- und Biotopschutzes geworben wird.

Aber auch neue Herausforderungen, wie das unabdingbare Engagement gegen den Klimawandel, gehören zu den Wegen, die die Naturlandstiftung im Sinne einer lokalen Verantwortung für einen globalen Aspekt beschreiten wird. Wir erleben tagtäglich, dass sich der Klimawechsel immer bedrohlicher auf Tier- und Pflanzenarten und den Menschen auswirkt. Hier müssen wir rasch und umfassend gegensteuern, gerade auch im Saarland. Für die Naturlandstiftung ergeben sich dadurch Chancen auf zweierlei Art: die Nutzung erneuerbarer Energien auf ihren Flächen verbindet ökologische mit ökonomischen Vorteilen. Es erschließen sich neue Einnahmemöglichkeiten, während Sonne, Wind und Co. als klimafreundliche Energieträger die fossilen und atomaren Energieträger ablösen. Natürlich werden in diesem Bereich Kompromisse notwendig sein – aber als aktiver Partner kann die Naturlandstiftung moderieren und Leuchtturmprojekte konzipieren. Genannt sei hier exemplarisch die »Etablierung einer extensiven Landnutzungsstrategie auf der Grundlage einer Flexibilisierung des Kompensationsinstrumentariums der Eingriffsregelung – ELKE«(siehe Kapitel 2.3.5.1). Das Projekt zeigt, unter welchen Bedingungen Naturschutz und die wirtschaftliche Erzeugung nachwachsender Rohstoffe profitieren können. Das ist durchaus auch auf die Nutzung von Wind- und Sonnenkraft übertragbar. Auch hier dürfen Klimaschutz und Naturschutz nicht als Gegensätze verstanden werden.

Schließen möchte ich mit dem Hinweis auf einen Erfolg der Naturlandstiftung, der selten erwähnt wird: Stifter der Naturlandstiftung sind nicht nur vorrangig im Naturschutz aktive Verbände wie der NABU, auch die Landnutzer, wie der Bauernverband oder der Fischereiverband sind vertreten und engagieren sich. Naturschützer und Naturnutzer sitzen also an einem Tisch, um die Maßnahmen der Stiftung zum Schutz von Natur und Umwelt zu beraten. Wenn etwas für die Zukunft Bestand haben und verstärkt gelebt werden muss, dann dieser Erfolg. Denn wir alle schützen die gleiche Natur und damit auch uns und unsere Kinder.

EBERHARD VEITH

Mit neuen Ideen zum Erfolg

Als ich im Oktober 1985 zu einem Vorstellungsgespräch mit dem damaligen Vorsitzenden der Naturlandstiftung Saar, Dr. Rainer Wicklmayr, und dem damaligen Kurator, Karl-Heinz Unverricht, eingeladen wurde, war mir nicht bewusst, was sich hieraus entwickeln sollte. Laut Stellenbeschreibung des Arbeitsamtes Saarbrücken war eine auf ein Jahr befristete ABM-Stelle mit dem Aufgabenbereich »Vorbereitung des 10-jährigen Jubiläums der Naturlandstiftung Saar« ausgeschrieben.

Bis zum Tag meines Vorstellungsgesprächs konnte ich mir unter der »Naturlandstiftung Saar« nichts vorstellen. In dem sehr engagiert geführten Gespräch mit Dr. Rainer Wicklmayr und Karl-Heinz Unverricht konnte ich meinen bisherigen Werdegang darlegen, der unter anderem nach Abschluss meines Agraringenieur-Studiums die kaufmännische Führung des elterlichen Handwerksbetriebes beinhaltete. Wie im Nachhinein von Dr. Wicklmayr und Karl-Heinz Unverricht bestätigt wurde, war diese kaufmännische Erfahrung ausschlaggebend für meine Einstellung. Zum 1. November 1985 habe ich in der Feldmannstraße 26 in Saarbrücken, dem Sitz der damaligen »Deutschen Bauernsiedlung – Deutsche Gesellschaft für Landentwicklung (DGL)«, deren Geschäftsführer Herr Unverricht war, meine Tätigkeit bei der Stiftung begonnen. Wenn ich heute nach 27 Jahren zurückblicke, bin ich selbst erstaunt, was sich alles aus der damaligen »Vorbereitung einer Jubiläumsveranstaltung« entwickelt hat.

Damals habe ich Herrn Unverricht bewundert, der die Kuratorenarbeit für die Stiftung neben seiner Tätigkeit als Geschäftsführer von zwei bedeutenden Gesellschaften ehrenamtlich verrichtet hat. Auch das Engagement der beiden verstorbenen Herrn Rainer Grün und Rüdiger Kratz – zwei engen Mitarbeitern von Dr. Wicklmayr – ist mir unvergessen und soll an dieser Stelle gewürdigt werden, wie auch der passionierte Einsatz des leider all zu früh verstorbenen Dr. Eckehard Gerke, des damaligen Vorsitzenden des NABU und Gründer und Vorsitzender des »Fördervereins der Naturlandstiftung Saar«.

Bereits in meiner Einarbeitungsphase wurde mir bewusst, dass die Stiftung nur über begrenzte Finanzierungsmöglichkeiten für Grunderwerb und Naturschutzprojekte verfügte. In den Haushaltsplänen waren auch keine Mittel für Personal vorgesehen, ohne das größere Projekte im Arten- und Biotopschutz nicht realisiert werden konnten.

Zu diesem Zeitpunkt finanzierte sich die Stiftung ausschließlich aus Spenden, aus Beiträgen von Mitgliedsverbänden und des Fördervereins, aus gerichtlich zugewiesenen Bußgeldern und Totomitteln. Außerdem erhielt sie vom Umweltministerium projektbezogene Fördermittel für den Ankauf von Schutzgebieten. Gelder für die Pflege dieser Gebiete waren nicht vorgesehen.

Bedingt durch ihren privatrechtlichen Charakter hatte die NLS von Beginn an einen Nachteil gegenüber den öffentlich-rechtlich organisierten Naturschutzstiftungen anderer Bundesländer. Im Gegensatz zu diesen musste die NLS von Anfang an für jeden Ankauf einen Eigenanteil darstellen und finanzieren. Bei Zuwendungsanteilen von 70 bis 90 Prozent bedeutete das für die NLS, dass sie die jeweiligen Eigenanteile von 10 bis 30 Prozent selbst aufbringen musste. Diese Praxis hat sich bis zum heutigen Tag nicht geändert.

Eine erfolgreiche Projektarbeit ist ohne entsprechendes Personal nicht möglich. In den achtziger Jahren förderte das Arbeitsamt im Rahmen von Arbeitsbeschaffungsmaßnahmen (ABM) die Einstellung von Personal für gemeinnützige Organisationen bzw. die öffentliche Hand. Das hat sich die Stiftung zunutze gemacht. Bereits 1986 wurden neben meiner geförderten Tätigkeit noch drei weitere ABM-Stellen für Pflegemaßnahmen in Schutzgebieten geschaffen.

Mir war schnell klar geworden, dass neben dem Grunderwerb zur Sicherung von Naturschutzflächen auch die Pflege und Bewirtschaftung dieser Flächen eine entscheidende Rolle für die Erhaltung ihres Naturschutzwertes spielt. Hier kam mir die Erfahrung zugute, die ich während meiner landwirtschaftlichen Ausbildung gesammelt hatte. Mein Faible für die Landwirtschaft und meine guten Kontakte zu Saartoto haben der NLS die erste Großmähmaschine zur Pflege von Naturschutzflächen beschert. Die Effizienz der Pflege in den Schutzgebieten konnte so erheblich gesteigert werden. Die Mähmaschine wurde auch für die Pflege in den saarländischen Naturschutzgebieten eingesetzt und die NLS kam durch diese Dienstleistung zu ihren ersten Einnahmen. Die Idee, mit Naturschutz Geld zu verdienen, war geboren!

Kurz danach wurden weitere Arbeitsgeräte angeschafft. Trotz dieser Fortschritte war die Finanzierung des Projektmanagements und der Verwaltung noch nicht gegeben. Dies änderte sich im Jahr 1989 mit der Übernahme von Verwaltungs- und Geschäftsführungstätigkeiten für das Bundes-Naturschutzgroßprojekt »Wolferskopf« bei Beckingen. Das war ein Projekt im Rahmen des vom Bundesministerium für Ernährung, Landwirtschaft und Forsten eingerichteten Programms »Errichtung und Sicherung schutzwürdiger Teile von Natur und Landschaft mit gesamtstaatlich repräsentativer Bedeutung« (siehe Kapitel 1.6). Es wurde zu 75 Prozent vom Bund und zu 10 Prozent vom Saarland gefördert. Die restlichen 15 Prozent finanzierte der Zweckverband Wolferskopf, dem neben der Gemeinde Beckingen, der Stadt Merzig und dem Landkreis Merzig-Wadern auch die NLS angehört, die die Geschäftsführung und das Projektmanagement bis auf den heutigen Tag in Händen hält. Dank dieses Projektes standen zum ersten Mal in der Geschichte der Stiftung finan-

Die erste Mähmaschine der NLS im Einsatz im Schutzgebiet in Reinheim

zielle Mittel für die Anstellung eines hauptamtlichen Geschäftsführers zur Verfügung, eine Stelle, die ich gerne angenommen habe. Gleichzeitig konnte das Personal über weitere ABM-Stellen aufgestockt werden, insbesondere durch Mitarbeiter in der Liegenschaftsverwaltung, für die wissenschaftliche Betreuung und die Büroorganisation.

Die Übernahme des Vorsitzes der NLS durch den damaligen Umweltminister Jo Leinen und die damit verbundene stärkere Einbindung des Umweltministeriums ermöglichte es, die NLS mit Bundes-, Landes- und Totomittel finanziell besser auszustatten. Jo Leinen, der während seiner Zeit als Vorsitzender die institutionelle Förderung der Stiftung über den Landeshaushalt bewirkte (Titel 68587 »Zuschüsse an Vereine, Verbände und Organisationen«) und damit ihre Stellung festigte, erkannte schnell die Stärken ihrer Organisationsstruktur, vor allem bei der zeitnahen Umsetzung von drängenden Aufgaben bzw. bei der Lösung von akuten Problemen im Bereich Naturschutz.

Aufbauend auf den praktischen Erfahrungen, die die Stiftung im Wolferskopf-Projekt gesammelt hatte, wurden unter maßgeblicher Beteiligung der NLS weitere Naturschutz-Großvorhaben mit gesamtstaatlich repräsentativer

Zebraspinne im Projektgebiet »Marksweiher« bei Wörschweiler

Bedeutung initiiert. So wurde außer dem »Gewässerrandstreifenprogramm ILL-Renaturierung«, bei dem der Zweckverband eine eigene Geschäftsführung installiert hat, das Naturschutzgroßvorhaben »Saar-Blies-Gau/Auf der Lohe« beantragt. Es ist mit 2.357 Hektar das größte Naturschutzprojekt des Saarlandes und die Keimzelle des »Biosphärenreservats Bliesgau« (siehe Kapitel 1.6). Mit der Übernahme der Geschäftsführung und des Grunderwerbs in diesem Projekt wurden die über die AB-Maßnahmen geschaffenen Personalstellen abgesichert. Insgesamt sind mit den drei Naturschutzgroßprojekten »Wolferskopf«, Saar-Blies-Gau/Auf der Lohe« und dem »Gewässerrandstreifenprogramm Illrenaturierung« rund 22 Mio. Euro Bundesmittel für Planung, Flächenerwerb, Pflegemaßnahmen und Personal ins Saarland geflossen!

Bereits Anfang der 90er Jahre hat die Stiftung Kontakt zu ihren Partnerorganisationen in Lothringen und Luxemburg - Conservatoire des Sites Lorrains und Fondation Hëllef fir d'Natur - für eine grenzüberschreitende Zusammenarbeit aufgenommen. Diese Kooperation erweist sich bis heute als sehr fruchtbar. Auch einige mit EU-Mitteln geförderte Projekte, wie z.B. die Interreg-Projekte »Naturpark Dreiländereck« oder »Rheinnetz«, aber auch das Life-Projekt »Borstgrasrasen« sind aus dieser Kooperation hervorgegangen (siehe Kapitel 1.7). Insgesamt sind über solche EU-Projekte rund 3,5 Mio. Euro EU-Zuschüsse für Planung, Flächenerwerb, Pflegemaßnahmen, Öffentlichkeitsarbeit und Personalkosten ins Saarland geflossen. So konnten seit 1998 mehrere Personalstellen der Stiftung finanziert werden.

Mitte der 90er Jahre eröffnete sich ein weiteres Geschäftsfeld für die Stiftung. Auslöser dieser Entwicklung war der hohe Bedarf an Ausgleichs- und Ersatzmaßnahmen für Großprojekte im Straßenbau, für Gewerbe- und Industriegebiete sowie im Bereich der kommunalen Erschließungsmaßnahmen. Bis zu diesem Zeitpunkt galt, dass der Eingreifer (Bauträger) die Kompensation im räumlichen und zeitlichen Zusammenhang mit dem Eingriff selbst erbringen oder in Form einer Ausgleichsabgabe monetär an das Land ablösen musste. In Gesprächen mit Erschließungsträgern, Kommunen und Landesbetrieben wurde deutlich, dass der Wunsch nach einem zentralen Ausgleichsinstrument bestand, das die Entkoppelung von Eingriff und Ausgleich zulässt, so dass Kompensationsmaßnahmen für beliebige Eingriffe auf Vorrat produziert werden können. Die Idee eines Ökokontos war geboren.

Gemeinsam mit dem Abwasserverband Saar (AVS) wurde der erste Anlauf gestartet. Die Idee bestand darin, auf 40 Hektar intensiv genutzter Ackerflächen auf dem Saar-Gau ein zentrales Ausgleichsprojekt für den Bau sämtlicher Kläranlagen im Saarland zu realisieren. Trotz politischer Hilfe und Unterstützung durch das Umweltministerium (Jo Leinen) wurde im Jahre 1993 in der AVS-Versammlung dieses richtungsweisende Vorhaben durch die Stadt Saarbrücken, die die Mehrheitsanteile in der Versammlung hielt, abgelehnt.

Nachdem in anderen Bundesländern, zum Beispiel in Rheinland-Pfalz, ein kommunales Ökokonto thematisiert wurde, wurde auch im Saarland im Jahr 1997 diese Frage erneut diskutiert. Am 19. Dezember des gleichen Jahres wurde der Erlass zur Einführung des Ökokontos im Rahmen der naturschutzrechtlichen Eingriffsregelung in Kraft gesetzt. Mit der Einführung des Ökokontos wurde die Möglichkeit geschaffen, Verwaltungsverfahren der naturschutzrechtlichen Eingriffsregelung zu beschleunigen sowie gleichzeitig ausreichende und nachhaltig wirksame Kompensationsmaßnahmen ohne Zeitdruck vor der Eingriffsvornahme zu planen und durchzuführen.

Bis dahin hatte die NLS bereits kleinere Ausgleichs- und Ersatzmaßnahmen für Eingreifer umgesetzt und bereitgestellt. Den Verantwortlichen der Stiftung wurde ebenso wie der Stiftungsaufsicht schnell klar, dass dieses Geschäftsmodell in eine eigene Betriebsstruktur eingepasst werden musste, um die Gemeinnützigkeit der NLS nicht zu gefährden. Nach intensiven Beratungen in den Gremien der Stiftung wurde 1998 die Naturland Ökoflächen-Management GmbH (ÖFM) als 100-prozentige Tochter der Stiftung gegründet. Die ÖFM hat die Aufgabe, landesweit Ökokontomaßnahmen zu bevorraten, einen Flächenpool aufzubauen und Naturschutzprojekte zu entwickeln und zu betreuen (siehe Kapitel 2).

Durch die Gründung der ÖFM als handelsrechtliche Gesellschaft (GmbH) bestand erstmals die Möglichkeit, am freien Markt teilzunehmen und in den Wettbewerb mit anderen Anbietern von Ökopunkten einzutreten. Auch war der Weg frei für die Entwicklung weiterer Geschäftsmodelle. Gewinne der ÖFM sollen an die NLS zur Finanzierung ihrer gemeinnützigen Tätigkeiten ausgeschüttet werden. Mit Gründung der ÖFM wurde gleichzeitig eine Personalumstrukturierung vorgenommen. Fast alle Mitarbeiter der Stiftung, bis auf den wissenschaftlichen Mitarbeiter, wurden in die ÖFM überführt und die Stiftung somit von Personalkosten entlastet.

Mit einer sogenannten »Anschubfinanzierung« aus der Ausgleichsabgabe (unter anderem für den Ausbau des Dillinger Hafens) unterstützte das Umweltministerium die ÖFM für den Ankauf größerer, zusammenhängender Flächen, auf denen die ersten konkreten Großmaßnahmen umgesetzt wurden. Die Flächen im Saar-Nied-Gau wurden mit Kompensationsmaßnahmen für den Neubau der B 269 belegt und die Ankaufsflächen des Hofguts Thalmühle in Bischmisheim für die Teilkompensation für die Stadtbahn Saarbrücken-Riegelsberg herangezogen. Durch die Veräußerung der Ökopunkte aus diesen Kompensationsmaßnahmen war die ÖFM in der Lage, die Anschubfinanzierung bereits 2003 restlos zurück zu zahlen.

Durch die erfolgreiche Vermarktung der Projekte und den anhaltenden Kompensationsbedarf konnte die ÖFM innerhalb kurzer Zeit umfangreichen Grundbesitz erwerben. Das Angebot an landwirtschaftlichen Nutzflächen innerhalb des Saarlandes war »fast« unerschöpflich, da bis zu diesem Zeitpunkt kein eigener Markt für solche Flächen bestand und weil die Landwirte in der Regel Flächen anpachten und nicht erwerben. Die Herausnahme dieser Flächen aus landwirtschaftlichen Bewirtschaftungseinheiten führte zu heftigen Protesten und Widerständen von Seiten der Bauernschaft. Um den Bedarf an landwirtschaftlichen Flächen zu verringern, wurde auf Antrag der Naturschutzverbände und der NLS der Eingriffsleitfaden des Umweltministeriums um Renaturierungs-, Entsiegelungs- und Rückbau-Maßnahmen ergänzt, die nun in den Vordergrund rückten. Durch eine geänderte Ökopunkte-Zuteilung waren nun auch die mit den relativ teuren Renaturierungs- und Rückbaumaßnahmen erzielten Ökopunkte mit den auf landwirtschaftlichen Flächen gewonnenen Ökopunkten konkurrenzfähig.

Ab dem Jahr 2005 legte die ÖFM ihren Schwerpunkt auf derartige Maßnahmen. Hier seien insbesondere der Abriss und die Renaturierung der Campingplätze Wackenmühle und Hetschermühle in Rehlingen-Siersburg, der Rückbau des Sittard-Geländes in Saarbrücken-Von-der-Heydt sowie verschiedene Renaturierungsmaßnahmen an saarländischen Flüssen und Gewässern erwähnt.

Zwischenzeitlich kann festgestellt werden, dass circa 50 Prozent der von der ÖFM umgesetzten Kompensationsmaßnahmen im Rahmen solcher Projekte realisiert werden, und daher der Verbrauch landwirtschaftlicher Nutzflächen stark zurückgegangen ist. In diesem Zusammenhang möchte ich darauf

Abriss des Campingplatzes Wackenmühle im Niedtal bei Hemmersdorf. Oben vor Umsetzung der Maßnahme im Jahr 2006, unten nach Umsetzung der Maßnahme im Jahr 2011 (beide Fotos vom selben Standpunkt aus aufgenommen)

hinweisen, dass der Landwirtschaft in den meisten Fällen auch dann keine Flächen verloren gehen, wenn Ökokonto-Maßnahmen auf ihren Flächen umgesetzt werden. Denn diese Flächen werden auch weiterhin landwirtschaftlich genutzt, allerdings dann nicht mehr intensiv, sondern extensiv, zum Beispiel als Magerwiesen und -weiden oder als Streuobstwiesen (siehe Kap. 2.3.4).

Darüber hinaus widmet sich die ÖFM seit einigen Jahren verstärkt dem Ankauf von Privatwaldflächen, die in den 60er und 70er Jahren oftmals als Fichten-Monokulturen angelegt wurden und nun im Rahmen einer ökologischen Aufwertung in naturnahe Waldbestände überführt werden. Beispielhaft sei hier die Waldumwandlung beim Tascher Hof bei Homburg genannt, wo auf 80 Hektar Nadelholz-Monokulturen umgewandelt werden.

Mit der Übernahme des Hofguts Imsbach bei Thely im Jahr 2006 kam auf die NLS und die ÖFM eine besondere Herausforderung zu (siehe Kapitel 1.5.4). Bereits zwei Jahre vorher, im Jahr 2004, hatte die ÖFM in einem ersten Schritt die landwirtschaftlichen Flächen des Hofguts, die sich im Eigentum der Gemeinde Tholey befanden, gekauft, um darauf Kompensationsmaßnahmen für die Erweiterung des gemeindlichen Gewerbegebiets Theley zu realisieren.

In einem zweiten Schritt übernahm die NLS die Immobilien des Hofguts (Stallungen und Gebäude ohne den Hotelkomplex), die sich vorher im Eigentum der aufgelösten »Stiftung Natur und Mensch – Saarländisches Ökologie-Zentrum Hofgut Imsbach« befanden.

In einem dritten und letzten Schritt erwarb die ÖFM das Hotel samt Gastronomieteil von der Landesentwicklungs-Gesellschaft Saarland (LEG), die es auf Erbbaurechtsbasis auf der Fläche des Hofguts gebaut hatte. Damit war gewährleistet, dass das Hotel, die Hofgebäude und die Landwirtschaft wieder als Einheit verwaltet werden konnten. Zu diesem Zweck hat die ÖFM eine eigene Tochtergesellschaft gegründet: die »Imsbach Verwaltungs- und Entwicklungsgesellschaft« (IVEG, siehe Kapitel 3).

Während meiner Ausbildung auf dem Linslerhof in Überherrn entdeckte ich meine Vorliebe für repräsentative Hofanlagen und in sich geschlossene landwirtschaftliche Systeme. So etwas wollte ich auch auf dem Hofgut Imsbach umsetzen. In Zusammenarbeit mit Dr. Rainer Wicklmayr und Ludger Wolf (Kurator der Stiftung) wurden die Vorstellungen planerisch und zwischenzeitlich auch praktisch umgesetzt. So entstand im Umfeld des Hofguts ein Landschaftspark im englischen Stil des 19. Jahrhunderts. Nachdem sämt-

Kapelle des Hofguts Imsbach

liche Gebäude in enger Abstimmung mit dem Denkmalschutz restauriert bzw. saniert sind, erstrahlt das Hofgut heute in neuem Glanz. Es ist zum Mittelpunkt eines der schönsten saarländischen Naherholungsgebiete geworden, zu dessen Attraktivität vor allem die von der ÖFM neu angelegte Imsbachpromenade zählt, aber auch die alte Gutskapelle, die ein von Dr. Wicklmayr gegründeter Verein vor dem Verfall bewahrt und aufwendig restauriert hat. Sie ist mittlerweile eine beliebte Hochzeitskapelle, wie die Zahl der Trauungen eindrucksvoll zeigt: Seit dem 15. Oktober 2007 wurden 225 Paare standesamtlich in der Kapelle getraut.

Mit der Übernahme des Hofguts stellte sich die Frage, in welcher Form der landwirtschaftliche Betrieb organisiert werden sollte. Bereits damals vertrat ich die Auffassung, dass die Betriebsführung in den Händen der NLS bzw. der ÖFM liegen sollte. Die Aufsichtsgremien der Stiftung und der ÖFM befürworteten jedoch eine Lösung, die eine Zusammenarbeit mit gemeinnützig organisierten Trägergesellschaften, wie zum Beispiel auf dem Wendalinushof bei St. Wendel, vorsah. Dies führte zu einer kurzzeitigen Kooperation mit dem Verein »Hilfe für junge Menschen« bzw. später mit der Gemeinnützigen Gesellschaft für soziale Einrichtungen des Arbeiter-Samariter-Bundes. Auf beiderseitigen Wunsch wurden diese Bewirtschaftungsmodelle jedoch im Jahr 2010 aufgelöst und die IVEG übernahm endgültig die Verantwortung für den landwirtschaftlichen Betrieb.

Seit der Übernahme des Hofguts Imsbach und der gleichzeitigen Gründung der IVEG im Jahr 2006 werden sämtliche Landwirtschafts-Flächen der NLS und der ÖFM, soweit sie nicht an Dritte verpachtet sind, von der IVEG nach EU-Bio-Richtlinie bewirtschaftet. Zwischenzeitlich sind das über 500 Hektar. Darüber hinaus pflegt die IVEG im Auftrag sämtliche Kompensations- und Ausgleichsflächen, die nicht im landwirtschaftlichen Sinne genutzt werden können. Auf diese Weise ist der größte Biobetrieb im Saarland entstanden. Durch die Tierhaltung auf dem Hofgut sowie dem Kreuzhof bei Marpingen mit Rindern, Schafen, Pferden und Schweinen ist eine sinnvolle Verwertung des Aufwuchses der Schutzgebiete gewährleistet und gleichzeitig erfolgt ein Beitrag zum Erhalt alter, bedrohter Haustierrassen, wie zum Beispiel dem Hinterwälder Rind, dem Bayerischen Waldschaf oder dem Schwäbisch-Hällischen Landschwein.

Neue Geschäftsfelder

Zwischenzeitlich stehen alle Aktivitäten der Stiftung, der ÖFM und ihrer Tochtergesellschaften unter dem Motto »Nachhaltigkeit«. Wurde bis vor wenigen Jahren die Schutzgebietspflege mit Großmaschinen und -geräten durchgeführt, so werden heute Extensiv-Rinder- und Schafrassen für die Offenlandpflege eingesetzt (siehe Kapitel 1.5.5). Wurden früher große Mengen an nicht brauchbarer Biomasse (Schnittgut aus Feuchtgebieten, Trockenrasen, Hecken- und Gehölzabfälle) noch auf Kompostieranlagen verbracht, werden heute diese Produkte als Wertstoff für regenerative Energien genutzt. Um eine nachhaltige Inwertsetzung solcher »Abfallprodukte« aus der Flächenpflege von ÖFM und NLS zu gewährleisten, wurde im Jahr 2010 eine eigene Tochtergesellschaft, die »Biomasse Logistik GmbH« (BML), gegründet (siehe Kapitel 4).

Die BML vermarktet gras- und holzartige Biomasse. Gemeinsam mit der IVEG werden nachhaltige und naturschutzverträgliche Anbauverfahren für

Regenerative Energien auf verschiedenen Standorten im Saarland entwickelt und unter diversen Gesichtspunkten getestet (siehe Kapitel 2.3.5.1). Bei dem Thema Regenerative Energien darf selbstverständlich Fotovoltaik und Windkraft nicht fehlen (siehe Kapitel 2.3.5). Auf Konversionsflächen, die sich im Eigentum der Stiftung oder der ÖFM befinden, wurden gemeinsam mit Investoren mehrere Freiflächen-Anlagen konzipiert und gebaut. Zwischenzeitlich sind landesweit auf unseren Flächen Anlagen mit einer Gesamtleistung von 7 Megawatt errichtet worden. Auf dem Hofgut Imsbach und auf dem Kreuzhof Marpingen betreibt die ÖFM eigene Fotovoltaik-Anlagen, deren Leistung zum Teil ins Netz eingespeist und zum Teil für den Eigenverbrauch genutzt wird.

Das Thema Windkraftstandorte erregt oftmals die Gemüter der Naturschützer. In den vergangenen Jahren war ein massiver Widerstand gegen die Festlegung von Windkraftstandorten zu verzeichnen. Mit dem Atomausstieg der Bundesregierung wurde es zwingend notwendig, die alternative Energieerzeugung voranzutreiben. So sind zwischenzeitlich auch Windkraftstandorte im Bereich von Waldflächen umsetzbar. Vor dem Hintergrund der landesweiten Flächenverfügbarkeit großer, zusammenhängender Areale der ÖFM und der Stiftung hat sich auch hier ein neues Geschäftsfeld aufgetan. In Abstimmung mit den Aufsichtsgremien wurden verschiedene Windkraftstandorte ausgewählt, deren Potentiale zeitnah entwickelt werden sollen. Hierbei sind verschiedene Szenarien denkbar: Verpachtung der Standorte an Investoren, der Bau und Betrieb eigener Windräder oder das Einbringen der Standorte in Bürger-Beteiligungsgesellschaften. Betriebswirtschaftlich gesehen stellen die vorgenannten Bereiche Biomasse, Fotovoltaik und Windkraft zukünftig einen wichtigen Beitrag für die Ertragssituation von Stiftung und ÖFM dar.

Wenn ich nunmehr eine Bilanz meiner Tätigkeit für die Stiftung und die ÖFM in den letzten 27 Jahren ziehen soll, kann ich feststellen, dass sich aus den bescheidenen Anfängen ein beachtliches »Unternehmen« entwickelt hat, das sich jederzeit auf die jeweiligen gesellschaftlichen und politischen Vorgaben eingestellt hat. 1985 wies die Bilanz der Stiftung ein Aktivvermögen von 410.000 Euro aus, Ende 2011 betrug dieser Bilanzposten der Stiftung und der ihr angeschlossenen Gesellschaften 25,8 Millionen Euro. Diese beeindruckende Zahl kam jedoch nicht durch eine großzügige Bezuschussung seitens des Landes oder Bundes zustande, sondern spiegelt den Erfolg der Suche und auch Umsetzung neuer Geschäftsideen wider.

Die Stiftung und ihre Geschäftsideen sind seit den 90er Jahren Vorbild für andere Länder-Naturschutzstiftungen in Deutschland. So ist das Thema »Ökokontoregelung« zwischenzeitlich ein Exportschlager des Saarlandes in andere Bundesländer, die unser Modell in mehr oder weniger abgewandelter Form übernommen haben.

Dass diese Erfolgsbilanz so ausgefallen ist, hängt mit vielen Faktoren zusammen. Zuerst möchte ich mich bei meinen Mitarbeitern bedanken, ohne die dieses Ergebnis nicht zustande gekommen wäre. Besonders bemerkenswert war die Flexibilität der Mitglieder unserer Aufsichtsgremien, die die neuen Ideen der Geschäftsführung immer mitgetragen und die notwendigen Spielräume zur Umsetzung eingeräumt haben. In diesen Dank eingeschlossen sind auch die jeweiligen Vorsitzenden und Kuratoren der NLS, die zu ihrer jeweiligen Amtszeit die Stiftung repräsentiert und tatkräftig unterstützt haben. Außerordentlich zu würdigen ist jedoch nach wie vor das Engagement von Dr. Rainer Wicklmayr, der bis zum heutigen Tag mit Herzblut und Leidenschaft die Ideen und Projekte der Naturlandstiftung Saar fördert und gleichzeitig kritisch hinterfragt.

Spitzenfleck am Saar-Altarm bei Beckingen

TEIL II

Aktivitäten der Naturlandstiftung Saar

VON AXEL DIDION

AXEL DIDION

1. Die Naturlandstiftung Saar (NLS)

1.1 Vorbemerkung

In den bisherigen Beiträgen sind ehemalige und aktuelle Wegbegleiter der Naturlandstiftung Saar (NLS) zu Wort gekommen und haben über die Anfänge der Stiftung, die maßgeblichen Personen, die Stifterverbände und über Finanzierungsfragen berichtet und einen ersten Blick in die Zukunft der Stiftung gewagt. Nachfolgend stehen jetzt die wesentlichen Aktivitäten der Stiftung und ihrer Tochtergesellschaft Naturland Ökoflächen-Management GmbH (ÖFM) sowie der Imsbach Verwaltungs- und Entwicklungsgesellschaft (IVEG), einer Tochter der ÖFM, im Mittelpunkt.

Aus inhaltlichen und gesellschaftsspezifischen Gründen erfolgen meine Ausführungen getrennt für jede der drei Gesellschaften – die NLS, die ÖFM, die IVEG –, obwohl in der Landschaft die Maßnahmen häufig ineinanderfließen und als Einheit wahrgenommen werden. Den Schluss meines Berichts bildet ein ausführlicher Tabellenanhang, auf den im laufenden Text verwiesen wird. Zur schnellen Übersicht habe ich in Anhang 1 die Meilensteine der Stiftungsaktivitäten der letzten 35 Jahre chronologisch aufgelistet.

1.2 Stiftungsrechtliche Grundlagen

Die Naturlandstiftung Saar wurde 1976 als rechtsfähige Stiftung des bürgerlichen Rechts gegründet. Die Stiftungsurkunde, die Satzung sowie eine Auflistung der Stifter und Zustifter und ihre jeweiligen Vertreter in den Organen der Stiftung finden sich im Tabellenanhang (siehe Anhang 2 bis 5).

Die Stiftung setzt sich aus drei Organen zusammen: dem Stiftungsrat, dem Stiftungsvorstand und dem Kurator.

Im Stiftungsrat sind alle Stifter und Zustifter vertreten, die je einen Vertreter in das Gremium entsenden. Er ist das oberste Beschlussorgan der Stiftung.

Der Stiftungsvorstand, der aus sieben Personen besteht, und der Kurator sind für die laufenden Geschäfte der Stiftung verantwortlich, wobei der Kurator die Stiftung in eigener Verantwortung nach außen – das heißt gerichtlich und außergerichtlich – vertritt.

Der Vorstand wählt aus seiner Mitte den Vorsitzenden. Der erste Vorsitzende war von 1976 bis zum Jahr 1988 Dr. Rainer Wicklmayr. Danach hat traditionell der jeweilige Umweltminister des Saarlandes den Vorsitz übernommen. Dr. Wicklmayr wurde 1988 zum bisher einzigen Ehrenvorsitzenden gewählt.

Im aktuellen Vorstand sind das Ministerium für Umwelt, Energie und Verkehr, der NABU Saar, der Fischereiverband Saar, die Vereinigung der Jäger des Saarlandes, der Saarwaldverein, der Verband der Landwirte im Nebenberuf Saar sowie Dr. Rainer Wicklmayr vertreten. Seit 2009 hat die Umweltministerin Dr. Simone Peter den Vorsitz inne. Aktueller Kurator ist Ludger Wolf.

Der Kurator und alle übrigen Mitglieder der Stiftungsorgane arbeiten ehrenamtlich.

Ein Organigramm und die Auflistung aller bisherigen Vorsitzenden und Kuratoren finden sich im Tabellenanhang (siehe Anhang 6 und 7).

1.3 Die vier Leitziele der Stiftung

Die Stiftungsgründer haben die Naturlandstiftung 1976 in der Absicht errichtet, nicht nur über die Umweltprobleme und die Ausbeutung der Natur zu klagen, sondern aktiv etwas für die Natur und Umwelt zu tun. Dabei stand die Erhaltung der Artenvielfalt und unseres saarländischen Naturerbes im Vordergrund. Durch Erwerb von ökologisch hochwertigen Flächen sollte der Lebensraum bedrohter Tiere und Pflanzen unserer Heimat nachhaltig geschützt und entwickelt werden.

Im Laufe der Jahre sind die Aktivitäten der Stiftung zum Schutz des saarländischen Naturerbes erheblich vielfältiger geworden. Sie gehen mittlerweile weit über den reinen Flächenerwerb hinaus, sei es durch innovative Eigeninitiativen oder die Teilnahme an Landes-, Bundes- und EU-Förderprogrammen.

Biologische Vielfalt, Nachhaltigkeit und Bewahrung unseres Natur- und Kulturerbes sind die treibenden Kräfte für alle Aktivitäten der Naturlandstiftung Saar. Sie lassen sich in vier Leitzielen zusammenfassen:

- *Natur schützen – Leben bewahren – Zukunft sichern*
  durch Flächenerwerb zum Schutz bedrohter Tiere und Pflanzen unserer Heimat
- *Lebensräume wiederherstellen*
  durch Pflegen, Nutzen und Renaturieren vor allem von unter Natur- und Landschaftsschutz stehenden Flächen der Auen und Überschwemmungsgebiete sowie der heimischen Gewässer
- *Historisches erhalten*
  durch Bewahren und Pflegen von Natur-, Boden- und Baudenkmälern, sofern sie wesentlicher Bestandteil von Stiftungsgrundstücken sind und eine Bedeutung für die Schönheit, Vielfalt und Geschichte des Landes und das Heimatgefühl seiner Bewohner haben und
- *Natur genießen – Menschen für die Umwelt sensibilisieren*
  durch Umweltinformation und Umweltbildung. Die Naturlandstiftung hat dazu die Trägerschaft der Naturwacht Saarland übernommen, die ein kompetenter Ansprechpartner für alle ist, die an der Natur interessiert und in der Natur tätig sind.

Grunderwerb zum Schutz der Lebensräume bedrohter Pflanzen und Tiere ist eines der wirkungsvollsten und erfolgreichsten Instrumente des Naturschutzes. Nach 35 Jahren hat die Naturlandstiftung 720 Hektar (Stand 31. Dezember 2011) ökologisch wertvolle Flächen im Saarland erworben und landesweit ein Netz von bisher 97 Schutzgebieten geknüpft. Die Tochtergesellschaft ÖFM besitzt nach 13 Jahren 926 Hektar (Stand 31. Dezember 2011) Eigentumsflächen verteilt auf 113 Gemarkungen.

Als Mitglied in den Zweckverbänden von drei Naturschutzgroßvorhaben ist die Naturlandstiftung des Weiteren an den Eigentumsflächen der jeweiligen Zweckverbände beteiligt. Der Zweckverband »Naturschutzgebiet Wolferskopf« hat bei einer Projektgebietsgröße von 340 Hektar insgesamt 172 Hektar im Eigentum, der Zweckverband »Saar-Blies-Gau/Auf der Lohe« bei einer Projektgebietsgröße von 2.357 Hektar rund 663 Hektar und der Zweckverband »Illrenaturierung« verfügt bei 1.161 Hektar Projektgebiet über 408 Hektar Eigentumsflächen. In der Gesamtbilanz ist die Stiftung somit für 5.504 Hektar Naturschutzflächen verantwortlich, wovon 2.889 Hektar im Eigentum der Stiftung, der Tochtergesellschaft ÖFM und der Zweckverbände sind. Das entspricht 1,1 Prozent der Landesfläche des Saarlandes!

1.4 Grunderwerb und Flächenentwicklung

Das erste Schutzgebiet mit einer Fläche von 9,7 Hektar ist das Gelände um die ehemalige Backsteinfabrik in Dirmingen, das am 30. September 1977 in das Eigentum der Stiftung übertragen worden ist. Es handelte sich dabei um

Schutzgebiet ehemaliger Kalk-Steinbruch bei Nennig

eine Schenkung! Die ersten mit eigenen Mitteln finanzierten Parzellen mit einer Gesamtgröße von 1,01 Hektar wurden am 18. Mai 1978 auf dem Kaninchenberg bei Reinheim gekauft und gehören heute zur Kernzone des Naturschutzgroßvorhabens »Saar-Blies-Gau/Auf der Lohe«.

Betrachtet man die ersten 11 Jahre der Flächenentwicklung (siehe Abbildung 1), dann zeigt sich, dass die Gesamtfläche zwar stetig, aber nur allmählich anstieg. Dies änderte sich jedoch ab dem Jahr 1988, als der Flächenzuwachs sprunghaft zugenommen hat. Dies hängt allein mit der Tatsache zusammen, dass die Einstellung von Eberhard Veith als hauptamtlicher Geschäftsführer in diese Zeit fällt. Er hat den Flächenerwerb systematisiert und intensiviert. Mit Stand vom 31. Dezember 2011 besitzt die Stiftung insgesamt 719,9 Hektar. Eine Auflistung aller 97 Schutzgebiete der Stiftung, aufgeschlüsselt nach Landkreisen und Gemarkungen samt Angaben zur Flächengröße und dem Schutzstatus (Naturschutzgebiet oder FFH-Gebiet) befindet sich im Anhang 8.

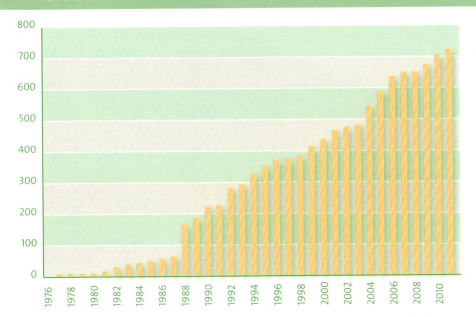

Abb.1: Entwicklung des Flächenzuwachses der Eigentumsflächen der Naturlandstiftung Saar von 1976 bis 2011 (Stand: 31. Dezember 2011).

Die Größe der einzelnen Schutzgebiete schwankt zwischen 0,0836 Hektar (Zillas Felsenkeller in Nunkirchen) und 86,6481 Hektar (Flächen um Reinheim in der Kernzone des Naturschutzgroßvorhabens »Saar-Blies-Gau/Auf der Lohe«). Rund zwei Drittel der Schutzgebiete weisen eine Größe bis maximal 5 Hektar auf (siehe Abbildung 2). Die meisten Schutzgebiete, sowohl hinsichtlich der Gesamtfläche als auch hinsichtlich der Anzahl der Gebiete, kommen im Saarpfalz-Kreis und dem Landkreis Merzig-Wadern vor. Dies ist kein Zufall, sondern hängt mit der überdurchschnittlichen Bedeutung dieser Landkreise für den Arten- und Biotopschutz zusammen. Beide Kreise besitzen nach der Auswertung der Biotopkartierung des Saarlandes die höchsten Dichten besonders schutzwürdiger Biotope.

Betrachtet man die Lebensraum- bzw. Vegetationstypen in den Schutzgebieten, dann überwiegen die extensiven landwirtschaftlichen Nutzökosysteme mit Obstwiesen, Mähwiesen, Wiesen- und Weidenbrachen vor den Gewäs-

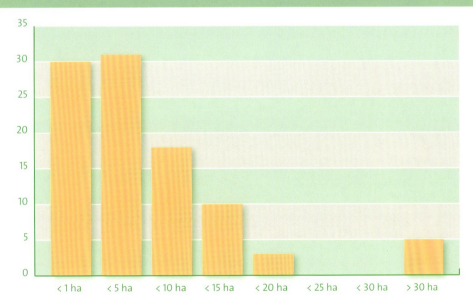

Abb.2: Häufigkeitsverteilung der Flächengrößen der 97 Schutzgebiete der Naturlandstiftung Saar. Die Klassenbreite beträgt 5 Hektar (Stand: 31. Dezember 2011).

sern und Feuchtgebieten mit Quellen, Bächen, Flüssen sowie Kleingewässern. Kleinere Ausgleichsflächen wie Gräben, Hecken, Gebüsche und Feldgehölze kommen ebenfalls in vielen Schutzgebieten vor. Wälder spielen auf den Naturlandstiftungsflächen nur eine untergeordnete Rolle, da der Schwerpunkt des Flächenerwerbs der Stiftung im Offenland liegt.

1.5 Landesprojekte

1.5.1 Bliesauen-Projekt

Die Blies durchfließt im Saarpfalz-Kreis eine einzigartige Auenlandschaft von überregionaler Bedeutung. Um diesen Lebensraum für kommende Generationen zu bewahren und zu entwickeln, haben die Naturlandstiftung Saar und der NABU Saar am 12. Juni 1991 die »Fördergemeinschaft Bliesaue« gegründet. Mit der Unterzeichnung einer Urkunde erklärten alle Förderer ihre Bereitschaft, das Bliesauen-Projekt nach ihren Möglichkeiten zu unterstützen. Zu den Unter-

Schutzgebiet Bliesaue bei Blieskastel

zeichnern gehören zum Beispiel der Landrat des Saarpfalz-Kreises, die Städte Blieskastel und Homburg, die Wasserwerke Bliestal, die Karlsberg-Brauerei, die Landesforstverwaltung und die NABU-Ortsgruppen und viele mehr.

Als übergeordnetes Leitbild des Bliesauen-Projekts wurden drei landschaftsökologische Ziele formuliert: Zum einen die ökologischen Funktionen der Aue zu verbessern, zum anderen eine naturverträgliche Nutzung zu erhalten und drittens Freiräume für spontane Entwicklungen naturnaher Auenökosysteme zu schaffen. Zu diesem Zweck haben die Naturlandstiftung und die ÖFM mittlerweile rund 100 Hektar Flächen zwischen Niederbexbach und Reinheim erworben. Als Maßnahmen wurden bisher vor allem die Entwicklung von Auenwald (siehe EU-Projekt IRMA in Kapitel 1.7.3), aber auch die Anlage von Flutmulden oder die Sicherung einer extensiven Nutzung umgesetzt. Die Flächenverfügbarkeit ermöglicht es, ausreichend breite Gewässerkorridore und naturnahe Lebensräume in der Bliesaue zu schaffen, die Artenvielfalt zu erhöhen und die Nährstoffeinträge in die Blies zu reduzieren. Weitere Maßnahmen zum Hochwasserschutz und zur Entwicklung von Auenwald sind geplant (siehe auch Auenprogramm in Kapitel 2.3.2).

1.5.2 Saar-Altarme-Projekt

Durch den Ausbau der Saar zur Großschifffahrtsstraße ist es zu erheblichen Eingriffen in die Natur und Landschaft der Saaraue gekommen. Die Wasser- und Schifffahrtsverwaltung als Ausbauunternehmerin musste nach dem im Jahre 1976 in Kraft getretenen Naturschutzgesetz diese Eingriffe durch geeignete Maßnahmen ausgleichen. Ein Teil dieses Ausgleichs soll durch die Erhaltung, Pflege und Entwicklung der noch verbliebenen Saar-Altarme erfolgen. Aus diesem Grund hat die Bundesrepublik Deutschland, vertreten durch die Wasser- und Schifffahrtsdirektion Südwest in Mainz (WSD), als Eigentümerin 1993 die Saar-Altarme Schwemlingen, Niedmündung, Beckingen, Rehlingen II und III sowie den so genannten »Ökosee« bei Dillingen für fünf Jahre in die Obhut der Naturlandstiftung Saar übertragen.

Die Naturlandstiftung verpflichtete sich in dem mit der WSD abgeschlossenen Unterhaltungs- und Bewirtschaftungsvertrag, diese Altarme und den Dillinger See nach den Zielen des Naturschutzes und der Landschaftspflege zu entwickeln und zu unterhalten. Als Grundlage dafür wurden Unterhaltungspläne erstellt. Die wissenschaftlichen Untersuchungen der Altarme und ihrer näheren Umgebung umfassten flächendeckende Vegetationskartierungen sowie eingehende faunistische Erhebungen der Vögel, Amphibien, Reptilien, Fische, Tagfalter, Libellen, Heuschrecken und des Zooplanktons. Wasserchemische, wasserbiologische sowie sedimentologische Untersuchungen folgten in den Jahren 1995 bis 1998 durch das Staatliche Institut für Gesundheit und Umwelt des Saarlandes (SIGU) sowie die Bundesanstalt für Gewässerkunde.

Die Ergebnisse der Unterhaltungspläne stellten die Grundlage für die Ausweisung der Altarme in der Saaraue und des Dillinger Sees als NATURA 2000-Gebiete bzw. als Vogelschutzgebiete dar. Insbesondere zahlreiche Wasserpflanzen, Amphibien und Wasservögel, darunter zahlreiche Arten des Anhangs I der Vogelschutzrichtlinie (Brutvögel, durchziehende, rastende, überwinternde bzw. mausernde Arten) profitieren von den geplanten und umgesetzten Maßnahmen.

1.5.3 Naturwacht Saarland (»Ranger«)

Schutzgebiete brauchen eine qualifizierte Betreuung vor Ort. Dazu wurde 2005 die Naturwacht Saarland unter der Trägerschaft der Naturlandstiftung Saar eingerichtet. Die Mitarbeiter der Naturwacht werden als Naturwächter oder als Ranger in Anlehnung an den ersten Ranger Ende des 19. Jahrhunderts im Yellowstone-Nationalpark in den USA bezeichnet. Während der Beruf des Rangers im angloamerikanischen Raum schon lange eine hohe Wertschätzung genießt, ist er in Deutschland noch relativ neu. Erst seit 1998 gibt es das Berufsbild des staatlich geprüften Natur- und Landschaftspflegers für die Naturwächter oder Ranger.

Im Saarland gibt es vier hauptamtliche Naturwächter, die sich um die Naturschutzgebiete und NATURA 2000-Gebiete kümmern. Sie verstehen sich als Mittler zwischen den Menschen vor Ort und der Natur. Die Ranger decken ein vielfältiges Aufgabenspektrum ab. Neben der Überwachung und regelmäßigen Kontrolle der Schutzgebiete leisten sie eine umfangreiche Öffentlichkeitsarbeit und sind in der Umweltbildung, dem Arten- und Biotopschutz sowie der Schutzgebietspflege aktiv. Im Schnitt bieten die Naturwächter jedes Jahr weit über 100 Führungen an mit mehr als 2.500 Teilnehmern, darunter mehr als die Hälfte Kinder.

Mit verschiedenen Institutionen, zum Beispiel Schullandheimen, Schulen, Jugendämtern, Kindertagesstätten, dem Biosphärenzweckverband Bliesgau oder

Die Naturwächter oder Ranger kontrollieren und überwachen die Schutzgebiete.

Gemeinden (zum Beispiel Junior-Ranger-Gruppe Eppelborn) bestehen langfristige Kooperationen für umweltpädagogische Veranstaltungen. Die Naturwacht Saarland leistet somit einen wertvollen Beitrag zur Umweltbildung und Sensibilisierung der Menschen für den Schutz unseres saarländischen Naturerbes.

Die Naturwacht arbeitet eng mit den zuständigen Behörden zusammen, wenn Umweltdelikte oder Verstöße gegen die Verordnungen der Schutzgebiete festgestellt werden. Viele dieser Fälle können jedoch direkt bereits an Ort und Stelle gütlich geregelt werden.

2006 wurde auch eine ehrenamtliche Naturwacht im Saarland gegründet, die sogenannten Naturwarte. Mittlerweile unterstützen 26 ehrenamtliche Naturwarte die vier hauptamtlichen Ranger bei ihren vielfältigen Aufgaben. Die Einrichtung der Naturwacht wird in der Bevölkerung durchweg positiv bewertet. Die im Kontakt mit den vielfältigen Nutzern und Schützern gelebte Philosophie der Naturwacht als »Mittler zwischen Mensch und Natur mit Herz, Hand und Verstand« kommt bei der Bevölkerung sehr gut an.

1.5.4 Landschaftspark und Hofgut Imsbach

Neben den beiden Leitzielen »Natur schützen – Leben bewahren – Zukunft sichern« und »Lebensräume wieder herstellen« hat sich die NLS und die ÖFM auch das Leitziel »Historisches erhalten« zur Aufgabe gemacht. Es steht bei der Realisierung des Landschaftsparks »Hofgut Imsbach« im Vordergrund. Mit seinem Baumbestand und seiner in Ansätzen noch erkennbaren Park- und Gartengestaltung ist das »Hofgut Imsbach« ein repräsentatives Beispiel für eine gutsherrliche Anlage des frühen und mittleren 19. Jahrhunderts.

Große Teile der umliegenden Hofflächen wurden bis vor wenigen Jahren noch intensiv als Acker und Viehweide genutzt. 2007 haben die NLS und die ÖFM damit begonnen, auf dem Hofgut und seiner Umgebung sukzessive einen

Hofgut Imsbach: Herrenhaus mit Belvedere

Landschaftspark im englischen Stil des 19. Jahrhunderts zu rekonstruieren und die unter Denkmalschutz stehenden Gebäude zu renovieren. Die Entwicklung des Landschaftsparks erfolgt auf der Grundlage einer Ökokontomaßnahme zur Kompensation des in unmittelbarer Nachbarschaft gebauten »Industrie- und Gewerbeparks BAB 1« der Gemeinde Tholey.

Zum ersten Mal urkundlich erwähnt wurde die Siedlung »Imsbach« (nach Naumann 2008) im Jahr 1310, als Herzog Ferry von Lothringen seinen Vasallen Arnold von Sierck unter anderem mit der Imsbach belehnte. Der Begriff »Hofgut Imsbach« tauchte erstmals 1585 auf, als die infolge von Pestepidemien wüst gefallene Siedlung zu einer Hofsiedlung ausgebaut wurde. Seine Blütezeit erlebte das Hofgut in der napoleonischen Ära zu Beginn des 19. Jahrhunderts, nachdem Napoleon Bonaparte das Gut 1812 seinem Colonel de Cavallerie Charles Louis Narcisse Lapointe als Auszeichnung für seine besonderen Verdienste geschenkt hatte. Lapointe baute die Gebäude und die Hofanlage weiter aus. Das Hofgut blieb bis 1930 im Besitz der Familie Lapointe.

1953 ging das Hofgut in Staatsbesitz über und wurde bis 1965 als Justizvollzugsanstalt genutzt. Danach wurde es an Landwirte verpachtet. 1987 wurde es zum saarländischen Ökologiezentrum (Stiftung) ausgebaut. 2004 wird es in »Stiftung Natur und Mensch Saarländisches Ökologie-Zentrum Hofgut Imsbach« umbenannt. 2006 ging schließlich das »Hofgut Imsbach« mit seinen unter Denkmalschutz stehenden Gebäuden und den umliegenden Hofflächen in das Eigentum der Naturlandstiftung Saar und ihrer Tochtergesellschaft Naturland Ökoflächen-Management GmbH über.

Die Umgestaltung der umgebenden Flächen in einen Landschaftspark orientiert sich an den Vorstellungen einer sogenannten »Ferme ornée (auch Ornamental Farm genannt), einem Begriff aus der Gartenbaukunst, nach der die landwirtschaftliche Nutzung unter ästhetischen Gesichtspunkten eng mit der Park- und Gartengestaltung kombiniert wird. Landschaft und Landwirtschaft stellen eine Einheit dar und ergänzen sich harmonisch.

Besondere Bedeutung kommt den Sichtachsen zu, die immer wieder den Blick in den Landschaftspark freigeben. Eindrucksvoll kann man das vom Belvedere erleben, einem Dachaufsatz auf dem First des Herrenhauses. Von der gläsernen Aussichtsplattform hat man einen wunderbaren Blick über verschiedene Sichtachsen in den Landschaftspark.

Über 100 Hinterwälder Rinder weiden auf den saftigen Wiesen rund um das Hofgut Imsbach.

Rückgrat der Flächennutzung im Landschaftspark des Hofguts bildet die Weidewirtschaft mit vom Aussterben bedrohten alten Haustierrassen wie dem Hinterwälder Rind oder dem Bayerischen Waldschaf. Dazu wurden die früher intensiv genutzten Ackerflächen in Wiesen und Weiden umgewandelt. Der gesamte landwirtschaftliche Betrieb, die Weide- und Grünlandwirtschaft, wird von der Imsbach Verwaltungs- und Entwicklungsgesellschaft (IVEG), einer 100-prozentigen Tochter der ÖFM, organisiert (siehe Kapitel 3.2).

Als gestalterische Elemente und zur Gliederung der Landschaft wurden Hunderte von Bäumen gepflanzt, wurden Alleen angelegt und vorhandene, stark eingewachsene alte Alleen wieder freigestellt. Zur Erschließung des gesamten Parks wurde die Imsbachpromenade, ein etwa 4,5 Kilometer langer Rundweg, um das Hofgut gebaut, von dem man immer wieder herrliche Ausblicke in die schöne Schaumberg-Landschaft genießen kann. Der Weg führt vorbei an stehenden und fließenden Gewässern, Baum-Alleen und Waldinseln,

Wiesen und Weideflächen, aber auch zu kulturhistorischen Sehenswürdigkeiten wie der kleinen Kapelle des Hofguts.

Die Geschichte der Gutskapelle ist eng verbunden mit der Geschichte des Hofguts. Sie wurde 1905 von Bertha Wilhelmine Lapointe, der letzten Vertreterin der Familie Lapointe auf dem »Hofgut Imsbach«, für ihren verstorbenen Gatten Louis Albert errichtet. 1929 wurde auch die Witwe selbst in der Gruft der Kapelle beigesetzt. Ebenso wurden die sterblichen Überreste des ersten Lapoints, Charles Louis Naracisse, vom Friedhof in Theley in die Kapelle überführt.

Das über 100 Jahre alte Bauwerk wäre dem Verfall preisgegeben gewesen, hätte sich nicht auf Initiative von Dr. Rainer Wicklmayr, dem Ehrenvorsitzenden der NLS, der »Förderverein der Freunde der Gutskapelle Imsbach« gegründet, der die Kapelle denkmalgerecht saniert hat. So wurden das Schieferdach in alter Technik erneuert, die beschädigten Jugendstilfenster restauriert, die Holztäfelung im Innenbereich aufgearbeitet, der Altar aus Sandstein instand gesetzt, die Farbe des Innenputzes originalgetreu erneuert und der Kapellenvorplatz vergrößert und neu gestaltet. Außerdem erhielt die Kapelle eine neue Beleuchtung.

Hinter dem Altar, an der Stelle, an der ursprünglich das Kreuz hing, springt dem Besucher ein neu gestalteter Lebensbaum ins Auge – Symbol fruchtbaren Lebens. Zwar finden in der profanierten Kapelle keine Gottesdienste mehr statt, aber sie wird sehr rege als Außenstandesamt der Gemeinde Tholey genutzt. Im Jahr 2011 wurden allein 79 Ehen der insgesamt 111 standesamtlichen Eheschließungen in der Gemeinde Tholey in der Gutskapelle auf dem Hofgut Imsbach geschlossen!

Seit 2008 hat sich die »Imsbacher Stallweihnacht« einen Stammplatz im Veranstaltungskalender der Gemeinde Tholey erobert. Zwischen 200 bis 300 Besucher erleben jedes Jahr ein Krippenspiel in der Maschinenhalle des Hofguts, die zur weihnachtlichen Bühne umfunktioniert wird. An der Stallweihnacht, die sich als bäuerlich-ländliches Theater versteht, beteiligen sich Laien-Schauspieler, -Sänger und -Musiker aus der Umgebung sowie als Besonderheit lebende Tiere (Schafe, Kuh, Esel). Die außergewöhnliche Inszenierung ist einmalig für das gesamte Saarland und weit darüber hinaus.

Das Hofgut Imsbach verfügt auch über ein modernes Tagungs- und Kongresszentrum mit Hotel- und Restaurationsbetrieb sowie ein Naturwacht-Büro der Saarländischen Naturwacht.

Narzissen-Wiese auf dem Hofgut Imsbach – im Hintergrund die Gutskapelle

1.5.5 Großflächenbeweidungen – eine Alternative für eine extensive Flächennutzung

Die Offenhaltung der Kulturlandschaft auf den Grenzertragsstandorten ist durch den Rückzug der Landwirtschaft schwieriger geworden. Wachsen diese Flächen mit Gebüschen zu und bewalden sich, gehen wertvolle Lebensräume und damit auch zahlreiche Pflanzen und Tiere verloren, die auf offene, besonnte Böden angewiesen sind. Dies betrifft auch viele Stiftungs-Flächen, die aus einer extensiven landwirtschaftlichen Nutzung hervorgegangen sind. Da die Pflege dieser Flächen aufwändig ist und die finanziellen Mittel für den Naturschutz immer knapper werden, hat die Stiftung nach anderen Möglichkeiten für die Offenhaltung dieser Standorte gesucht. Als eine naturschutzfachliche Alternative hat sich eine Beweidung angeboten.

Im Jahr 2002 wurde im Auftrag des Ministeriums für Umwelt ein sogenanntes Beweidungsgutachten für das Saarland erstellt (Bettinger & Thös 2002). In diesem Gutachten wurden insbesondere die im Saarland zu verzeichnenden landwirtschaftlichen Rückzugsräume (ca. 21.000 Hektar) auf ihre Eignung für eine extensive Beweidung im Sinne der nachhaltigen Kulturlandschaftsentwicklung untersucht.

Drei Pilotprojekte wurden für eine extensive Beweidung vorbereitet: in Ludweiler (Warndt) die Beweidung mit einer Mutterkuhherde mit Glan-Rindern auf einer Fläche von rund 40 Hektar durch die Naturrind Warndt GmbH, in Wittersheim im Mandelbachtal die Beweidung mit Tiroler Bergschafen auf rund 10 Hektar durch einen privaten Schafhalter auf Flächen des Zweckverbands »Saar-Blies-Gau/Auf der Lohe« und in Bubach im Ostertal die Beweidung mit Buren-Ziegen und Schafen auf rund 30 Hektar durch Privatpersonen. Diese drei Pilotprojekte wurden im Rahmen des vom Bundesministerium für Verbraucherschutz, Ernährung und Landwirtschaft (BMVEL) aufgelegten Projektes »Regionen aktiv – Land gestaltet Zukunft« finanziell unterstützt.

Die Naturlandstiftung und die ÖFM wurden im Rahmen dieses Projektes beauftragt, die drei Beweidungsgebiete im Zeitraum von 2003 bis 2005 im Rahmen eines Monitorings wissenschaftlich anhand ausgewählter Artengruppen der Fauna (Vögel, Tagfalter, Heuschrecken) und Vegetation/Flora zu begleiten. Dabei stand die Frage im Vordergrund, ob die Beweidung im Hinblick auf die Erhaltung der Kulturlandschaft ökologisch sinnvoll ist.

Als Ergebnis des Monitorings lässt sich kurz zusammengefasst Folgendes festhalten: Die extensive Beweidung von stark durch Brachfallen betroffenen Landschaftsausschnitten ist in den meisten Fällen ausdrücklich erwünscht. Die Ziele können dabei variieren: einerseits zwischen dem bloßen Offenhalten der Landschaft und andererseits dem konkreten Erhalt, der Förderung, Entwicklung oder Wiederherstellung bestimmter Arten- und Lebensgemeinschaften. Wesentliche Einflussgrößen auf den ökologischen Erfolg der Beweidung sind Art und Rasse der Weidetiere, das Weideregime, die Besatzstärke, -dichte und -dauer sowie der Weidezeitpunkt. Als Weideregime kommen hauptsächlich Rotationsweidesysteme und Dauerweidesysteme in Frage. Die Einrichtung von Dauerweidesystemen eignet sich vor allem in Gebieten, in denen die herkömmliche Pflege aus technischen und finanziellen Gründen an ihre Grenzen stößt

Aus naturschutzfachlicher Sicht ist vor allem in Ludweiler und Bubach eine positive Entwicklung durch die Beweidung eingetreten. Hochwüchsige, nährstoffbedürftige Stauden sind zugunsten von Magerkeitszeigern zurückgegangen. In Wittersheim hat sich die Vegetation nicht wesentlich verändert. Die Artenzahlen der Vögel haben in allen drei Projektgebieten leicht zugenommen. Insbesondere ist die Neuansiedlung Wert gebender und gefährdeter Arten wie der Heidelerche (Ludweiler) und des Wendehals (Ludweiler, Bubach) zu nennen. Bei den Tagfaltern und Heuschrecken haben sich keine wesentlichen Änderungen der Lebensgemeinschaften ergeben. Insgesamt muss aber der Untersuchungszeitraum von drei Jahren als zu gering angesehen werden (Naturland Ökoflächen-Management GmbH 2005).

1.5.5.1 Beweidungsprojekt Kiesgrube Welschbach

Aufbauend auf den Erfahrungen aus den drei Pilot-Projekten extensiver Beweidungen hat die Stiftung 2005 in Kooperation mit der Gemeinde Illingen eine Beweidung in ihrem Schutzgebiet in der alten Kiesgrube auf dem Hexenberg bei Welschbach gestartet. Ziel ist es, das rund 10 ha große Grubenareal als Lebensraum für solche Pflanzen- und Tierarten offen zu halten, die auf offene und besonnte Böden angewiesen sind, wie zum Beispiel die Zauneidechse, die Blauflügelige Ödlandschrecke, das Berg-Sandglöckchen oder auch die Geburtshelferkröte.

Nach Ende des Kiesabbaus war die Kiesgrube Welschbach komplett mit Birken, Pappeln und Gebüschen zugewachsen und hatte ihre Bedeutung als wertvoller Sekundärlebensraum für viele Arten der offenen Kulturlandschaft verloren. Als Vorbereitung für die Beweidung wurden die Bäume und Gebüsche zunächst gerodet und entfernt. Anschließend wurden ein Stall gebaut und mehrere Koppeln eingerichtet. Das gesamte Areal wurde von einem Privatzüchter gepachtet, der die Flächen mit Thüringer Waldziegen und Skudden, beides alte bedrohte Haustierrassen, im Rotations-Koppel-Verfahren beweidet. Nachdem die tierischen Landschaftspfleger ihre Arbeit aufgenommen haben, präsentiert sich die ehemalige Kiesgrube heute wieder als halboffener, wertvoller Lebensraum.

1.5.5.2 Ganzjahresbeweidungen

In den letzten Jahren hat sich in Mitteleuropa eine extensive Ganzjahresbeweidung in halboffenen Weidelandschaften mit sogenannten robusten Weidetieren als besonders geeignet herausgestellt. Robuste Weidetiere können ganzjährig im Freien leben und gestalten in geringer Dichte die Landschaft, so wie es die wilden Huftiere in früheren Zeiten in der Naturlandschaft praktizierten. Zu den robusten Weidetieren zählen zum Beispiel verschiedene Rinderrassen wie das Galloway-Rind, das Schottische Hochlandrind oder das Heckrind, verschiedene Pferderassen wie der Konik oder das Exmoor-Pony und viele andere Rassen und Arten.

Die bisherigen Erfahrungen zeigen, dass halboffene Weidelandschaften eine kostengünstige Nutzungsform darstellen und dazu beitragen können, unser Naturerbe und unsere Kulturlandschaft zu erhalten. Extensive Beweidungssysteme eröffnen zudem die Möglichkeit, den ländlichen Raum sinnvoll zu entwickeln und ökologisch und ökonomisch wieder in Wert zu setzen.

Durch die Schaffung von parkartigen Weidelandschaften wird der Erholungswert der Landschaft gesteigert und der Tourismus und die Naherholung in strukturschwachen Regionen gefördert. Auch die Landwirtschaft profitiert davon, indem ein hochwertiges Lebensmittel produziert wird, das direkt mit dem Landschaftsbild und dem Erlebniswert der Region in Beziehung gesetzt werden kann.

Es waren vor allem die positiven Erfahrungen unserer Partnerstiftung »Naturschutz Schleswig-Holstein« mit extensiven Ganzjahresbeweidungen, die die Naturlandstiftung überzeugt haben, solche ganzjährigen Großflächenbeweidungen auch im Saarland einzuführen und umzusetzen. In Schleswig-Holstein werden von der dortigen Stiftung tausende von Hektar mit Hunderten von Galloway-Rindern und verschiedenen robusten Pferderassen offengehalten.

Die Naturlandstiftung und ihre Tochtergesellschaft ÖFM haben deshalb 2009 mit der Einrichtung eines ersten extensiven Beweidungssystems mit Robustrindern im Saarland begonnen, und zwar in einem kleinen Seitental des Alsbachs bei Marpingen. 15 weibliche Galloway-Rinder wurden von unserer Partnerstiftung in Schleswig-Holstein erworben und beweiden eine Fläche von rund 20 Hektar, die gegenwertig auf rund 40 Hektar aufgestockt wird. Im Jahr 2010 ist ein Bulle (Platon) dazugekommen, der 2011 bereits für Nachwuchs gesorgt hat. Das Ministerium für Umwelt, Energie und Verkehr hat dieses Beweidungsprojekt aus Mitteln des Landesprogramms zur Förderung von Maßnahmen des Naturschutzes bezuschusst.

Galloway-Rinder im Beweidungsprojekt Marpingen, links Bulle Platon.

Galloway-Rinder gehören zu den robusten Weidetieren und eignen sich wegen ihres unselektiven Fressverhaltens und ihres vergleichbar geringen Gewichts – die Kühe wiegen rund 500 kg, die Bullen bis zu 800 kg – besonders gut für die Landschaftspflege empfindlicher Offenlandlebensräume. Sie gehören zu den hornlosen, »gutmütigen« und recht anspruchslosen Rinderrassen, die das ganze Jahr über im Freien gehalten werden können. Sie sind sehr fruchtbar, leichtkalbig und besitzen eine hohe Vitalität. Sie verbeißen zudem Gehölze und tragen so nachhaltig zur Offenhaltung der Landschaft bei.

2009 hat die Naturlandstiftung beim Ministerium für Umwelt, Energie und Verkehr weitere Anträge zur Einrichtung von großflächigen Weidesystemen gestellt, die 2010 genehmigt wurden und im Rahmen des ELER-Programms gefördert werden (ELER = Europäischer Landwirtschaftsfonds für die Entwicklung des ländlichen Raums). Die Stiftung erhält dazu Zuwendungen des Landes und der Europäischen Union für die Erstellung von Managementplänen, für Erstpflege-Maßnahmen, für die Errichtung der Weidezäune und für die Anschaffung der Weidetiere. Die Einrichtung der Weiden erfolgt überwiegend auf Eigentumsflächen der Stiftung und ihrer Tochtergesellschaft ÖFM auf dem Peterberg bei Eiweiler (Nohfelden), am Fuße des Weisselbergs bei Oberkirchen und im Hölzbachtal bei Rappweiler.

Im Winter 2010 wurde mit der Einrichtung der Beweidungssysteme in den Gebieten Eiweiler und Weisselberg begonnen. Ab Sommer 2011 haben 32 Galloway-Rinder ihre Arbeit als tierische Landschaftspfleger in diesen Gebieten aufgenommen. Insgesamt sind somit mittlerweile 48 Galloway-Rinder auf insgesamt rund 80 Hektar im Einsatz. Das nimmt sich verglichen mit den Tausenden von Hektar und Hunderten von Weidetieren unserer Partnerstiftung in Schleswig-Holstein noch bescheiden aus, ist aber ein erster Anfang. Weitere Beweidungsprojekte sind geplant. Die Galloways werden von Landwirten vor Ort und von der »Imsbach Verwaltungs- und Entwicklungsgesellschaft« (IVEG) betreut, einer Tochtergesellschaft der ÖFM, die ausschließlich die landwirtschaftlichen Aufgaben der Stiftung und der ÖFM wahrnimmt (siehe Kapitel 3).

Die Beweidungsprojekte werden wissenschaftlich begleitet, um die Entwicklung und den Erhaltungszustand der Wiesen und Weiden verfolgen und beurteilen zu können. Im Alsbachtal bei Marpingen werden seit 2009 in einem auf fünf Jahre angelegten Monitoring-Programm jedes Jahr ausgesuchte Teilflächen untersucht. Nach zwei Jahren Beweidung wird das Beweidungsmanagement aus Naturschutzsicht als positiv eingestuft. Die Artenzahl wertgebender Pflanzenarten hat zugenommen. Endgültige Aussagen können aber erst nach Abschluss des Programms getroffen werden.

1.5.6 Möbel-Martin-Naturschutzpreis

Im Jahr 2004 hat die Naturlandstiftung Saar den 1. Preis beim 19. Möbel-Martin-Naturschutzpreis errungen. Er stand unter dem Motto: Naturschutz ohne Grenzen. Die Naturlandstiftung Saar wurde für ihre Bemühungen und das langjährige Engagement im grenzüberschreitenden Natur- und Umweltschutz ausgezeichnet und gewürdigt (siehe auch Kapitel 1.7.1).

1.6 Bundesprojekte

1.6.1 Naturschutzgroßprojekte – eine neue Dimension im saarländischen Naturschutz

Mit der Übernahme der Geschäftsführung des Naturschutzgroßvorhabens »Wolferskopf« ist die Naturlandstiftung Saar im Jahre 1989 in eine neue Dimension der Naturschutzarbeit im Saarland vorgestoßen. Naturschutzgroßprojekte sind Bundesförderprogramme, die 1979 vom Bundesministerium für Ernährung, Landwirtschaft und Forsten unter der Federführung des Bundesamtes für Naturschutz (BfN) eingerichtet wurden, um Gebiete mit nationaler Bedeutung für den Naturschutz zu sichern und nach Maßgabe von naturschutzfachlichen Zielen zu entwickeln. Gefördert werden nicht nur die Erhaltung von Naturlandschaften, sondern auch die Sicherung und Entwicklung von kulturhistorisch gewachsenen Landschaften mit schützenswerten Lebensräumen und Lebensgemeinschaften. 1989 wurde das Bundesprogramm um das Gewässerrandstreifenprogramm erweitert, dessen Ziel die Verbesserung der ökologischen Qualität der oberirdischen Gewässer ist.

Von den vier im Saarland realisierten Naturschutzgroßvorhaben hat die Naturlandstiftung Saar drei maßgeblich initiiert und ist an allen drei Projekten durch die Mitgliedschaft in den eigens zur Umsetzung dieser Projekte gegründeten Zweckverbänden direkt beteiligt: »Wolferskopf« bei Beckingen im Landkreis Merzig-Wadern (Förderphase von 1989 bis 1994), »Saar-Blies-Gau/Auf der Lohe« im Saarpfalz-Kreis (Förderphase von 1995 bis 2012) und »Gewässerrandstreifenprogramm Ill« in den Landkreisen Neunkirchen und

St. Wendel (Förderphase von 1992 bis 2005)[1]. Bei den Naturschutzgroßvorhaben »Wolferskopf« und »Saar-Blies-Gau/Auf der Lohe« hat die Stiftung die Geschäftsführung übernommen. Alle drei Zweckverbände werden auch nach Auslaufen der Förderphase weiter geführt und setzen sich für die Erhaltung und Entwicklung der Projektgebiete ein.

Im Rahmen dieser Naturschutzgroßprojekte wurden umfangreiche Pflege- und Entwicklungspläne erstellt, wurden 1.243 Hektar Flächen erworben, wurden zahlreiche Effizienzkontrollen und Untersuchungen durchgeführt und auf mehreren Hundert Hektar Pflegemaßnahmen (Erstpflege, Folgepflege, Instandsetzungspflege) umgesetzt. Die Eckdaten zu den drei Projekten befinden sich im Anhang 10.

Leitbild für die beiden Naturschutzgroßvorhaben »Wolferskopf« und »Saar-Blies-Gau/Auf der Lohe« war der Schutz, die Pflege und Entwicklung der alten, gewachsenen, vielfältig strukturierten und traditionell extensiv genutzten kleinbäuerlichen Kulturlandschaft mit dem Vorkommen zahlreicher seltener, gefährdeter und charakteristischer Pflanzen- und Tierarten. Insbesondere die orchideenreichen Halbtrockenrasen und buntblumigen Salbei-Glatthafer-Wiesen mit ihren Lebensgemeinschaften haben von den umgesetzten Maßnahmen profitiert.

In beiden Projektgebieten konnte ein Konsens zwischen Naturschutz und Landwirtschaft gefunden werden, der bis heute Bestand hat. So bewirtschaften zum Beispiel zwei Biolandbetriebe und Obstbauern im Nebenerwerb die Wiesen und Äcker im Wolferskopf-Gebiet. Die Pflege der Landschaft ist in eine ökologisch verträgliche, extensive Landwirtschaft integriert worden und kann unter dem Leitsatz »Natur schützen – Natur nützen« zusammengefasst werden.

Als Novum kann der Einsatz einer Mutterkuhherde mit Vogesen-Rindern als »tierische Landschaftspfleger« zur Offenhaltung der hochwertigen Wiesen im Naturschutzgebiet Wolferskopf betrachtet werden. Bei den Vogesen-Rindern handelt es sich um eine regionalspezifische Rasse aus den Vogesen, die für die Haltung auf den mageren Böden und Steilhanglagen besonders geeignet ist.

---

1 Bei dem vierten Naturschutzgroßvorhaben handelt es sich um die »Landschaft der Industriekultur Nord«. Projektträger: Lik.Nord, Zweckverband Landschaft der Industriekultur. Er besteht aus den Gebietskörperschaften der Städte Friedrichsthal und Neunkirchen, den Gemeinden Illingen, Merchweiler, Quierschied und Schiffweiler und der Industriekultur Saar GmbH (iks). Laufzeit: Förderphase I: 2009–2012, Förderphase II: 2012–2020.

Vogesen-Rinder auf dem Wolferskopf

Der behördliche und ehrenamtliche Naturschutz stand einer solchen Beweidung im Naturschutzgebiet zunächst ablehnend gegenüber. Denn »Natur schützen« und »Natur nützen« wurde als ein Gegensatzpaar betrachtet. Es musste viel Überzeugungsarbeit geleistet werden, um die entscheidenden Stellen dafür zu gewinnen, dass Naturschutz durch eine extensive Nutzung ein geeignetes Instrument zur Erhaltung der buntblumigen Wiesen sein kann. Und heute zeigt sich, dass sich der Einsatz für die Einführung einer solchen Beweidung für die Erhaltung der Wiesen gelohnt hat. Das Wolferskopf-Beweidungsprojekt kann somit als die erste extensive Großflächenbeweidung im Saarland angesehen werden, die aus Naturschutzgründen eingerichtet wurde. Weitere sollten folgen (siehe auch Kapitel »Beweidungsprojekte« in Kapitel 1.5.5).

Auf eine weitere Besonderheit möchte ich in diesem Zusammenhang ebenfalls hinweisen: Da es auf den hochliegenden Weiden kein natürliches Wasservorkommen gibt, wurde zur Wasser-Versorgung der Vogesen-Rinder ein hydraulischer Stoßheber – ein sogenannter Widder – installiert. Er fördert

Weinberg auf dem Kaninchenberg bei Reinheim

täglich bis zu 3.000 Liter Frischwasser von der Schlangenborn-Quelle in einen Hochbehälter, von wo es in die tiefer gelegenen Weiden abgeleitet wird – und zwar ohne fremde Energie, nur mit der Kraft des fließenden Wassers! Der Widder wurde von dem Franzosen Montgolfier bereits 1794 erfunden und war fast gänzlich in Vergessenheit geraten. Hier versorgt er die Weidetiere umweltfreundlich mit Wasser.

Die Zweckverbände der beiden Naturschutzgroßprojekte »Wolferskopf« und »Saar-Blies-Gau/Auf der Lohe« sind nicht nur für die Sicherung, Pflege und Entwicklung der Naturlandschaft eingetreten, sondern haben sich auch für die Erhaltung von Kulturlandschaftselementen wie alten Weinbergmauern, Wegekreuzen oder von alten Grenzsteinen eingesetzt.

Im Bliesgau und auf dem Wolferskopf wurden mehrere Weinberge als Zeugnisse früheren Weinanbaus angelegt, der nach jahrhundertelanger Tradition zu Beginn des 20. Jahrhundert fast verschwunden war. Der »Schauweinberg« auf dem Wolferskopf wird von der »Gesellschaft für Infrastruktur und

Das Kulturlandschaftszentrum »Haus Lochfeld« bei Wittersheim

Beschäftigung« GIB (ehemals BeQu = Beschäftigungs- und Qualifizierungsgesellschaft des Landkreises Merzig-Wadern mbH) betreut. Angebaut wird Riesling, Weißburgunder und Auxerrois. Die Weinberge im Bliesgau werden von dem sehr aktiven Verein der »Weinbaufreunde im Bliesgau« nach alter Methode biologisch bewirtschaftet. Mit dem »Reinheimer Trullo« und dem »Reinheimer Phönix« stehen gleich zwei trocken ausgebaute Weißweine zur Auswahl.

Auf dem Wolferskopf wurden steinerne Zeugen der Vergangenheit wieder zum Leben erweckt. Hier verlief im 18. Jahrhundert die Staatsgrenze zwischen dem Herzogtum Lothringen und dem Kurfürstentum Trier. Wuchtige Grenzsteine, die auf der trierischen Seite das kurtrierische Kreuz und auf der lothringischen Seite die Bourbonen-Lilie zeigen, markieren heute noch den alten Grenzverlauf. Um auf die historische Bedeutung dieser Steine aufmerksam zu machen, hat der Zweckverband »Naturschutzgebiet Wolferskopf« 1998 einen Grenzsteinweg angelegt.

Zwei Broschüren in deutscher und französischer Sprache sowie zehn Infotafeln am Wolferskopf informieren über die Pflanzen- und Tierwelt, den Streuobstanbau, die Funktionsweise des hydraulischen Stoßhebers, die Geologie, einen restaurierten Kalkbrennofen als Erinnerung an den früher hier wichtigen Erwerbszweig des Kalkbrennens, die Land- und Forstwirtschaft sowie den historischen Grenzsteinweg.

Bei Wittersheim im Saarpfalz-Kreis wurde 1999 vom Zweckverband »Saar-Blies-Gau/Auf der Lohe« das »Kulturlandschaftszentrum Haus Lochfeld« eingerichtet. Hier werden Zusammenhänge zwischen der Landschaft und ihrer vielfältigen Nutzung anschaulich dargestellt. In der Außenanlage wurden lehrbeispielhaft unter anderem ein Bauerngarten, Kräutergarten, Obstlehrgarten, Beerengarten und Schauweinberg angelegt und ein Schaubienenhaus aufgestellt. Es werden Informationsveranstaltungen, Seminare, praktische Lehrgänge rund um die Themenfelder Natur, Pflege der Landschaft und Kultur im Bliesgau angeboten. Durch die Nutzung regenerativer Energien, nachwachsender Rohstoffe und die Herstellung geschlossener Energie- und Stoffkreisläufe ist das Kulturlandschaftszentrum ein Lehrbeispiel für eine umweltfreundliche, nachhaltige Bewirtschaftung.

Übergeordnetes Leitbild für das »Gewässerrandstreifenprogramm ILL« war die Erhaltung und Wiederherstellung eines auf natürliche Weise stabilen und intakten Gewässersystems der ILL und ihrer Nebenbäche mit vielfältigen Lebensräumen für Pflanzen und Tiere der Fließgewässer und ihrer Auen. Für die Gewässer selbst wurden drei Haupt-Entwicklungsziele formuliert: eine gute bis sehr gute Gewässergüte herstellen, die Fließgewässer für alle Gewässerorganismen durchgängig machen und eine hohe Eigendynamik sowie Strukturvielfalt fördern. Die drei Hauptziele für die Auen waren: naturnahe Grundwasserstände schaffen, ein hohes Retentionspotential für Hochwasser bereit stellen und ein Mosaik aus naturnahen Waldbereichen, Sukzessionsflächen und extensiv genutztem Grünland entwickeln.

In 14 Jahren Projektlaufzeit wurden 341 biotoplenkende Maßnahmen zur Wiederherstellung der Durchgängigkeit der Fließgewässer und zur Förderung der eigendynamischen Prozesse umgesetzt. Als besonderer Erfolg kann die Wiederansiedlung des Bibers an der ILL angesehen werden, der durch die Aktivitäten des NABU Saarland seit 1994 im Saarland wieder heimisch

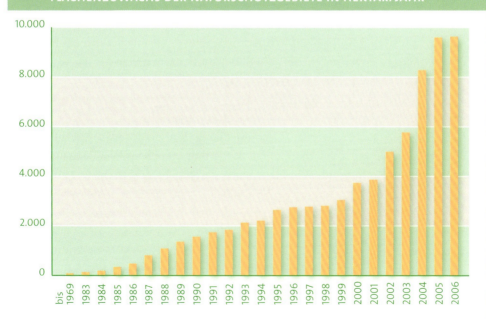

Abb.3: Entwicklung des jährlichen Flächenzuwachses der Naturschutzgebiete im Saarland

wurde. 2006 wurde im Illgebiet auf Initiative des Vereins Euro Nerz e.V. die Ansiedlung des europäischen Nerzes gestartet. Da es sich um das erste Wiederansiedlungsprojekt des Nerzes auf dem europäischen Festland handelt, kommt diesem Pilotprojekt eine besondere Bedeutung zu.

In den Zuwendungsbescheiden zu den Naturschutzgroßprojekten hat das Bundesamt für Naturschutz gefordert, dass die Projektgebiete im Hinblick auf die langfristige Sicherung und naturschutzgerechte Entwicklung als Naturschutzgebiete (NSG) ausgewiesen werden müssen. Betrachtet man den Flächenzuwachs der saarländischen Naturschutzgebiete in den vergangenen 10 Jahren, dann wird deutlich, dass durch die Ausweisung der Projektgebiete »Saar-Blies-Gau/Auf der Lohe« und »Illrenaturierung« als NSG die Naturschutzgebietsfläche im Saarland zwischen 2003 und 2005 sprunghaft angestiegen ist (siehe Abbildung 3). Die Stiftung bzw. die Zweckverbände der Naturschutzgroßprojekte haben somit wesentlich dazu beigetragen, den Anteil der nach dem saarländischen Naturschutzgesetz (SNG) per Rechtsverordnung besonders geschützten Gebiete von Natur und Landschaft deutlich zu erhöhen[2].

1.7 Europäische Projekte

1.7.1 Grenzüberschreitende Kooperation

Mit dem Ziel, die Zusammenarbeit im Natur- und Landschaftsschutz über die Grenzen hinweg auszubauen, haben die drei Naturschutzorganisationen Conservatoire des Sites Lorrains (Frankreich), die Stiftung Hëllef fir d'Natur (Luxemburg) und die Naturlandstiftung Saar im Jahr 2004 ein Kooperationsabkommen unterzeichnet. Was im praktischen Naturschutz bereits seit über einem Jahrzehnt hervorragend funktioniert hat, ist durch die Unterzeichnung des Abkommens somit festgeschrieben worden. Drei Jahre nach der Unterzeichnung dieses Abkommens sind 2007 mit der Stiftung Natur und Umwelt Rheinland-Pfalz (Deutschland) und Réserves Naturelles RNOB (NATAGORA, Belgien) zwei weitere Partner der Konvention beigetreten.

---

2   NSG »Wolferskopf« (340 Hektar), ausgewiesen am 21. August 1995; NSG »Südlicher Bliesgau/Auf der Lohe« (1.575 Hektar), ausgewiesen am 26. März 2004; NSG »Täler der ILL und ihre Nebenbäche« (1.045 Hektar), ausgewiesen am 1. Februar 2005.

Himmelblauer Bläuling   Heide-Grashüpfer

Zauneidechse   Weinbergschnecke

Gelbbauchunke   Goldener Scheckenfalter

Artenvielfalt der Pflanzen und Tiere in den Projektgebieten

Genfer Günsel

Feld-Mannstreu

Knollen-Platterbse

Gefranster Enzian

Gewöhnliche Kuhschelle

Wiesen-Tauben-Skabiose

»Wolferskopf« und »Saar-Blies-Gau/Auf der Lohe«

Die Unterzeichnung des Partnerabkommens am 29. November 2007 in Schengen. Von links nach rechts: Stefan Mörsdorf (NLS), Alain Salvi (Conservatoire des Sites Lorrains), Harry Mardulyn (Réserves Naturelles RNOB), Frantz Muller (Hëllef fir d'Natur), Paul Schminke (Stiftung Natur und Umwelt Rheinland-Pfalz)

Die Vertragsunterzeichnung fand im Europazentrum in Schengen statt. Gastredner war Jacques Santer, Präsident der Europäischen Kommission a.D. Das Abkommen gilt als Meilenstein für den Natur- und Landschaftsschutz in der Großregion Wallonie-Lothringen-Luxemburg-Rheinland-Pfalz-Saarland.

Die grenzüberschreitende Zusammenarbeit umfasst den Natur- und Landschaftsschutz, die Kulturlandschaftspflege sowie die gemeinsame Unterstützung und Begleitung wissenschaftlicher Studien, die Herausgabe von Publikationen und die Öffentlichkeitsarbeit. Die Kooperation erfolgt in Übereinstimmung mit den Statuten der fünf Vertragspartner und ihren jeweiligen Zielsetzungen.

Wesentlicher Bestandteil des gemeinsamen Abkommens ist der regelmäßige Erfahrungsaustausch. Dafür ist eine Koordinationsgruppe gegründet worden, die sich regelmäßig trifft und sich mit wichtigen Themen des grenzüberschreitenden Natur- und Landschaftsschutzes sowie der Kulturlandschaftspflege beschäftigt.

Aus der grenzüberschreitenden Kooperation sind eine Reihe von internationalen EU-Projekten hervorgegangen, meist unter Projekt-Trägerschaft der Naturlandstiftung Saar, zum Beispiel das Interreg-Projekt »Naturpark Dreiländereck«, das Life-Projekt »Erhaltung und Regeneration von Borstgrasrasen Mitteleuropas«, das Interreg-Projekt »Rheinnetz – Gemeinsam für den Rhein von Morgen« oder die »Kulturhauptstadt Europas 2007«. Sie werden nachfolgend im Einzelnen beschrieben.

1.7.2 Interreg II-Projekt »Naturpark Dreiländereck«

Naturschutz macht an Grenzen nicht halt. Deshalb arbeitet die Naturlandstiftung Saar seit Jahren erfolgreich mit ihren Partnerorganisationen Conservatoire des Sites Lorrains in Frankreich und Hëllef fir d'Natur in Luxemburg zusammen. Erstes konkretes Ergebnis dieser Zusammenarbeit war das mit EU-Mitteln geförderte Interreg –Projekt »Naturpark Dreiländereck« (Laufzeit: 1998 – 2000). Im Rahmen dieses Projektes wurde die Planung für die Obermosel im Dreiländereck Deutschland-Luxemburg-Frankreich grenzüberschreitend koordiniert. Im Auftrag der Naturlandstiftung Saar wurde ein Pflege- und Entwicklungsplan (PEPL) für das auf saarländischer Seite vorgesehene Naturschutzgebiet »Pferdemosel« erarbeitet. Dieser PEPL war die Grundlage für die Einleitung eines Raumordnungsverfahrens für das Vorhaben »Kiesabbau an der Obermosel«, für den landschaftspflegerischen Begleitplan sowie für die Verträglichkeitsprüfung des geplanten Kiesabbaus in der Moselaue zwischen Besch und Nennig nach der Europäischen Fauna-Flora-Habitatrichtlinie. Außerdem bildete der Pflege- und Entwicklungsplan die Basis für die Ausweisung des NATURA 2000-Gebietes »Moselaue bei Nennig«.

Als Beitrag zur Erhaltung unseres Naturerbes und als Grundlage für eine naturnahe Erholung wurden im Dreiländereck besonders wertvolle Lebensräume in Luxemburg, Lothringen und im Saarland als Kernzonen mit einer Gesamtfläche von knapp 600 Hektar geschützt und gepflegt. Der Fremdenverkehr wurde unter Berücksichtigung der Belange des Arten- und Biotopschutzes durch Ausweisung eines Wegenetzes, Errichtung von Lehrpfaden und Beobachtungsständen gefördert. Es wurden eine dreisprachige Broschüre erstellt, interaktive Informationssäulen gebaut sowie eine Wanderausstellung mit 12 thematisch verschiedenen Tafeln angefertigt, die in Rathäusern, Landratsämtern, auf Veranstaltungen und in Informationszentren ausgestellt wird. In allen drei Ländern wurden Führungen mit unterschiedlichen Themenschwerpunkten angeboten. Im Jahr 2000 fanden in den Projektgebieten deutsch-französische Wandertage für Schulklassen aus Frankreich, Luxemburg und Deutschland statt.

1.7.3 Interreg-Rhein-Maas-Aktionsprogramm IRMA: Hochwasserschutz in der Bliesaue

Vor dem Hintergrund der volkswirtschaftlichen Schäden der Jahrhundert-Hochwässer an Blies und Saar in den Jahren 1993 und 1995 haben die Naturlandstiftung Saar und die ÖFM 1999 im Rahmen des Interreg-Rhein-Maas-Aktionsprogramms (IRMA) ein EU-Projekt zum Hochwasserschutz in der Bliesaue gestartet. Das Projekt wurde 2002 abgeschlossen und war eingebettet in den saarländischen »Aktionsplan Hochwasserschutz«. Es wurde je zu einem Drittel von der Europäischen Union, dem Ministerium für Umwelt des Saarlandes und der ÖFM finanziert. Das IRMA-Projekt zielte darauf ab, durch Maßnahmen wie die Wiederbegründung von Auenwald und die Renaturierung ausgebauter Fließgewässerstrecken einen Beitrag zum Hochwasserschutz in der Bliesaue zu leisten und einen bedeutsamen ökologischen Lebensraum zu erhalten. Es mündete in die ersten konkreten Maßnahmen im Rahmen des Bliesauen-Projekts, das in Kapitel 1.5.1 schon vorgestellt wurde.

Das Gesamtprojekt gliederte sich in drei Teile: im landschaftspflegerischen Teil wurden zur Wiederbegründung von Auenwald in der Bliesaue 20.000 Gehölze auf vier Standorten in Lautzkirchen, Blickweiler, Gersheim und Habkirchen angepflanzt.

Im wasserbaulichen Teil wurden bei Lautzkirchen die letzten 250 Meter des Würzbaches in ein neues Bett verlegt. Dazu wurde eine alte Brücke über den Würzbach abgerissen und eine Furt angelegt. Entlang eines alten Blies-Altarms wurde ein zusätzliches Gerinne für den Würzbach gebaut. Diese Maßnahmen dienen vor allem dazu, die von Sommerhochwässern betroffenen Anlieger am Würzbach zu entlasten.

Im wasserwirtschaftlichen Teil wurden die durch die landschaftsplanerischen und wasserbaulichen Maßnahmen zu erwartenden Abflussminderungen der Hochwasserscheitel quantifiziert. Insgesamt haben die Maßnahmen ein zusätzliches Rückhaltevolumen von 100.000 Kubikmetern bei Hochwasserereignissen geschaffen.

Auwaldanpflanzung in der Bliesaue bei Habkirchen

Anlage einer Furt durch den Würzbach bei Lautzkirchen

1.7.4 Life-Projekte

Die Europäische Union hat zur Unterstützung des Schutzgebietsnetzes NATURA 2000 das Finanzierungsinstrument Life eingerichtet. Gefördert werden damit Projekte zur Erhaltung und Wiederherstellung von in Europa seltenen und gefährdeten Lebensräumen sowie Tier- und Pflanzenarten innerhalb der NATURA 2000-Schutzgebiete. Der Naturlandstiftung Saar ist es als Antragsteller und Projektträger gelungen, gegen die internationale Konkurrenz der 27 Mitgliedstaaten der Europäischen Union gleich zwei Life-Projekte ins Saarland zu holen: Ein Projekt zur »Wiederherstellung und zum Schutz Orchideenreicher Trockenrasen« und ein Projekt zur »Wiederherstellung und zum Schutz von Borstgrasrasen und Arnikawiesen«.

1.7.4.1 Life-Projekt »Regeneration und Erhaltung von Trockenrasen in Deutschland«

Kalk-Halbtrockenrasen (NATURA 2000-Code 6210) mit besonders orchideenreichen Beständen gehören gemäß der Fauna-Flora-Habitat-Richtlinie (92/43/EWG) zu den prioritären Lebensräumen in Europa und besitzen damit eine besondere Bedeutung für das europäische Naturerbe. Das Saarland hat mit seinen Vorkommen deshalb eine hohe Verantwortung für die Erhaltung und Wiederherstellung von orchideenreichen Trockenrasen.

Das Life-Projekt wurde 2001 von der Europäischen Kommission bewilligt und lief vom 1. April 2001 bis zum 31. März 2006. Träger des Projekts war die Naturlandstiftung Saar, die zuständig für die Umsetzung des Gesamtprojekts und der Maßnahmen im Saarland war. Projektpartner waren die Stiftung »Naturschutz Schleswig-Holstein«, die Maßnahmen in Schleswig-Holstein umgesetzt hat, sowie die ÖFM, die die Pflegemaßnahmen im Saarland ausgeführt hat.

Zur Vorbereitung des Projekts wurden vier Management- bzw. Pflegepläne erarbeitet. Damit das Projekt auf allen Flächen umgesetzt werden konnte, wurden im Saarland knapp 25 Hektar Flächen erworben. Im Rahmen des einmaligen Naturraum-Managements wurden in 13 saarländischen Projektgebieten 100 Hektar verbuschte Kalk-Halbtrockenrasen entbuscht sowie Hecken auf einer Länge von rund 9.700 Meter gepflegt. Dazu wurden Spezialmaschinen wie eine umgebaute Weinbergs-Raupe mit Mulcher für die Entbuschung in Steilhanglage, verschiedene Schlepper mit Forstfräsen und Forstmulcher für die Beseitigung der Gebüsche sowie eine hydraulische Baumschere mit 9 Meter langem Auslegearm für die Heckenpflege eingesetzt.

Im Rahmen des wiederkehrenden Naturraum-Managements wurden in den Projektgebieten im Saarland auf einer Fläche von 92 Hektar die entbuschten Flächen in zwei aufeinander folgenden Jahren gemulcht und so für eine nachfolgende extensive landwirtschaftliche Bewirtschaftung instand gesetzt.

Im Rahmen einer gezielten Öffentlichkeitsarbeit wurde die Bevölkerung für das europäische Naturerbe, das Life-Projekt »Trockenrasen« und NATURA 2000 sensibilisiert. Dazu wurden Faltblätter (16.000 Exemplare) für alle Projektgebiete und 11 Informationstafeln zur gezielten Besucherlenkung in den Gebieten hergestellt sowie Führungen veranstaltet. Außerdem wird das Projekt im Internet präsentiert *(www.life-trockenrasen.com)*. Ein internationaler Workshop hat die Auswirkungen der Mahd auf die Fauna und Flora der Kalk-Halbtrockenrasen beleuchtet. Zwischen Niedergailbach auf deutscher Seite und Obergailbach auf französischer Seite wurde ein grenzüberschreitender Wanderweg mit Infotafeln eingeweiht.

Das Life-Projekt hat dazu beigetragen, dass es im Sinne einer Netzwerk-Bildung zu einem regen Informationsaustausch zwischen Organisationen gekommen ist, die vergleichbare Life-Trockenrasen-Projekte umsetzen: in Deutschland mit der Stiftung Naturschutz Schleswig-Holstein und der Stiftung Natur und Umwelt Rheinland-Pfalz sowie mit Organisationen in Frankreich, Großbritannien und Belgien.

Erste Untersuchungen im Rahmen eines Monitorings haben gezeigt, dass die lebensraumtypischen Trockenrasen-Arten in die erstgepflegten und instand gesetzten Flächen wieder eingewandert sind und dass sowohl die Zahl der Orchideen-Arten als auch die Zahl der Orchideen-Individuen zugenommen hat. Als besonderer Erfolg kann festgestellt werden, dass sich im Projektgebiet »Umgebung Böckweiler« eine Population des weltweit gefährdeten Tagfalters Goldener Scheckenfalter (*Euphydryas aurinia*, eine FFH-Angang II-Art) auf den entbuschten Flächen neu etabliert hat.

Im Projektgebiet »Birzberg« wurde nach den umfangreichen Entbuschungsmaßnahmen im Jahr 2004 erstmals wieder nach 20 Jahren ein singendes Männchen der Heidelerche (*Lululla arborea*, Anhang I der Vogelschutzrichtlinie) festgestellt. Beide Neuansiedlungen gehen auf die Umsetzung der Maßnahmen im Rahmen des Life-Projektes »Trockenrasen« zurück.

Hundswurz

Bocks-Riemenzunge

Hummel-Ragwurz

Männliches Knabenkraut

Orchideen in den Schutzgebieten der NLS

Rotbraune Stendelwurz

Purpur-Knabenkraut

Brand-Knabenkraut

Breitblättriges Knabenkraut

1.7.4.2 Life-Projekt »Erhaltung und Regeneration von Borstgrasrasen Mitteleuropas«

Das von der EU-Kommission im Jahr 2006 bewilligte Life-Projekt »Erhaltung und Regeneration von Borstgrasrasen Mitteleuropas« wurde im September 2010 erfolgreich abgeschlossen. Es handelte sich um ein internationales Projekt unter der Projektträgerschaft der Naturlandstiftung Saar mit Teilnehmern aus Deutschland, Luxemburg und Belgien: die »Fondation Hëllef fir d'Natur« aus Luxemburg, die Naturschutzvereinigung »Réserves Naturelles RNOB« (Natagora) aus Belgien sowie die »Stiftung Natur und Umwelt Rheinland-Pfalz«, die »Naturforschende Gesellschaft des Saarlandes« (Delattinia) und die Naturlandstiftung Saar aus Deutschland.

Bis vor wenigen Jahrzehnten prägten Borstgrasrasen und Arnikawiesen auf den bodensauren Standorten in den Mittelgebirgslagen noch das Landschaftsbild, wie zum Beispiel in den Ardennen, dem Hunsrück, dem Westerwald oder der Eifel. Heutzutage ist eine landwirtschaftliche Nutzung dieser Flächen jedoch nicht mehr rentabel. Die Flächen fallen brach und wachsen mit Gebüschen zu. Viele Gebiete wurden auch mit Fichten aufgeforstet oder wurden intensiv aufgedüngt. Diese Änderungen der Landnutzung haben dazu geführt, dass die typischen und gefährdeten Pflanzen und Tiere der Borstgrasrasen um mehr als 95 Prozent zurückgegangen sind.

Ziel des Projekts war es, artenreiche Borstgrasrasen und Arnikawiesen in 34 Projektgebieten in Deutschland, Belgien und Luxemburg – davon 12 Gebiete im Saarland – wieder herzustellen und zu pflegen. Als Beitrag zur Erhaltung unseres europäischen Naturerbes sollten die Borstgrasrasen und Arnikawiesen in einen günstigen Erhaltungszustand überführt, die charakteristischen Pflanzen- und Tierarten gefördert sowie die Lebensräume über die Grenzen hinweg miteinander vernetzt werden.

In allen 34 Projektegebieten wurden Pflege- und Entwicklungskonzepte sowie Managementpläne erstellt, um die geeigneten Erhaltungsmaßnahmen parzellenscharf planen, optimieren und umsetzen zu können. Da die Erhaltung der Lebensräume eng an die Entwicklung einer naturverträglichen landwirtschaftlichen Nutzung gekoppelt ist, wurden Empfehlungen zur weiteren Nutzung (Mahd, Beweidung etc.) erarbeitet. In 18 Projektgebieten wurden über 85 Hektar Flächen erworben, davon 20 Hektar im Saarland. Dies war notwendig, um umfangreiche Rodungs- und Entbuschungs-Maßnahmen ausführen und um die Flächenentwicklung langfristig steuern zu können.

Viele Borstgrasrasen und Arnikawiesen sind infolge der Nutzungsaufgabe mit Schlehe, Weißdorn, Weiden, Birken und Pappeln verbuscht oder wurden mit Fichten aufgeforstet. Im Rahmen eines einmaligen Naturraum-Managements wurden auf 159 Hektar in 30 Projektgebieten deshalb die Gebüsche beseitigt und die Bäume gefällt. Das Baumholz wurde als Brennholz verkauft oder an Ort und Stelle mit einem Hacker zu Holzhackschnitzel für eine thermische Verwertung zerkleinert. Auf den Flächen, die nach Regeneration der Borstgrasrasen gemäht werden sollten, wurden die Baumstümpfe ebenerdig abgefräst. Die stark verfilzten und dicht mit Gräsern wie Pfeifengras und Rasenschmiele überwucherten Flächen wurden in 23 Projektgebieten auf über 126 Hektar gemulcht oder geplaggt (= Abtragen des durchwurzelten Oberbodens mit Bagger, Abschieben mit Pistenraupe oder Abtragen per Hand).

In 11 Projektgebieten wurden die Borstgrasrasen auf einer Länge von über 30 Kilometer für eine Beweidung mit Rindern und Schafen eingezäunt. Über 70 Hektar der gerodeten Flächen und Borstgrasrasen in schlechtem Erhaltungszustand wurden gezielt mit Material von artenreichen Borstgrasrasen, das in der näheren Umgebung des jeweiligen Projektgebiets gewonnen wurde, geimpft. In 13 Gebieten erfolgte die Übertragung des Materials entweder mit frischem Schnittgut, durch Heuballensaat, nach dem Heudruschverfahren oder durch Ausbringen von Samenmaterial.

Auf den frisch entbuschten und gerodeten Flächen kommt es regelmäßig zu Stockausschlägen von Schlehe, Weißdorn, Pappel oder Birke und zur Entwicklung von dichten Hochstaudenbeständen. Deshalb wurden über 230 Hektar in 26 Projektgebieten ein bis drei Jahre hintereinander gemulcht, um die Schösslinge nachhaltig zu beseitigen und die rasenartige Grasnarbe der Borstgrasrasen wieder herzustellen. Nach dieser sogenannten Instandsetzungspflege konnten die Flächen wieder mit herkömmlichen landwirtschaftlichen Maschinen extensiv bewirtschaftet werden.

Im Rahmen von Life-Projekten kommt der Öffentlichkeitsarbeit immer eine große Bedeutung zu. Eine dreisprachige Website (deutsch, englisch, französisch) informiert auf 60 Seiten über das Projekt, die Projektpartner, die Projektgebiete, die charakteristischen Lebensräume und Arten sowie die Maßnahmen. Im Service-Bereich können alle Produkte, wie zum Beispiel Managementpläne, Faltblätter, Broschüren, Vorträge und sonstige Berichte, herunter geladen werden: *www.life-arnika.eu*

Bei mehr als 50 Veranstaltungen, Vorträgen, Wanderungen mit Schulklassen und Führungen in die Projektgebiete mit mehreren Hundert Teilnehmern fand ein reger Erfahrungs- und Informationsaustausch zwischen der Bevölkerung vor Ort, Fachleuten und politischen Entscheidungsträgern statt.

In 18 Projektgebieten wurden insgesamt 53 Infotafeln errichtet (12 im Saarland) und 6 thematische Infowege (in Rheinland-Pfalz) angelegt. So kann sich jedermann individuell über das Projekt, den Lebensraum und die Tier- und Pflanzenarten informieren. Ein besonderes Erlebnis bietet das Geocaching (= eine Art moderner Schatzsuche) entlang des Rundwanderwegs der »Arnikaschleife« um die Burg Baldenau (Gemeinde Morbach im Hunsrück,). Über die Beantwortung von Fragen zum Life-Projekt Borstgrasrasen/Arnikawiesen gelangt man zu Koordinaten, die mit Hilfe eines GPS-Gerätes zu einem Cache (»Schatz«) führen. Das GPS-Gerät kann bei der örtlichen Tourist-Information gegen Pfand ausgeliehen werden. In dem Cache ist neben Infomaterial zum Projekt eine eigens für das Life-Projekt geschaffene Life-Münze deponiert, von der man eine mitnehmen darf. Das Ziel ist das Finden des Caches und der Inhalt des Schatzes dient als Anreiz dazu.

Im Rahmen des Life-Projekts wurde umfangreiches Infomaterial hergestellt: eine Broschüre zum Life-Projekt mit einer Auflage von 5.300 Exemplaren, 19 regionsspezifische Faltblätter (Auflage 37.000), ein Fotokalender (Auflage 14.000), Poster zur Flora und Fauna der Arnikawiesen (Auflage 25.000), drei Banner, ein Quartettspiel (Auflage 500) sowie ein Bestimmungsfaltblatt mit den wichtigsten Tier- und Pflanzenarten (Auflage 30.000).

Im Jahr 2009 fand in der Europäischen Akademie Otzenhausen im Nordsaarland ein internationaler Workshop mit 80 Teilnehmern aus Deutschland, Luxemburg, Frankreich, Belgien und Rumänien statt. Dabei wurden Erfahrungen zur Pflege, zum Monitoring, zur Erhaltung von Arten und zur Vermarktung von Produkten der Borstgrasrasen ausgetauscht. Die Vorträge können auf der Website des Projekts herunter geladen werden.

Außerdem wurde ein Leitfaden für Interessenten entwickelt, die sich einen Überblick über die Maßnahmen zur Erhaltung und Regeneration von Borstgrasrasen und Arnikawiesen in Mitteleuropa verschaffen wollen, die Renaturierungsmaßnahmen planen oder selbst Regenerierungsvorhaben realisieren

Arnikawiese im Projektgebiet »Otzenhausen«

Blutwurz

Sumpf-Läusekraut

Gewöhnlicher Teufelsabbiss

Berg-Wohlverleih

Lilagold-Feuerfalter

Hunds-Veilchen

Typische Arten der Borstgrasrasen in den Schutzgebieten der NLS

wollen. Ausgehend von den unterschiedlichen Ausgangsbedingungen in den 34 Projektgebieten und den eingesetzten Maßnahmen werden Empfehlungen für die Praxis gegeben. Auf der Website *www.life-arnika.eu* steht der Leitfaden zum Download bereit.

Das Life-Projekt »Borstgrasrasen/Arnikawiesen« hat einen signifikanten Beitrag zur Verbesserung der Lebensraumsituation und zur Wiederherstellung der Borstgrasrasen und Arnikawiesen in Mitteleuropa geleistet. Auf rund 300 Hektar konnte der Erhaltungszustand der Borstgrasrasen und Arnikawiesen verbessert werden. Sowohl die lebensraumtypischen Artengemeinschaften als auch die lebensraumtypische Struktur konnten im Sinne einer Erhöhung der Biodiversität gefördert werden. Bereits nach zwei Jahren haben sich erste lebensraumtypische Arten etabliert.

Die Kenntnis zur Regeneration und Pflege von Borstgrasrasen konnte durch das Sammeln von Erfahrungen bei der Umsetzung der Maßnahmen deutlich gesteigert werden. Auch wurden neue Kenntnisse bezüglich der Lebensraumansprüche der typischen Arten sowie ihrer Reaktion auf die Umsetzung der Maßnahmen gewonnen. Die Kohärenz der Borstgrasrasen sowohl innerhalb der drei Partnerländer Deutschland, Luxemburg und Belgien als auch zwischen den Ländern konnte durch Vernetzung der Lebensräume gesteigert werden.

Das Life-Projekt »Borstgrasrasen/Arnikawiesen« hat zur Sensibilisierung der Bevölkerung, zur Zusammenarbeit mit den Interessenvertretern vor Ort und zur Bildung einer transnationalen Partnerschaft der Projektbeteiligten beigetragen. Durch den Abschluss von Bewirtschaftungsverträgen mit Landwirten und privaten Nutzern vor Ort konnte die naturverträgliche Nutzung der Borstgrasrasen langfristig gesichert werden. Indem Landwirte, Landschafts- und Forstunternehmen sowie Firmen vor Ort eingebunden wurden, konnte eine Wertschöpfung in den strukturschwachen Regionen erzielt werden. Die Kooperation zwischen den Partnerorganisationen der drei beteiligten Länder stellt ein Meilenstein für den nichtstaatlichen grenzüberschreitenden Naturschutz in der Großregion dar.

1.7.5 Kulturhauptstadt Europas 2007

Im Jahr 2006 und 2007 hat die Naturlandstiftung unter der Projektträgerschaft der luxemburgischen Partnerstiftung Hëllef fir d'Natur das Projekt »Naturerlebnis ohne Grenzen« im Rahmen des Luxemburg-2007-Projektes »Europäische Kulturhauptstadt Luxemburg und Großregion« umgesetzt.

Das Dreiländereck Deutschland-Luxemburg-Frankreich verdankt sein typisches Landschaftsbild den geologischen Gegebenheiten beiderseits der Mosel. Das Gebiet ist nicht nur von politischer Bedeutung, sondern besitzt auch aus natur- und kultur-geographischer Sicht einen hohen Stellenwert. Für das Kulturjahr »Luxemburg und Großregion europäische Kulturhauptstadt 2007« wurde ein Führer »Kulturlandschaft und Geologie der Region Schengen« publiziert[3]. In dem geologischen Führer wurden Landschaftstypen abgeleitet und nach ökologischen und kulturgeographischen Themen charakterisiert. Darüber hinaus wurden einzelne Standorte im Dreiländereck detailliert dargestellt, im Saarland zum Beispiel der Steinbruch Sauzy in Nennig, der sich im Eigentum der Naturlandstiftung befindet. Die einzelnen Standorte im Grenzraum werden über ein länderübergreifendes Wanderrouten-Konzept miteinander vernetzt.

Im Steinbruch Sauzy bei Nennig, den die Naturlandstiftung Saar im Jahr 2002 erworben hat, wurden Strukturmaßnahmen durchgeführt. Nachdem die ÖFM in den Jahren 2003 und 2004 im Steinbruch die verwahrlosten Betriebseinrichtungen zurückgebaut und die Altlasten entsorgt hatte, wurde im Rahmen des Projekts »Natur erleben ohne Grenzen – Geologie und Landschaft im Dreiländereck« ein Nebengebäude renoviert und zu einem kleinen Besucherzentrum ausgebaut. Es wurde eine geologische Grundausrüstung mit Geologenhammer, Hammertaschen, Strichtafeln, Taschenhärteskala, Fäustel, Flachmeißel, Schutzhelm, Einschlaglupen, Präzisions-Höhenmesser, Feldbuchrahmen usw. für bis zu 20 Personen angeschafft. Außerdem befindet sich im kleinen Besucherzentrum ein großes geologisches Relief der gesamten Region im Dreiländereck. Die Naturwacht Saarland nutzt das Besucherzentrum mit seiner Ausrüstung als Ausgangspunkt für geologische und naturkundliche Führungen im Steinbruch.

1.7.6 Interreg III B NWE-Projekt »Rheinnetz« – gemeinsam für den Rhein von morgen

Das Interreg IIIB-Projekt »Rheinnetz – Gemeinsam für den Rhein von morgen« wurde 2001 gestartet. 2003 wurde die Naturlandstiftung Saar Hauptvertrags-

---

[3] Moes, G. & S. Müllenborn (2007): Kulturlandschaft und Geologie der Region Schengen. Landschaft sehen und verstehen. Fondation Hëllef fir d'Natur (Hrsg.)

Bergmolch im Schutzgebiet »Höllengraben« bei Homburg

partner und mit der Projektleitung beauftragt. 13 Partner aus fünf Ländern (D, F, L, B, NL) beteiligten sich an dem Projekt. Hauptziel des Rheinnetz-Projektes, das von 2001 bis 2008 lief, war die Umsetzung der Wasserrahmenrichtlinie unter Beteiligung der Öffentlichkeit. Die Projektinhalte lassen sich in vier Bausteine einteilen:

1. *Information und Sensibilisierung der Bevölkerung*

Dazu wurde 2004 ein Faltblatt »Rheinnetz – gemeinsam für den Rhein von morgen« in drei Sprachen hergestellt und der Kunst- und Poesiewettbewerb »Flüsse von Bildern – Ströme von Worten« an Schulen veranstaltet. Am 17. Juli 2005 fand der erste Flussbadetag (Big Jump) an der Saar bei Saarbrücken unter dem Motto »Schwimmen für lebendige Flüsse« statt. Der Big Jump ist ein europaweiter Flussbadetag, an dem zur gleichen Zeit viele Menschen an Europas Flüssen teilnehmen. Im Jahr 2005 beteiligten sich europaweit 250.000 Menschen in 22 Ländern an 31 Flüssen an der Aktion. Vom 7. bis 11. März 2008 tagte in Bonn im Rahmen des Rheinnetz-Projektes das »Parlament der Jugend für den Rhein von morgen«. 55 Jugendliche im Alter von 15 bis 22 Jahren aus dem Einzugsgebiet des Rheins aus Deutschland, Frankreich, der Schweiz, den Niederlanden und aus Luxemburg beschäftigten sich fünf Tage lang mit dem Thema Wasser.

2. *Verbreitung der Projektergebnisse*

Das Projekt wurde im Internet unter *www.rheinnetz.net* vorgestellt. Eine Wanderausstellung wurde konzipiert und ein Leitfaden[4] zur Bürgerbeteiligung veröffentlicht.

3. *Beratung der Projektbeteiligten und der Bevölkerung*

In regelmäßigen Partner-Treffen wurden die Ergebnisse ausgetauscht und das weitere Vorgehen koordiniert. Am 3. Juni 2004 fand in Eppelborn für Behörden, Verbände und die Öffentlichkeit eine Informationsveranstaltung zum Thema »Umsetzung der Wasserrahmenrichtlinie (WRRL) im Saarland« statt. Im ersten Teil der Tagung wurden der Status Quo und die bisherigen Arbeiten zur Umsetzung der WRRL im Saarland vorgestellt. Der zweite Teil zeigte anhand von Beispielen auf, wie die WRRL umgesetzt werden kann.

---

4 RHEINNETZ (2008): Leitfaden Bürgerbeteiligung gemäß Artikel 14 der EG Wasserrahmenrichtlinie. Erfahrungsbericht des RheinNetzprojektes

4. Fallstudien und Machbarkeitsstudien

Auf einem ehemaligen Standort der Völklinger Hütte bei Hostenbach hat die ÖFM auf einer Fläche von 4 Hektar eine circa 4,5 Meter hohe alte Aufschüttungsfläche abgetragen und das ursprüngliche Auenniveau wieder hergestellt. Dazu wurden rund 100.000 Kubikmeter Erdmassen abtransportiert – ein in dieser Größenordnung im Saarland einmaliges Vorhaben. Dadurch hat sich das Retentionspotential der Saaraue bei Hochwasser um 100.000 Kubikmeter erhöht (siehe auch Kapitel 2.3.2). Durch den Einbau von zwei Durchlässen zur Saar werden auendynamische Prozesse wie Überflutung, Trockenfallen und Vernässung mit den damit verbundenen Sukzessionsstadien wieder möglich. Außerdem wurden zwei Machbarkeitsstudien zu den Themen »Baden in der Saar« und »Potentielle Rückbau-Maßnahmen in der Saaraue« erstellt.

In seinem Geleitwort zum Leitfaden bescheinigt der Initiator der EG-Wasserrahmenrichtlinie der Europäischen Kommission, Helmut Blöch, dem »Rheinnetz-Projekt« »eine umfassende Bürgerbeteiligung ... über die Verwaltungs- und Staatsgrenzen hinweg«. Die am »Rheinnetz« beteiligten Umweltverbände, Ministerien und Behörden hätten eine »wegweisende Arbeit bei der Wahrnehmung der Chancen und Potentiale der Bürgerbeteiligung« im Sinne von Art. 14 der EG-Wasserrahmenrichtlinie geleistet.

1.8 Bilanz

Die zahlreichen Projekte und Maßnahmen der Naturlandstiftung Saar und ihre Tochtergesellschaft ÖFM in den letzten 35 Jahren sind im Rahmen von Fallstudien, die im Wesentlichen Dr. Harald Schreiber von der »Delattinia« betreut hat, Gutachten, Pflege- und Entwicklungsplänen sowie eigenen Kartierungen vor Ort erfasst, analysiert und bewertet worden (Gesamtverzeichnis siehe Anhang 14). Einen ersten Überblick über die Aktivitäten und das Erreichte hat das von der Stiftung herausgegebene Buch zu ihrem 25-jährigen Jubiläum »Die Naturlandstiftung Saar – 25 Jahre angewandter Naturschutz – eine Bilanz«[5] vermittelt.

---

5   Die Naturlandstiftung Saar (2001). 25 Jahre angewandter Naturschutz – eine Bilanz. Eigenverlag, Eppelborn, 180 S.

Nach 35 Jahren Stiftungsarbeit kann schlaglichtartig folgendes Resümee gezogen werden:

- Im Schnitt kommen rund 75 Prozent der saarlandweit nachgewiesenen Vögel, Lurche, Kriechtiere, Heuschrecken, Libellen, Tagfalter, Gefäßpflanzen, Lebensraumtypen und Vegetationstypen auf den Eigentumsflächen der Stiftung vor und können geschützt werden.
- Im Schnitt kommen rund 60 Prozent der im Saarland in ihrem Bestand bedrohten Pflanzen- und Tierarten sowie Vegetationstypen auf den Eigentumsflächen der Stiftung vor.
- Von den Pflanzen- und Tierarten, für die das Saarland nach der Biodiversitätsstrategie aus biogeografischer Sicht eine hohe bis sehr hohe Verantwortung trägt, werden knapp über 50 Prozent auf den Flächen der Stiftung geschützt, gepflegt und gefördert.
- Von den Pflanzen- und Tierarten, für die das Saarland eine besondere biogeografische Verantwortung trägt und für die prioritärer Handlungsbedarf im Sinne der saarländischen Biodiversitätsstrategie besteht, wie z.B. die Arnika oder die Küchenschelle, werden knapp 70 Prozent durch Tätigkeiten der Naturlandstiftung Saar und ihrer Tochtergesellschaften geschützt, gepflegt und gefördert.
- Über 70 Prozent der Schutzgebiete der Naturlandstiftung Saar liegen in FFH-Gebieten.
- Knapp 50 Prozent der Schutzgebiete der Naturlandstiftung Saar liegen in Naturschutzgebieten.
- In den Schutzgebieten der Naturlandstiftung Saar kommen rund 80 Prozent der nach § 22 SNG gesetzlich geschützten Biotope vor.
- Durch die Umsetzung von Bundes- und EU-Projekten in Projektträgerschaft der Naturlandstiftung Saar werden zahlreiche Lebensraumtypen und Arten der Anhänge der FFH-Richtlinie und der Vogelschutzrichtlinie geschützt, gepflegt und gefördert. Von den 32 in Anhang I der FFH-Richtlinie im Saarland vorkommenden Lebensraumtypen sind 20 (= 62,5 Prozent) in Schutzgebieten der Stiftung vertreten. Von den 50 in Anhang II der FFH-Richtlinie und Anhang I der Vogelschutzrichtlinie im Saarland nachgewiesenen Arten kommen 24 (= 48 Prozent) in den Schutzgebieten der Naturlandstiftung Saar vor.

- Die Schutzgebiete der Naturlandstiftung Saar sind mit den Naturschutzgebieten und NATURA 2000-Gebieten sowie Vogelschutzgebieten wesentliche Bausteine eines landesweiten Biotopverbundsystems.
- Die Eigentumsflächen der Naturlandstiftung Saar und der ÖFM tragen zur Leistungsfähigkeit des Naturhaushalts und der Naturgüter Wasser Boden und Luft nachhaltig bei durch die Entwicklung von Auenwald in Überschwemmungsgebieten, durch den Schutz von Feuchtgebieten und der Saar-Altarme, durch die Umwandlung von Äcker in Grünland in Flussauen oder durch die Entwicklung von Hecken und Gebüschen als Immissionsschutz entlang von landwirtschaftlichen Nutzflächen.
- Durch die Umsetzung von zahlreichen Bundes- und EU-Projekten in Projektträgerschaft der NLS kommen umfangreiche Finanzmittel aus Bundes- und EU-Fördertöpfen dem Naturschutz im Saarland zugute, die ohne Umsetzung der entsprechenden Projekte durch die Stiftung nicht ins Saarland geflossen wären: über 20 Mio. Euro Bundeszuschüsse, rund 3,5 Mio. Euro EU-Zuschüsse!
- Als älteste Naturschutzstiftung in Deutschland hat die Naturlandstiftung Saar bundesweit eine Vorreiter- und Vorbildfunktion, an der sich die Naturschutzstiftungen der anderen Bundesländer gerne orientieren.

Im Rahmen einer bundesweiten Untersuchung des Biodiversitätsschutzes hat das Saarland im Vergleich mit den anderen Bundesländern relativ gut abgeschnitten. In einer gemeinsamen Presseerklärung[6] der beiden Umweltverbände NABU und BUND wird dabei auch der Beitrag der Naturlandstiftung zu diesem guten Ergebnis gewürdigt. Dort heißt es: »*Wir freuen uns natürlich über das saarländische Ergebnis bei diesem Länderranking, zeigt es doch, dass der Naturschutz einen gewissen Stellenwert in Politik und Gesellschaft erreicht hat. Und es ist auch als kleiner Teilerfolg der Vorgängerregierung und den Aktivitäten der beiden Naturschutzverbände sowie der Naturlandstiftung zu bewerten*«.

---

6 18. Februar 2010: Gemeinsame Presseerklärung BUND & NABU: BUND und NABU bewerten Biodiversitätsschutz in Deutschland.

2. Die Naturland Ökoflächen-Management GmbH (ÖFM)

2.1 Gründung der ÖFM

Die Naturlandstiftung Saar hat 1998 die Naturland Ökoflächen-Management (ÖFM) als 100-prozentige Tochter gegründet, um die Chancen des am 1. Januar 1998 vom Ministerium für Umwelt erlassenen Ökokontos nutzen zu können. Bis dahin mussten unvermeidbare Eingriffe in Natur und Landschaft, wie zum Beispiel der Bau einer Straße oder die Erschließung eines Gewerbegebietes, vom Verursacher des Eingriffs im räumlichen und zeitlichen Zusammenhang mit dem Eingriff kompensiert werden. Weil aber der Raum bzw. die Fläche begrenzt ist, lassen sich solche Eingriffe in die Natur und Landschaft in vielen Fällen nicht an Ort und Stelle ausgleichen.

Das Ökokonto erlaubt es nun, Maßnahmen des Naturschutzes vollkommen losgelöst von einem konkreten Eingriff planen und im Voraus umsetzen zu können. Diese Naturschutz-Maßnahmen können dann später dazu verwendet werden, um Eingriffsvorhaben zu kompensieren.

Für die Naturlandstiftung bzw. die ÖFM eröffnete sich damit ein weites Betätigungsfeld, indem sie Flächen von geringer naturschutzfachlicher Wertigkeit durch geeignete Maßnahmen in einen naturnäheren Zustand überführt und damit ökologisch aufwertet. Zum Beispiel, indem versiegelte Flächen zurückgebaut und revitalisiert werden, indem ausgebaute Fließgewässer renaturiert werden, indem Hecken in ausgeräumten Agrarlandschaften wieder angepflanzt werden oder indem gezielt für bedrohte Tier- und Pflanzenarten geeignete Lebensräume geschaffen werden.

Die ÖFM führt solche Maßnahmen im Rahmen der Ökokonto-Regelung auf Vorrat durch und finanziert sie vor. Für jede ökologische Vorleistung werden ihr auf dem so genannten »Ökokonto« entsprechend Punkte (= Ökologische Werteinheiten) gutgeschrieben. Verursacher von Eingriffen in Natur und Landschaft, zum Beispiel im Zusammenhang mit Baumaßnahmen, können dann die Punkte von der ÖFM zu Marktpreisen erwerben und somit ihren eigenen Eingriff kompensieren.

Die Vorteile dieses neuen Naturschutzinstruments liegen auf der Hand: Der Eingreifer spart durch den Erwerb der »Ökopunkte« Zeit, da er die notwendige Kompensation für seinen Eingriff zeitgleich mit dem Baubeginn vollziehen kann und er erlangt Planungs- und Vollzugssicherheit. Die Natur gewinnt, weil sie durch die Maßnahmen wieder biologisch leistungsfähiger wird. Außerdem sind mit dem Ökokonto auch großflächige Maßnahmen möglich wie die Anlage von Biotopverbundsystemen über mehrere Gemarkungen oder die komplette Renaturierung von Fließgewässern. Natur, Umwelt und Mensch profitieren von der Ökokonto-Regelung also gleichermaßen, ein klassischer »Win-Win-Effekt«.

2.2   Gesellschaftsrechtliche Grundlagen

Die ÖFM wurde 1998 als gemeinnützige Gesellschaft (gGmbH) gegründet. Im Jahr 2005 wurde sie in eine GmbH umgewandelt.

Gegenstand der ÖFM ist die Förderung der Allgemeinheit auf dem Gebiet des Natur- und Umweltschutzes. Dieser Zweck wird insbesondere verwirklicht durch den Aufbau eines Flächenpools, die ökologische Aufwertung der erworbenen Flächen, die Vermittlung und Koordinierung von Kompensationsprojekten, die Unterhaltung und Pflege ökologisch wertvoller Flächen, die Übernahme bodenordnender Maßnahmen sowie die Entwicklung und Realisierung des Landschaftsparks Imsbach (siehe Kapitel 1.5.4 »Landschaftspark und Hofgut Imsbach«). Die Gesellschaft entscheidet frei darüber, welche der vorgenannten Maßnahmen realisiert werden.

Zu den neueren Geschäftsbereichen zählen die Aktivitäten im Bereich der Erneuerbaren Energien wie Biomasseproduktion, Fotovoltaik und Windkraft.

Die ÖFM setzt sich aus drei Organen zusammen: der Gesellschafterversammlung, dem Geschäftsführer und dem Aufsichtsrat. Die Gesellschaftsversammlung beschießt über die ihr nach dem Gesetz zur Beschlussfassung zugewiesenen Gegenstände, soweit nicht der Aufsichtsrat hierüber zu beschließen hat. Alleiniger Gesellschafter ist die Naturlandstiftung Saar.

Der Geschäftsführer leitet die Geschäfte der ÖFM. Er wird auf die Dauer von fünf Jahren vom Aufsichtsrat bestellt.

Der Aufsichtsrat setzt sich aus sieben Mitgliedern zusammen: dem Vorsitzenden der Naturlandstiftung oder einer von ihm entsandten Persönlichkeit, einem Vertreter des NABU, einem Vertreter des BUND (zwischenzeitlich ausgeschieden) sowie von fünf Vertretern des Stiftungsrats.

Gegenwärtig gehören dem Aufsichtsrat die Landesentwicklungsgesellschaft Saarland mbH (LEG Saar), der NABU Landesverband Saar, der Fischereiverband Saar, die Vereinigung der Jäger des Saarlandes, der Verband der Gartenbauvereine Saarland/Rheinland-Pfalz sowie der Neunkircher Zoologische Garten an. Vorsitzender des Aufsichtsrats ist Reinhold Jäger von der LEG Saar.

Der Aufsichtsrat hat die Aufgabe, die Tätigkeit der Geschäftsführung zu unterstützen und zu überwachen.

Die Mitglieder des Aufsichtsrats sind in ihrer Funktion ehrenamtlich tätig.

2.3 Die Aktivitäten der ÖFM

Die ÖFM ist einer der ersten Servicedienstleister Deutschlands im Rahmen der Ökokontoregelung. Bisher hat die Gesellschaft rund 200 Projekte und Maßnahmen im Saarland für Ver- und Entsorgungsbetriebe, Verkehrsunternehmen, Städte und Gemeinden, Banken, mittelständische Unternehmen und private Vorhabenträger umgesetzt (siehe Anhang 17 »Maßnahmenkarte der ÖFM«).

Die Projekte der ÖFM lassen sich in sechs programmatische Aufgabenfelder aufgliedern: Flächenprogramm, Auenprogramm, Rückbauprogramm, Agrarflächenprogramm, Erneuerbare-Energien-Programm und Nachhaltigkeitsprogramm. Die Maßnahmen, die im Rahmen dieser Programme bisher umgesetzt wurden, werden im Folgenden zusammenfassend vorgestellt.

2.3.1 Flächenprogramm

Die ÖFM hat in allen Landkreisen des Saarlandes und dem Stadtverband Saarbrücken bisher knapp 930 Hektar Flächen in 113 von 404 Gemarkungen im Saarland und einer Gemarkung in Rheinland-Pfalz erworben (Liste siehe Anhang 9). In diesem Flächenpool sind alle Flächen zusammengefasst, die entweder für Kompensationsmaßnahmen geeignet sind (Flächenbevorratung) oder auf denen schon Kompensationsmaßnahmen durchgeführt wurden (Maßnahmenbevorratung). Die ÖFM ist somit in der Lage, landesweit für Eingreifer Kompensationsmaßnahmen anbieten zu können.

2.3.2 Auenprogramm

Mit den jährlichen Überschwemmungen an Saar, Mosel, Rhein und ihren Nebengewässern und den durch sie verursachten volkswirtschaftlichen Schäden wird immer wieder in das Bewusstsein gerückt, wie wichtig und notwendig vorbeugende Hochwasser-Schutzmaßnahmen sind. Hochwasser ist zwar ein natürliches, immer wiederkehrendes Naturereignis. Jedoch der Mensch hat in den Flussauen die Fähigkeit des Bodens und der Vegetation zur Wasserspeicherung durch Flächenversiegelung, Gewässerausbau, Ackernutzung und Waldrodung stark herabgesetzt. Dadurch hat sich das Abflussverhalten vor allem hinsichtlich der Höhe und Geschwindigkeit der Hochwasserwelle verändert. Je geringer das Speichervermögen in den Auen der Flüsse und Bäche ist, desto rascher steigt das Hochwasser an. Niederschläge, die vor der Besiedlung und Umwandlung der Auen und Talniederungen durch den Menschen weniger dramatisch waren, entwickeln sich deshalb heute schnell zu Katastrophenhochwässern. Letztlich ist es der Mensch, der für die Schäden verantwortlich ist.

Seit Jahren setzen sich deshalb die Naturlandstiftung und ihre Tochtergesellschaft ÖFM dafür ein, durch geeignete Maßnahmen in den Auen und Überschwemmungsgebieten die Hochwassergefahren zu reduzieren oder abzuwehren, indem sie Fließgewässer renaturieren, Flächen entsiegeln, Auenwald anpflanzen oder Ackerflächen in Grünland umwandeln.

Bereits 1999 hat die Naturlandstiftung Saar in der Bliesaue zwischen Lautzkirchen und Habkirchen auf einer Fläche von 120.000 Quadratmetern rund 20.000 Gehölze gepflanzt, um den standortgerechten Auenwald wieder zu begründen (siehe IRMA-Projekt in Kapitel 1.7.3). Auenwald hält das Wasser länger in der Fläche zurück und verzögert und dämpft so die Abflussspitzen bei Hochwasser. Weitere Projekte zur Entwicklung von Auenwald wurden an der Oster bei Fürth, an der Leuk bei der Haselmühle, in der Saaraue an der Staustufe Rehlingen, an der Blies in der ehemaligen Tongrube Niederbexbach und in dem Quellbereich des Oligbachs bei Gerlfangen umgesetzt.

Im Rahmen von wasserbaulichen Maßnahmen wurde bei Lautzkirchen der Würzbach vor seiner Mündung in die Blies in ein neues Bett verlegt, wurde eine alte Brücke abgerissen und wurden Flutmulden und eine Furt durch den Würzbach angelegt. Insgesamt wurde so in der Bliesaue ein Wasser-Rückhaltevermögen von rund 100.000 Kubikmetern geschaffen. Die Stiftung und die ÖFM haben in den letzten 20 Jahren rund 100 Hektar Flächen in der Bliesaue erworben, um Gewässerrandstreifen zu entwickeln, Ackerland in extensiv genutzte Wiesen und Intensivgrünland in Auenwald umzuwandeln.

Bei gleich mehreren Renaturierungs-Projekten der ÖFM in der Saaraue zwischen Wadgassen und Hostenbach wurden auf rund 100.000 Quadratmetern künstliche Aufschüttungen abgetragen, um die auendynamischen Prozesse wie Überflutung, Trockenfallen und Vernässung wieder zu ermöglichen. Damit wurde neuer Retentionsraum mit einem Volumen von 150.000 Kubikmeter geschaffen, eine im Saarland in dieser Dimension einmalige Maßnahme.

An der Wackenmühle und Hetschermühle in der Niedaue wurden zwei Campingplätze mit zahlreichen zubetonierten Stellplätzen und Gebäuden beseitigt. Auf einer Fläche von 10 Hektar wurden etliche Tonnen Beton abtransportiert und der Boden entsiegelt, damit sich die Aue wieder frei entwickeln und ihr Retentionspotential voll ausschöpfen kann.

Auch in den Oberläufen der Nebenbäche von Mosel, Saar, Blies, Prims und Nied wurden Maßnahmen ergriffen, um die Hochwassersituation in den Unterläufen zu entschärfen. Die ausgebaute und kanalisierte Leuk bei Borg und die Nahe zwischen Neunkirchen und Gonnesweiler wurden auf einer Länge von rund 1,5 Kilometer durch Schaffung von Gewässerrandstreifen, Zulassen eigendynamischer Prozesse und Entwicklung bachbegleitender Gehölze und Auenwald renaturiert. Am Losheimer Bach bei Nunkirchen wurden 15.000 Kubikmeter Aufschüttungsflächen abgegraben und Gräben sowie Flachwassermulden wieder aktiviert, so dass dort ein Hochwasserrückhaltevolumen von

Durch Anlage von Mäandern und Auszäunung der ehemals begradigten Leuk hat sich eine vielfältige Uferstruktur entwickelt.

insgesamt rund 30.000 Kubikmeter geschaffen wurde. Im Rahmen der Umsetzung der Illrenaturierung wurden vom Zweckverband fast 350 Einzelmaßnahmen zur Optimierung der ILL, ihrer Nebenbäche und der Umgebung umgesetzt.

Die ÖFM hat rund ein Dutzend Teichanlagen im Hauptschluss kleiner Fließgewässer zurückgebaut oder optimiert, indem Bauwerke – meist Wochenendhäuser – abgerissen und die zubetonierten Flächen entsiegelt wurden (siehe Rückbauprogramm in Kapitel 2.3.3).

2011 hat die ÖFM an sechs Fließgewässern im Saarland (Nahe, Gliederbach bei Faha, Kondeler Bach und Mühlenbach bei Beckingen, Gombach bei Oberthal und Freisbach zwischen Freisen und Nohfelden) mit der Renaturierung von verbauten Abschnitten begonnen. Das Land hat dazu Zuwendungen aus Mitteln zur Förderung von Maßnahmen des naturgemäßen Wasserbaus und der Gewässerentwicklung gewährt. Im Rahmen eines ganzen Bündels von Maßnahmen werden Verrohrungen entfernt, wird die Gewässersohle aufgeweitet, werden zur Herstellung der Durchgängigkeit der Fließgewässer bauliche Hindernisse wie alte Wehre beseitigt, werden die Ufer naturnah modelliert, werden Teichanlagen im Hauptschluss der Gewässer in den Nebenschluss gelegt, und es werden Gewässerrandstreifen, gewässerbegleitende Gehölze und Auenwald entwickelt.

Die Naturlandstiftung und ihre Tochtergesellschaft ÖFM leisten durch diese vielfältigen Maßnahmen des naturgemäßen Wasserbaus und der Gewässerentwicklung seit zwei Jahrzehnten wertvolle Arbeit zu einem nachhaltigen Hochwasserschutz und tragen zur Umsetzung der Europäischen Wasserrahmenrichtlinie[7] (WRRL) im Saarland bei. Nach der WRRL sollen bis 2015 für die Oberflächengewässer und das Grundwasser ein guter ökologischer Zustand, ein guter chemischer Zustand und ein guter mengenmäßiger Zustand erreicht werden. Jede einzelne wasserwirtschaftliche Maßnahme ist zwar ein kleiner, aber sehr wichtiger Mosaikstein, um unsere Gewässer naturnah zu entwickeln, die Biodiversität zu erhöhen, die Nährstoffeinträge zu reduzieren und den Wasserrückhalt in der Landschaft im Sinne eines vorbeugenden Hochwasserschutzes zu verbessern.

2.3.3 Rückbauprogramm

Täglich werden sowohl in der freien Landschaft als auch innerorts Flächen für Siedlung und Verkehr beansprucht. Durch den damit verbunden Flächenverbrauch und die Versiegelung des Bodens gehen natürliche Bodenfunktionen, gehen fruchtbare landwirtschaftliche Flächen, aber auch Naturflächen mit ihrer Artenvielfalt verloren. Für die meisten Pflanzen- und Tierarten bedeutet der Landschaftsverbrauch auch eine Zerschneidung der freien Landschaft, die zu einer Verinselung ihrer Lebensräume und Populationen führt mit der Folge, dass die Bestände der Tier- und Pflanzenarten immer mehr zurückgehen (siehe auch Kapitel 2.3.4 »Agrarflächenprogramm«). Der Flächenverbrauch steht als Schlüsselindikator für den unwiederbringlichen Verlust an Böden und Freiflächen.

Während deutschlandweit der Flächenverbrauch seit 2004 kontinuierlich abnimmt, ist er im Saarland von 0,5 Hektar pro Tag im Jahr 2008 auf knapp

---

[7] Richtlinie 2000/60/EG des Europäischen Parlaments und des Rates vom 23. Oktober 2000 zur Schaffung eines Ordnungsrahmens für Maßnahmen der Gemeinschaft im Bereich der Wasserpolitik

über 1 Hektar pro Tag[8] (!) im Jahr 2010 angestiegen (siehe Abbildung 4). Im Saarland wurden so allein im Jahr 2010 insgesamt 3,6554 Quadratkilometer Grundflächen für Siedlungs- und Verkehrsflächen verbraucht. Von dem Leitziel der Saarland-Agenda[9], den mittleren Jahreszuwachs auf 0,5 Hektar pro Tag zu begrenzen, sind wir noch weit entfernt.

Andererseits fallen aber durch den demografischen Wandel und durch gesellschaftliche Veränderungen immer mehr nicht mehr benötigte bauliche Anlagen in der freien Landschaft wie aufgegebene Aussiedlerhöfe, Campingplätze, Wochenendhäuser oder auch Wege und Straßen an. Hier eröffnet sich die Chance, durch Rückbau dieser Anlagen naturnahe Räume wieder zurückzugewinnen und die Zerschneidung der freien Landschaft zumindest teilweise wieder rückgängig zu machen.

Auf Anregung von Dr. Rainer Wicklmayr, Ehrenvorsitzender der Naturlandstiftung, wurde der § 6 (= Schutz unzerschnittener Räume) des Saarländischen Naturschutzgesetzes (SNG) ergänzt. In § 6 Absatz (3) wird verordnet, dass alle zuständigen Stellen darauf hinzuwirken haben, »unzerschnittene Räume durch den Rückbau nicht notwendiger Landschaft zerschneidender Anlagen wieder herzustellen.« Um die Umsetzung dieses Paragrafen wirtschaftlich attraktiv zu machen, hat das Ministerium für Umwelt das Förderprogramm LENA erlassen, das im nächsten Kapitel vorgestellt wird.

Die ÖFM hat in den vergangenen Jahren eine ganze Reihe von Rückbaumaßnahmen umgesetzt. Auf insgesamt 15 Hektar wurden folgende Anlagen zurückgebaut, rekultiviert oder renaturiert: zwei Campingplätze, zwei Wochenendgrundstücke, zwei Aussiedlerhöfe (siehe Kapitel 2.3.3.1), rund ein Dutzend Teichanlagen mitsamt den baulichen Anlagen, die Betriebsgebäude von drei Industriebrachen sowie eines aufgelassenen Steinbruchs, die Gebäude in einem ehemaligen Wildgehege und mehrere Gebäude von Höfen im Außenbereich sowie landschaftsfremde Elemente (siehe Anhang 11 »Liste der Rückbauprojekte«).

---

8   Arbeitskreis Umweltökonomische Gesamtrechnungen der Länder im Auftrag der statistischen Ämter der Länder (Hrsg.) (2011): Inanspruchnahme der Umwelt durch Produktion und Konsum in den Bundesländern. Ausgewählte Indikatoren und Kennzahlen (http://www.ugrdl.de/)
9   Saarland-Agenda 21, Kapitel 3: Leitziele, abgerufen am 11. Januar 2012 unter http://www.saarland.de/62997.htm

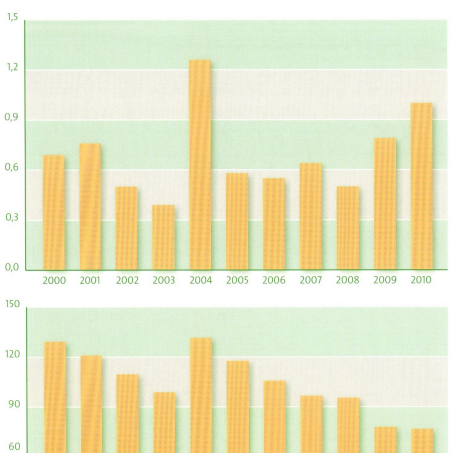

Abb.4: Entwicklung des täglichen Flächenverbrauchs in Hektar im Saarland (oben) und in Deutschland (unten) in den Jahren 2000 bis 2010

Die ÖFM hat somit einen wertvollen Beitrag dazu geleistet, die negative Flächenbilanz beim Flächenverbrauch im Saarland abzumildern. Da die unzersiedelte, unbebaute und unzerschnittene Fläche eine begrenzte Ressource ist, muss mit dem Grund und Boden effizient umgegangen werden. Letztlich muss eine ausgeglichene Flächenbilanz das langfristige Ziel einer vorsorgenden Landesentwicklung sein, das heißt, es dürfen nicht mehr Flächen für Siedlungs- und Verkehrsflächen in Anspruch genommen als durch Rückbaumaßnahmen an die freie Landschaft wieder zurückgegeben werden. Die ÖFM wird auch weiterhin ihren wertvollen Beitrag zu einer nachhaltigen Landesentwicklung im Saarland leisten.

2.3.3.1 Landschaft entsiegeln – Natur aktivieren (LENA)

Viele Rückbauprojekte sind ohne Förderung wirtschaftlich nicht zu realisieren, da die frei werdende Fläche ja wieder der Natur zur Verfügung stehen und nicht mehr intensiv genutzt werden soll. Aus diesem Grund hat das Ministerium für Umwelt das LENA-Förderprogramm aufgelegt. LENA steht für »Landschaft entsiegeln – Natur aktivieren«. Gefördert werden im Rahmen des Programms der Erwerb der betroffenen Grundstücke, die Voruntersuchungen und Genehmigungen sowie die projektbezogenen Planungskosten, der Abriss und die Rückbauarbeiten einschließlich der fach- und umweltgerechten Entsorgung des Abrissmaterials sowie die Renaturierungsmaßnahmen, die in dem entsprechenden Projektzusammenhang stehen und umgesetzt werden.

Leider wurden für das Förderprogramm LENA seit 2010 keine Fördermittel mehr in den Haushalt eingestellt. Damit wird eine Chance vertan, durch Förderung geeigneter Maßnahmen die negative Flächenbilanz beim Flächenverbrauch im Saarland weiter zu verbessern.

Die ÖFM hat zwei LENA-Projekte umgesetzt. Etwa 500 Meter nordwestlich der Ortslage von Bosen wurde 2008 ein aufgegebener Aussiedlerhof (Grünlandhof) zurückgebaut, der sich in leichter Hanglage am Rande der Aue des Bosbachs befand. Im Rahmen der Maßnahme wurden sämtliche Gebäude (Wohnhaus, Stallungen, Scheunen), alle vollversiegelten Flächen (Straße, Verbundsteinpflaster) sowie teilversiegelten Flächen (Feldweg) einschließlich ihrer Fundamente zurückgebaut. Das anfallende Material wurde von der Fläche entfernt und fachgerecht entsorgt.

Rückbau des aufgegebenen Birkenhofs bei Nunkirchen. Oben vor Umsetzung der Maßnahmen, unten nach Umsetzung der Maßnahmen (beide Fotos vom selben Standpunkt aus aufgenommen).

Die Flächen wurden anschließend in extensiv genutztes Grünland umgewandelt und sind jetzt in einen großflächigen, unzerschnittenen Grünlandkomplex mit mageren Wiesen integriert, die von der IVEG, dem landwirtschaftlichen Betrieb der ÖFM, bewirtschaftet werden. Durch die Beseitigung der in der freien Landschaft störenden Gebäudeelemente hat neben dem Nutzen für die Natur auch das Landschaftsbild profitiert. In der touristisch stark genutzten Region um den Bostalsee kommt dem Landschaftsbild eine besondere Bedeutung zu.

Etwa 1 Kilometer von der Ortslage Nunkirchen am Rande der Aue des Losheimer Bachs wurde 2009 der ehemalige Birkenhof zurückgebaut. Die Maßnahme umfasste den Abbruch sämtlicher Gebäude und Ställe einschließlich aller Versorgungsanlagen sowie Silos. Die Zufahrt sowie alle weiteren teil- und vollversiegelten Flächen wurden ebenfalls zurückgebaut. Das bei den Abbrucharbeiten anfallende Material sowie alter Bauschutt, alte Baustoffe, Müll und alte landwirtschaftliche Geräte im Umfeld wurden ordnungsgemäß entsorgt.

Der Hof befand sich am Rande einer künstlich in die Losheimer Bachaue abgeschobenen Aufschüttung mit steiler Böschung. Sie wurde in Anlehnung an die ursprüngliche Geländetopografie vom Böschungsfuß ausgehend wieder zur Aue hin abgeflacht. Auf der abgeflachten Böschung soll sich ein Gehölzsaum entwickeln. Auf den rückgebauten Flächen wird Extensivgrünland entwickelt. Nach dem Rückbau des gesamten Hofareals passt sich das Gelände wieder optisch harmonisch in die Losheimer Bachaue ein.

2.3.4 Agrarflächenprogramm

Durch die Flächenbeanspruchung für Siedlungs- und Verkehrszwecke und die Intensivierung der landwirtschaftlichen Produktion auf der Fläche werden zusammenhängende naturnahe Lebensräume zunehmend zerschnitten und auf inselartige Restbestände zurückgedrängt. Die ökologischen und genetischen Austauschprozesse zwischen den verschiedenen Teilpopulationen werden dadurch eingeschränkt und erschwert. Mittlerweile sind viele Lebensraum-Inseln für überlebensfähige Populationen von vielen Pflanzen und Tieren oft zu klein. Zahlreiche Arten hängen außerdem von einer engen Verzahnung von verschiedenen Biotoptypen ab, die durch die zunehmende Fragmentierung und Verinselung der Landschaft verloren geht.

Zur Erhaltung der Biologischen Vielfalt wird deshalb in § 20 des Bundesnaturschutzgesetzes von jedem Bundesland gefordert, ein Netz von verbundenen Biotopen (Biotopverbund) zu schaffen, das mindestens 10 Prozent der Fläche eines jeden Landes umfassen soll. Zwar besitzt das Saarland ein Netzwerk von Schutzgebieten (NATURA 2000-Gebiete), die fast 12 Prozent der Landesfläche ausmachen, aber zwischen den Schutzgebieten klaffen oft erhebliche Lücken, die den Austausch von Populationen und Individuen erschweren oder unmöglich machen. Deshalb haben sich die NLS und die ÖFM zur Aufgabe gemacht, insbesondere ausgeräumte, intensiv genutzte großflächige Agrarlandschaften durch den Aufbau eines Netzes von Naturflächen wieder zu beleben. Dazu werden Feldgehölze als Trittsteine entwickelt, intensiv genutzte Ackerflächen in Magergrünland umgewandelt, Streuobstwiesen, Obstbaumreihen und Hecken mit breiten Säumen als Wanderkorridore angepflanzt, Ackerrandstreifen angelegt und Brachflächen der freien Sukzession überlassen.

Die ÖFM und die NLS haben im Saarland bisher in fünf verschiedenen Regionen solche Biotopverbundsysteme entwickelt und angelegt. Das größte Biotopverbund-Projekt mit mehr als 40 Einzelmaßnahmen wurde im Saar-Niedgau über 14 Gemarkungen zwischen Niedaltdorf und Berus verwirklicht. Weitere Biotopverbundsysteme wurden im Bereich der Wahlener Platte, zwischen Büschdorf, Wehingen und Wellingen, um Rappweiler sowie um Eft-Hellendorf aufgebaut.

Auf weiteren über 30 Gemarkungen im gesamten Saarland wurden als Einzelmaßnahmen Streuobstwiesen, Hecken und Feldgehölze angelegt. In der Nähe des Flughafens Ensheim wurde 2006 die größte Obstsorten-Erhaltungsanlage (Arboretum) des Saarlandes eingerichtet. Dazu wurden 15 Hektar ehemalige intensiv genutzte Ackerflächen zunächst in extensives Grünland umgewandelt. Auf den Wiesen wurden anschließend über 500 Obstbäume mit fast 200 verschiedenen alten Apfel- und Birnensorten angepflanzt. Sie tragen oft wohlklingende Namen wie Roter Bellefleur, Grasblümchen, Himbeerapfel von Holowaus oder Pfälzer Schafsnase bei den Äpfeln und Rothübsche, Kludderbirne, Madame Verté oder Köstliche von Charneu bei den Birnen. Die Obstbäume im Arboretum haben sich sehr gut entwickelt und ihre Früchte tragen heute dazu bei, dass die bewährten, teilweise vom Aussterben bedrohten Sorten und ihre historische Nutzung im ländlichen Raum nicht verloren gehen.

Entwicklung einer Hecke entlang eines Feldweges bei Rappweiler zur Biotopvernetzung

Fasst man alle von der ÖFM umgesetzten Maßnahmen des Agrarflächen-Programms zusammen, dann wurden im Rahmen von Kompensations- und Ökokonto-Maßnahmen knapp 300 Hektar Landwirtschafts- und Offenlandflächen überplant und ökologisch aufgewertet. Diese Flächen gingen der Landwirtschaft jedoch nicht verloren, wie von Seiten der Landwirtschaft regelmäßig behauptet wird. Denn sie werden auch heute noch landwirtschaftlich bewirtschaftet, allerdings nicht mehr intensiv wie vorher, sondern jetzt extensiv als Magerwiesen, Magerweiden oder Streuobstwiesen. Lediglich rund 10 Hektar der 300 Hektar überplanten Landwirtschafts- und Offenlandflächen wurden in Wald oder nicht mehr landwirtschaftlich nutzbare Gewässer und Feuchtgebiete sowie Brachflächen umgewandelt. Das sind in der Gesamtbilanz weniger als 5 Prozent der überplanten Flächen. Insgesamt hat die ÖFM durch ihr Agrarflächenprogramm dazu beigetragen, die »ökologische Infrastruktur« in der Agrarlandschaft deutlich zu verbessern.

2.3.5 Erneuerbare-Energien-Programm

In den letzten Jahren hat die ÖFM ihr Geschäftsspektrum um das Themenfeld Erneuerbare Energien erweitert, um sich den aktuellen Herausforderungen des Klimaschutzes zu stellen. Zu den neuen Themenfeldern gehören die Produktion von Biomasse, die Nutzung der Sonnenenergie und der Windkraft. Dazu verpachtet die ÖFM Eigentumsflächen zur Errichtung von Windkraftanlagen und Fotovoltaikanlagen.

Eine der größten Fotovoltaikanlagen im Saarland wurde auf den Flächen der ÖFM im Bereich der ehemaligen Schachtanlage Merlebach bei St. Nikolaus errichtet. Auf einer Fläche von 18 Hektar erzeugen seit Mitte 2010 über 30.000 Module etwa 5 Megawatt Strom, womit rund 1.000 Haushalte mit Strom versorgt werden können. Neue Fotovoltaikanlagen auf Gebäuden der ÖFM sind in Planung oder werden gegenwärtig installiert (zum Beispiel Hofgut Imsbach, Kreuzhof bei Marpingen etc.).

Ein weiterer Schwerpunkt stellt die Nutzung von Biomasse aus Waldbeständen im Eigentum der ÖFM dar. Dazu hat die ÖFM die Tochtergesellschaft »Biomasse Logistik GmbH« (BML) gegründet (siehe Kapitel 4). Sukzessive werden alle naturfernen Nadelholzbestände auf Eigentumsflächen durchforstet und das geerntete Holz wird zur thermischen Verwertung, zum Beispiel für Holzhackschnitzel-Heizungen, verkauft. Zudem wird gleichsam als Investition in die Zukunft der standorttypische Laubwald entwickelt. Durch die Nutzung nachwachsender Rohstoffe für die Energieerzeugung wird nicht nur etwas für das Klima getan, sondern gleichzeitig entsteht auch ein naturnaher, an den Standort angepasster Wald als wertvoller Lebensraum für Pflanzen und Tiere.

Die Verknüpfung einer nachhaltigen Landnutzung mit den Zielen des Arten- und Biotopschutzes ist auch der Ansatz des vom Bundesministerium für Ernährung, Landwirtschaft und Verbraucherschutz (BMELV) geförderten Forschungsvorhabens ELKE, an dem sich die ÖFM seit 2009 beteiligt. Im folgenden Kapitel wird es wegen seiner landes- und bundesweiten Relevanz etwas ausführlicher vorgestellt

2.3.5.1 ELKE-Projekt

Land- und Forstwirtschaft, Naturschutz, Rohstoffabbau, Siedlung, Verkehr und neuerdings in verstärktem Maße auch die Energieerzeugung mit nachwachsenden Rohstoffen konkurrieren um den Boden. Weil die unzersiedelte und unbebaute Fläche aber eine begrenzte Ressource ist, sind Mehrnutzungskonzepte auf der Fläche gefragt. Hier setzt das BMELV-Projekt ELKE an. Die Abkürzung ELKE steht für »Etablierung einer extensiven Landnutzungsstrategie auf der Grundlage einer Flexibilisierung des Kompensationsinstrumentariums der Eingriffsregelung«.

Das übergeordnete Ziel des Projektes ist die Suche nach praxistauglichen Methoden, um mit dem Anbau von Nachwachsenden Rohstoffen Landwirtschaft, Natur- und Klimaschutz »unter einen Hut zu bringen« und einen Mehrwert pro Flächeneinheit zu erzielen. Die Kulturen und Anbausysteme sollen im Hinblick auf den Betriebsmitteleinsatz in der Lage sein, einen wirtschaftlichen Nutzen im Sinne der landwirtschaftlichen Erzeugung mit einem Naturschutzwert zu verbinden.

Drei Fragestellungen stehen dabei im Vordergrund: Wie wirkt sich ein flächiger extensiver Anbau nachwachsender Rohstoffe auf die Artenvielfalt und die Biotopvernetzung aus? Welche Funktionen kann der extensive Anbau nachwachsender Rohstoffe im abiotischen Ressourcenschutz (Bodenfruchtbarkeit, Erosionsschutz, Klima- und Gewässerschutz) erfüllen? Können die mit diesen extensiven Anbausystemen erzielten Leistungen auch im Rahmen der Eingriffs- und Ausgleichs-Regelung anerkannt werden?

Zur Bearbeitung dieses wissenschaftlichen Ansatzes hat sich ein Verbund regionaler und überregionaler Partner aus verschiedenen Fachgebieten zusammengeschlossen (Landwirte, Landschaftspflegeverbände, Gesellschaften, Planungsbüros, Energieversorger, Forschungseinrichtungen und Naturschützer). Die Fachliche Leitung liegt beim Institut für angewandtes Stoffstrommanagement (IfaS, FH Trier, Umweltcampus Birkenfeld).

In Deutschland wurden vier Modellstandorte und zwei assoziierte Standorte[10] ausgewählt. Die ÖFM ist mit dem Modellstandort »Marpingen« beteiligt. Auf rund 40 Hektar ehemaligen Ackerflächen im Eigentum der ÖFM – der Standort Marpingen ist damit der größte der vier Modellstandorte in Deutschland – werden von der »Imsbach Verwaltungs- und Entwicklungsgesellschaft« vielfältige Gemenge und Kulturen des Futterbaus wie zum Beispiel Kleegras

---

10 Modellstandorte: Marpingen (Saarland), Allendorf (Hessen), Scheyern (Bayern), Spelle (Niedersachsen); Assoziierte Modellstandorte: Südbaden (Baden-Württemberg) und Zülowniederung (Brandenburg)

Erzeugung von Biomasse (Getreide-Leguminosen-Gemenge) für Biogasanlagen durch extensive Anbausysteme im Rahmen des ELKE-Projekts bei Marpingen

oder Wickroggen als Biogassubstrate und Futtermittel sowie Agroforstsysteme mit kurzumtriebigem Agrarholz angebaut.

Die Untersuchungen zur Bedeutung dieser vielgestaltigen Landnutzung für die Biodiversität, das Klima und den Boden, aber auch die Bedeutung für die energetische Nutzung der Biomasse und die regionale Wertschöpfung laufen noch. Ergebnisse sind in Kürze zu erwarten[11]. Bei einem Spaziergang im Frühjahr und Sommer durch das Projektgebiet Marpingen kann man sich jedoch schon heute ein Bild von der Bedeutung extensiver Anbausysteme für die Natur und Landschaft machen. In der ehemals intensiv genutzten »Agrarsteppe« siedeln wieder Rebhuhn und Feldlerche, bevölkern wieder Schmetterlinge die Feldraine und wachsen wieder Wildkräuter wie Kornblume, Acker-

---

11 Siehe www.landnutzungsstrategie.de

Löwenmäulchen und Kamille auf den Feldern. Sie dokumentieren bereits jetzt die bunte Vielfalt und den Naturschutzwert der verschiedenen Kulturen.

Das Bundesverbundprojekt »ELKE« wurde 2012 im Rahmen der Initiative »Deutschland – Land der Ideen« als »Ausgewählter Ort 2012« prämiert. Die Initiative »Deutschland – Land der Ideen« zeichnet unter der Schirmherrschaft des Bundespräsidenten und in Kooperation mit der Deutschen Bank jedes Jahr 365 herausragende Projekte und Ideen aus, die einen nachhaltigen Beitrag zur Zukunftsfähigkeit Deutschlands leisten und die Ideenvielfalt und Innovationskraft Deutschlands sichtbar und erlebbar machen.

2.3.6 Nachhaltigkeitsprogramm

Der fortschreitende demografische Wandel wird nicht nur das Gesicht der Städte verändern, sondern zwangsläufig und in besonderem Maße ist auch der ländliche Raum davon betroffen. Wollen wir unsere in Jahrhunderten gewachsene Kulturlandschaft erhalten, dann sind nachhaltige Nutzungskonzepte unumgänglich. Denn eine intakte Umwelt ist für unsere eigene Lebensqualität und für die nachfolgenden Generationen unverzichtbar. Mit den extensiven, ganzjährigen Großflächenbeweidungen in mehreren Gebieten im Saarland und der Etablierung des Landschaftsparks Imsbach werden nachhaltige Projekte zur Erhaltung unserer Kulturlandschaft umgesetzt. Denn sie dienen nicht nur dem Schutz der Lebensräume, Pflanzen und Tiere, sondern tragen auch dazu bei, ländliche Räume sinnvoll weiter zu entwickeln und ökologisch und ökonomisch in Wert zu setzen. Beide Projekte wurden weiter oben schon ausführlich beschrieben (siehe Kapitel 1.5.4 und 1.5.5).

3. Die Imsbach Verwaltungs- und Entwicklungsgesellschaft mbH (IVEG)

3.1 Gesellschaftsrechtliche Grundlagen

Die IVEG ist eine 100-prozentige Tochtergesellschaft der ÖFM. In ihr sind die landwirtschaftlichen Aktivitäten der NLS und der ÖFM sowie die landwirtschaftlichen Immobilien gebündelt. Gegenwärtig unterhält die IVEG im Nordsaarland zwei Betriebsstätten: das Hofgut Imsbach bei Theley und den Kreuzhof bei Marpingen.

Gegründet wurde die IVEG im Jahr 2007 von der NLS mit 49 Prozent und der ÖFM mit 51 Prozent Gesellschaftsanteilen. Im Jahr 2010 hat die NLS ihre Gesellschaftsanteile an die ÖFM verkauft.

Die IVEG verfügt über die üblichen Organe einer GmbH: die Geschäftsführung, den Aufsichtsrat und die Gesellschafterversammlung. Alleiniger Gesellschafter ist die ÖFM. Im Jahr 2011 hat der Aufsichtsrat der ÖFM beschlossen, auch die Aufsichtsratfunktion der IVEG zu übernehmen (Aufsichtsrat ÖFM siehe Kapitel 2.2).

Geschäftsführer ist gegenwärtig Eberhard Veith.

3.2 Die Aktivitäten der IVEG

Im Verlauf meiner bisherigen Ausführungen sind bereits mehrfach landwirtschaftliche Aktivitäten beschrieben worden, zum Beispiel im Zusammenhang mit der Tierhaltung zur Offenhaltung der Kulturlandschaft im Rahmen von Großflächenbeweidungen (siehe Kapitel 1.5.5), zur Haltung und zum Schutz von bedrohten alten Haustierrassen auf dem Hofgut Imsbach (siehe Kapitel 1.5.4) oder die Feldversuche mit Energiepflanzen (siehe Kapitel 2.3.5.1). Im Folgenden beschränke ich mich deshalb auf ergänzende Angaben zum Bereich Landwirtschaft und auf die Darstellung anderer, nicht landwirtschaftlicher Aktivitäten der IVEG.

3.2.1 *Landwirtschaft*

Die IVEG betreibt die Landwirtschaft gemäß EG-Öko-Verordnung für Futterbau, Getreide, Grünland und für die Haltung von Rindern, Schafen und Schweinen. Sie wird jährlich nach der Öko-Verordnung zertifiziert[12]. Sie bewirtschaftet rund 530 Hektar Flächen (Stand 31. Dezember 2011). Davon sind 90 Prozent im Eigentum der NLS sowie der ÖFM und 10 Prozent sind von Gemeinden, von privat und von den Zweckverbänden »Illrenaturierung« und »Saar-Blies-Gau/Auf der Lohe« gepachtet.

Der Schwerpunkt der landwirtschaftlichen Nutzung liegt im Bereich der extensiven Grünlandwirtschaft mit Mähwiesen, Weiden und Ganzjahresbeweidungen. Auf dem Hofgut Imsbach bei Theley und dem Kreuzhof bei Marpingen werden insgesamt 90 Hinterwälder Rinder, 29 Galloway-Rinder, 130 Bayerische Waldschafe sowie 37 Schwäbisch-Hällische Landschweine und Turopolje-Schweine gehalten. Auf den Ganzjahres-Weiden bei Eiweiler (Gemeinde Nohfelden) und Oberkirchen (Gemeinde Freisen) weiden weitere 32 Galloway-Rinder. Bis auf die Galloways gehören alle anderen Rassen zu den gefährdeten Nutztieren. Die IVEG leistet somit auch einen wertvollen Beitrag zum Schutz alter, gefährdeter Haustierrassen.

---

12 Kontrollnummer D-SL-006-17849-AD. Zertifikat ausgestellt auf Basis von Artikel 29 Absatz 1 der Verordnung (EG) Nr. 834/2007 und der Verordnung (EG) Nr. 889/2008

Wollschwein

Schwäbisch-Hällisches Landschwein

Bayerisches Waldschaf

Hinterwälder Rinder

Bedrohte Haustierrassen auf dem Hofgut Imsbach bei Theley und dem Kreuzhof bei Marpingen.

Auf dem Hofgut Imsbach werden außerdem drei Kaltblut-Pferderassen als Arbeitspferde gehalten (Bayerischer Kaltblüter, Luxemburger Ardenner, Belgischer Ardenner).

Ende 2011 wurde mit dem Bau einer Reithalle auf dem Hofgut Imsbach begonnen. Sie verfügt über 10 Boxen mit Paddock und soll für eine Pensionspferde-Haltung und für Therapeutisches Reiten genutzt werden.

Im Rahmen des ELKE-Projekts (siehe Kapitel 2.3.5.1) bestellt die IVEG die Felder auf dem Standort Marpingen. Folgende Kulturen werden angebaut: Getreide-Leguminosen-Gemenge, Kleegras, Wildblumengemenge sowie Pappel-Weiden-Gehölze in kurzen und mittleren Umtriebszeiten, sogenannten

KUP's (= Kurzumtriebsplantagen). Sie verteilen sich auf folgende Flächenanteile: 6 Hektar Kleegras, 6 Hektar Wildgemenge, 6 Hektar Sommerungen, 12 Hektar Winterungen und circa 3,5 Hektar KUP's. Außerdem sind auf rund 2 Hektar Hecken mit standorttypischen Gehölzen wie Haselnuss, Hartriegel, Weißdorn, Schneeball, Birke, Eiche, Ahorn oder Vogelbeere angepflanzt worden.

Die erzeugte halmgutartige Biomasse wird als Biogassubstrat in regionalen Biogasanlagen und in Eigenverwertung als Futter genutzt. Für die holzartige Biomasse ist eine Eigenverwertung in der bereits vorhandenen Holzhackschnitzel-Heizung auf dem Hofgut Imsbach vorgesehen.

3.2.2 Sonstige Aktivitäten

Die IVEG ist für das gesamte Verwaltungs- und Abrechnungswesen der landwirtschaftlichen Gebäude und Betriebsstätten sowie die Verwaltung der verpachteten Hotel- und Gastronomie-Gebäude des Hofguts zuständig. Außerdem stellt die IVEG den Hausmeister für das gesamte Hofgut Imsbach.

4. Die Biomasse Logistik GmbH (BML)

4.1 Gesellschaftsrechtliche Grundlagen

Die im Jahr 2010 gegründete BML ist eine Tochtergesellschaft der ÖFM (51 Prozent Gesellschaftsanteile) und der JMF Holding (49 Prozent Gesellschaftsanteile). In ihr sind die Aktivitäten der NLS und der ÖFM im Bereich Anbau und Nutzung von Biomasse aus Waldbeständen und Grünschnitt gebündelt.
Die BML verfügt über die üblichen Organe einer GmbH, die Geschäftsführung und die Gesellschafterversammlung.
Geschäftsführer sind gegenwärtig Eberhard Veith und Jörg Michael Fries.

4.1 Die Aktivitäten der BML

Hauptgeschäftsfelder der noch sehr jungen Gesellschaft sind der Transport, die Aufbereitung und der Vertrieb von Biomasse sowie deren Anpflanzung und Produktion und die Entwicklung neuer Biomassepotentiale auf landschaftsverträglicher Basis. Außerdem setzt sie Landschaftspflege-, Renaturierungs- und Rekultivierungsmaßahmen um.

Verarbeitung der am Wegrand abgelegten Fichtenstämme zu Holzhackschnitzel

Hölzbach im Schutzgebiet »Hölzbachtal, Wachtelkopf« bei Rappweiler

TEIL III

Anhang

1 Meilensteine in chronologischer Reihenfolge
2 Eintragung im Stiftungsverzeichnis
3 Satzung der NLS
4 Genehmigungsurkunde
5 Liste der Stifter und Zustifter
6 Organigramm der NLS
7 Liste der Vorsitzenden und Kuratoren der NLS
8 Liste der Schutzgebiete der NLS
9 Liste der Eigentumsflächen der ÖFM nach Gemarkungen
10 Eckdaten der Naturschutzgroßvorhaben
11 Liste der Rückbauprojekte
12 Brief Dr. Wicklmayr
13 Abkürzungsverzeichnis
14 Literaturverzeichnis
15 Bildnachweis
16 Karte der Schutzgebiete der NLS
17 Karte der Maßnahmengebiete der ÖFM

1   Meilensteine in chronologischer Reihenfolge

1976 Die Gründung
1977 Das erste Schutzgebiet: Alte Backsteinfabrik in Dirmingen
1978 Der erste Zustifter: Fischereiverband Saar
1983 Die erste Informationsfahrt der Naturlandstiftung Saar (Süd-Deutschland)
Gründung des Fördervereins Naturlandstiftung e.V.
1985 Der erste hauptamtliche Mitarbeiter
1986 Einstellung eines Pflegetrupps
Anschaffung der ersten Landschaftspflege-Maschinen
1988 Die ersten 100 ha Flächeneigentum
Das Ministerium für Umwelt wird Zustifter
1989 Das erste Naturschutzgroßvorhaben im Saarland: Der Wolferskopf
1992 Das zweite Naturschutzgroßvorhaben: Gewässerrandstreifen-Programm ILL
1991 Bliesauenprojekt
1993 Saar-Altarme-Projekt
1995 Das dritte Naturschutzgroßvorhaben »Saar-Blies-Gau/Auf der Lohe«
Start des ersten saarländischen Beweidungsprojekts unter Naturschutzgesichtspunkten (Vogesen-Rinder auf dem Wolferskopf)
1998 Gründung der 100-prozentigen Tochter »Naturland Ökoflächen-Management gGmbH«
Das erste EU-Projekt: »Naturpark Dreiländereck« mit F und L
Die erste Eigentumsfläche der ÖFM (Losheimer Bachaue bei Büschfeld)
1999 Haus Lochfeld wird Kulturlandschaftszentrum
2000 Kooperationsvertrag mit dem Landesamt für Umweltschutz für Pflegemaßnahmen in Naturschutzgebieten
2001 EU-Projekt IRMA
EU-Life-Projekt »Trockenrasen«
NLS wird 25 Jahre
Die erste Bundestagung der Naturschutzstiftungen der Länder im Saarland
100 ha Eigentumsflächen ÖFM

2002 Das erste Gewässerrenaturierungs-Projekt der ÖFM (Leuk bei Eft-Hellendorf)
Die erste Auwaldanpflanzung (Bliesaue bei Habkirchen)
2003 EU-Projekt »Rheinnetz – Gemeinsam für den Rhein von Morgen«
Bundesprojekt »Regionen aktiv – Land gestaltet Zukunft« (Monitoring von drei Pilot-Beweidungsprojekten im Saarland)
2004 500 ha Flächeneigentum NLS überschritten
Kooperationsabkommen zwischen NLS, Conservatoire des Sites Lorrains und Hëllef fir d'Natur
Erster Preis beim Möbel-Martin-Naturschutzpreis
Die erste Hochwasserschutzmaßnahme durch Abtragung von Aufschüttungen zur Schaffung von Retentionsraum (Saaraue bei Hostenbach)
Der erste Rückbau eines Campingplatzes (Hetscher Mühle bei Eimersdorf)
2005 Aufbau der Naturwacht Saarland
2006 EU-Life-Projekt »Borstgrasrasen/Arnikawiesen«
Einweihung »Arboretum« bei Ensheim
EU-Projekt »Kulturhauptstadt Europas 2007«
2007 Übernahme Hofgut Imsbach
Réserves Naturelles RNOB (NATAGORA) und Stiftung Natur und Umwelt Rheinland-Pfalz treten Partnerabkommen bei
Erste Imsbacher Stallweihnacht
Restaurierung Kapelle Hofgut Imsbach
500 ha Eigentumsflächen ÖFM
Gründung der Imsbach-Verwaltungs- und Entwicklungsgesellschaft IVEG (100-prozentige Tochtergesellschaft der ÖFM)
2008 Einweihung der Imsbach-Promenade
Beginn Beweidung auf Hofgut Imsbach mit Hinterwälder Rindern und Bayerischen Waldschafen
Das erste LENA-Projekt (Rückbau des Grünland-Hofs bei Bosen)
2009 Die erste extensive Großflächenbeweidung mit Galloway-Rindern (Alsbachtal bei Marpingen)

2009	Der erste Nachwuchs bei Hinterwälder Rindern und Bayerischen Waldschafen auf Hofgut Imsbach
	Start ELKE-Projekt in Marpingen
	Start Gewässerrenaturierungs-Projekte im Rahmen der Wasserrahmenrichtlinie
2010	Vier ELER-Projekte
	Die zweite Bundestagung der Naturschutzstiftungen der Länder im Saarland auf Hofgut Imsbach
	Einweihung der Fotovoltaik-Anlage in St. Nikolaus
2011	Erster Nachwuchs der Galloway-Rinder in Marpingen
	Start der Ganzjahresbeweidungen in Eiweiler und Oberkirchen

2 Eintragung im Stiftungsverzeichnis

Naturlandstiftung Saar

Name: Naturlandstiftung Saar
Sitz: 66119 Saarbrücken
Zweck: Erwerb ökologisch bedeutsamer Grundflächen, deren Erhaltung und Entwicklung zur Sicherung des Lebensraums bedrohter Tiere und Pflanzen unserer Heimat
Anschrift: Naturlandstiftung Saar
              Feldmannstraße 85
              66119 Saarbrücken

Aus: Verzeichnis der rechtsfähigen Stiftungen des bürgerlichen Rechts mit Sitz im Saarland, Stand 07.09.2011

3 Satzung der NLS

Amtsblatt des Saarlandes
Herausgegeben vom Chef der Staatskanzlei
2006 Ausgegeben zu Saarbrücken, 14. September 2006 Nr. 40

Inhalt
I.   Amtliche Texte
II. Beschlüsse und Bekanntmachungen
Satzung der Naturlandstiftung Saar 1625–1628

Satzung der Naturlandstiftung Saar
Präambel
In der Absicht, über die Umweltprobleme und die Ausbeutung der Natur nicht nur zu klagen, sondern aktiv etwas für Natur und Umwelt zu tun, wurde am 3. November 1976 die Naturlandstiftung von

1. Dr. Rainer Wicklmayr,
2. dem Bund für Umweltschutz e.V., Saarbrücken, vertreten durch seinen Vorsitzenden Dr. Berthold Budell,
3. dem Saarwaldverein, vertreten durch seinen Hauptvorsitzenden Wolfgang Maria Rabe,
4. dem Deutschen Bund für Vogelschutz, Landesverband Saarland e.V., vertreten durch Klaus Speicher,
5. der Vereinigung der Jäger des Saarlandes, vertreten durch den Landesjägermeister Emil Weber

errichtet.

Die Stiftungssatzung wurde am 6. Dezember 1976 vom Minister für Umwelt, Raumordnung und Bauwesen genehmigt.

Satzung

§ 1

Name, Sitz und Rechtsform

Die Stiftung führt den Namen »Naturlandstiftung Saar«. Sie ist eine rechtsfähige Stiftung des bürgerlichen Rechts mit Sitz in Saarbrücken.

§ 2

Zweck der Stiftung

I. Zweck der Naturlandstiftung Saar ist:
   1. Der Erwerb für den Naturschutz bedeutsamer Flächen sowie deren Erhaltung und Entwicklung zur Sicherung bedrohter Tiere und Pflanzen unserer Heimat.
   2. Die Erhaltung, Renaturierung, Pflege und entsprechende Nutzung unter Natur- und Landschaftsschutz stehender oder dafür geeigneter Flächen, schwerpunktmäßig der Auen und Überschwemmungsgebiete heimischer Gewässer. Zur Umsetzung dieser Ziele soll die Naturlandstiftung Saar ortsansässige Landnutzer einbinden.
   3. Die Erhaltung und Pflege von Natur-, Boden- und Baudenkmälern sofern sie wesentlicher Bestandteil von Stiftungsgrundstücken sind und Bedeutung für die Schönheit, Vielfalt und Geschichte des Landes und das Heimatgefühl seiner Bewohner haben. Das gleiche gilt für bewegliche Kulturgüter, sofern sie Zubehör von Stiftungsgrundstücken sind.
   4. Umweltinformation und -bildung im Sinne des Satzungszweckes zu betreiben und dabei ökologische Kenntnisse und Verhaltensweisen, auch hinsichtlich der ökologischen Interessen der im Saarland beschäftigten Arbeitnehmerinnen und Arbeitnehmer zu vermitteln.

Insbesondere kann die Naturlandstiftung Saar im Auftrag des Saarlandes (Ministerium für Umwelt) den Aufbau und die Trägerschaft der Saarländischen Naturwacht übernehmen. Diese nimmt die ihr übertragenen Aufgaben in den Schutzgebieten des Landes (NSG und FFH-Gebiete) sowie auf den eigenen Flächen der Naturlandstiftung Saar und ihrer Tochtergesellschaft Naturland Ökoflächen-Management GmbH wahr. Die Umsetzung, insbesondere die Mitwirkung Dritter, wird in einem Vertrag zwischen dem Land und der Naturlandstiftung Saar geregelt und bedarf der Zustimmung des Vorstandes. Die Naturlandstiftung ist nicht verpflichtet, alle Zwecke gleichzeitig und in gleichem Umfang zu erfüllen.

II. Die Naturlandstiftung Saar kann das Eigentum, dingliche Nutzungsrechte, Verwaltung, Erhaltung, Entwicklung von Natur-, Boden- und Baudenkmälern (I, Ziff. 3) Dritten übertragen oder treuhänderisch von Dritten übernehmen. Dabei ist dinglich sicher zu stellen, dass die betroffenen Objekte im Sinne des Stiftungszweckes verwandt werden. Durch Maßnahmen nach Satz 1 darf das Stiftungsgrundstockvermögen nicht geschmälert werden.

§ 3
Gemeinnützigkeit

1. Die Stiftung verfolgt steuerbegünstigte Zwecke im Sinne der §§ 51 – 68 Abgabenordnung ausschließlich und unmittelbar. 2. Eigenwirtschaftliche Zwecke dürfen nicht verfolgt werden. Die Mittel der Stiftung dürfen nur für ihre satzungsmäßigen Zwecke verwandt werden. Es darf keine Person durch Ausgaben, die dem Stiftungszweck fremd sind, oder unverhältnismäßig hohe Vergütungen oder sonstige Vermögenszuwendungen begünstigt werden.

§ 4
Stiftungsvermögen

1. Dem Stiftungsgrundstockvermögen wachsen diejenigen Vermögensgegenstände, insbesondere Grundstücke, zu, die als solche ausgewiesen werden. Im Interesse des langfristigen Bestandes der Stiftung ist es ungeschmälert und in seinem Substanzwert zu erhalten.
2. Eine Veräußerung von Grundflächen aus dem Stiftungsgrundstockvermögen ist indes als Vermögensumschichtung zulässig.
3. Dem Stiftungsgrundstockvermögen wachsen evtl. Zuwendungen der Stifter oder Dritter zu, die ausdrücklich dazu bestimmt sind (Zustiftungen).
4. Die Erträge des Stiftungsvermögens und sonstige Zuwendungen an die Stiftung sind ausschließlich für den Stiftungszweck und zur Deckung der Verwaltungskosten sowie zur Bildung notwendiger Rücklagen zu verwenden.

§ 5

Organe

Organe der Stiftung sind:

1. der Stiftungsrat
2. der Stiftungsvorstand
3. der Kurator

Der Stiftungsvorstand und der Stiftungsrat führen ihre Geschäfte ehrenamtlich.

§ 6

Anzahl, Amtsdauer und Abberufung

des Stiftungsrates

1. Der Stiftungsrat besteht aus folgenden Mitgliedern:
   - Dr. Rainer Wicklmayr,
   - einem Vertreter des Bund für Umwelt- und Naturschutz Deutschland e.V., LV Saar
   - einem Vertreter des Saarwaldvereins e.V.
   - einem Vertreter des Naturschutzbund Deutschland, LV Saar e.V.
   - einem Vertreter der Vereinigung der Jäger des Saarlandes
   - einem Vertreter des Fischereiverbandes Saar e.V.
   - einem Vertreter des Verbandes der Gartenbauvereine Saarland-Pfalz e.V.
   - einem Vertreter der Arbeitsgemeinschaft für tier- und pflanzengeographische Heimatforschung – Delattinia
   - einem Vertreter des Fördervereins Naturlandstiftung e.V.
   - einem Vertreter der Schutzgemeinschaft Deutscher Wald, Sektion Saar e.V.
   - einem Vertreter des Bauernverbandes Saar e.V.
   - einem Vertreter des Landkreistages des Saarlandes
   - einem Vertreter der Neunkircher Zoologischer Garten GmbH
   - einem Vertreter des Ministeriums für Umwelt
   - einem Vertreter des Landesdenkmalamtes
   - einem Vertreter des Instituts für Landeskunde e.V.
   - einem Vertreter des Saarländischen Privatwaldbesitzerverbandes
   - einem Vertreter des SaarForst Landesbetriebes
   - einem Vertreter des Verbandes der Landwirte im Nebenberuf Saar e.V.
   - einem Vertreter der Arbeitskammer des Saarlandes – Körperschaft des öffentlichen Rechts
   - einem Vertreter der Landesentwicklungsgesellschaft Saarland mbH

2. Die Mitgliederzahl des Stiftungsrates kann durch Beschluss erweitert werden. Beschlüsse über eine Stiftungsratserweiterung bedürfen der Mehrheit von ¾ der Stiftungsratsmitglieder. Gleiches gilt für die Aufnahme neuer Zustifter in den Stiftungsrat, die noch nicht im Stiftungsrat vertreten sind.
3. In den Stiftungsrat sollen nur Persönlichkeiten entsandt werden, die der Stiftung und ihren Zwecken nahe stehen. Die Amtsdauer der entsandten Mitglieder beträgt 5 Jahre. Im Verhinderungsfall ist ein Stiftungsratsmitglied berechtigt, einen Vertreter zu entsenden. Ausgenommen Dr. Rainer Wicklmayr, können natürliche Personen keine Stiftungsratsmitglieder werden.
4. Der Entsendungsberechtigte kann seinen Vertreter aus wichtigem Grund vor Ablauf der Amtszeit abberufen. Ein solch wichtiger Grund liegt auch vor, wenn der Entsandte aus dem Amt, aufgrund dessen er dem Stiftungsrat angehört, ausscheidet.

§ 7

Aufgaben, Einberufung, Beschlussfähigkeit und Beschlussfassung des Stiftungsrates

1. Der Stiftungsrat ist für alle Angelegenheiten der Stiftung zuständig, soweit die Satzung keine anderen Bestimmungen trifft. Er kann Aufgaben durch Beschluss auf ein anderes Stiftungsorgan verlagern.
2. Der Stiftungsrat wird vom Stiftungsvorstand unter Angabe der Tagesordnung nach Bedarf, mindestens einmal jährlich zur Entgegennahme des Rechenschaftsberichts des Vorsitzenden des Stiftungsvorstands einberufen. Der Vorsitzende des Stiftungsvorstands leitet die Stiftungsratssitzung.
3. Der Stiftungsrat ist ferner einzuberufen, wenn ein Drittel der Mitglieder die Einberufung schriftlich unter Angabe des Zweckes und der Gründe verlangt.
4. Die Ladungsfrist beträgt 14 Tage.
5. Der Stiftungsrat ist beschlussfähig, wenn mehr als die Hälfte der satzungsmäßigen Mitglieder anwesend sind. Er fasst dann Beschlüsse mit der einfachen Mehrheit der anwesenden Mitglieder. Eine Beschlussfassung im Umlaufverfahren ist zulässig. Ein derartig gefasster Beschluss bedarf der Mehrheit der satzungsmäßigen Stiftungsratsmitglieder und ist in einer nachfolgenden Sitzung zu bestätigen.
6. Ein Mitglied ist nicht stimmberechtigt, wenn die Beschlussfassung die Vornahme eines Rechtsgeschäfts mit ihm oder die Einleitung oder Erledigung eines Rechtsstreits zwischen ihm und der Stiftung betrifft.
7. Über die Sitzung des Stiftungsrats ist eine Niederschrift zu fertigen.

§ 8

Anzahl, Amtsdauer, Bestellung und Abberufung des Stiftungsvorstands

1. Der Stiftungsvorstand besteht aus 6 Personen. Das Ministerium für Umwelt hat das Recht, einen Vertreter in den Vorstand zu entsenden. Die Anzahl der Vorstandsmitglieder erhöht sich dadurch, ohne dass es eines entsprechenden Beschlusses bedarf. Die Bestellung der weiteren Mitglieder erfolgt durch den Stiftungsrat und erfolgt auf jeweils 3 Kalenderjahre. Sie kann widerrufen werden, wenn ein wichtiger Grund vorliegt; ein solcher Grund ist insbesondere grobe Pflichtverletzung oder Unfähigkeit zur ordnungsgemäßen Pflichterfüllung der übertragenen Aufgaben.
2. Die Mitglieder des Stiftungsvorstands können ihr Amt durch schriftliche Erklärung gegenüber dem Vorsitzenden jederzeit niederlegen. Der Vorsitzende kann sein Amt durch schriftliche Erklärung gegenüber seinem Vertreter niederlegen.

§ 9

Aufgaben, Einberufung, Beschlussfähigkeit und Beschlussfassung des Stiftungsvorstands

1. Der Stiftungsvorstand nimmt die Aufgaben der Stiftung wahr, die ihm durch den Stiftungsrat übertragen wurden. Er kann dem Kurator Richtlinien und Weisungen erteilen.
2. Der Stiftungsvorstand wählt aus seiner Mitte einen Vorsitzenden sowie einen stellvertretenden Vorsitzenden.
3. Nach dem Ermessen des Vorsitzenden werden Beschlüsse des Stiftungsvorstands in Sitzungen oder durch Einholung schriftlicher Abstimmung gefasst. Zu den Sitzungen des Stiftungsvorstands sind die Mitglieder vom Vorsitzenden unter Angabe der Tagesordnung schriftlich einzuladen. Bei schriftlicher Abstimmung haben sämtliche Mitglieder innerhalb der vom Vorsitzenden bestimmten Frist ihre Stimme zu Händen des Vorsitzenden schriftlich abzugeben. Verspätete Abstimmungserklärungen gelten als Nichtbeteiligung an der Abstimmung.
4. Der Stiftungsvorstand ist beschlussfähig, wenn mindestens drei Mitglieder anwesend sind oder bei schriftlicher Abstimmung sich an dieser beteiligen. 5. Alle Beschlüsse bedürfen zu ihrer Gültigkeit der einfachen Mehrheit der abgegebenen Stimmen. Bei Stimmengleichheit entscheidet die Stimme des Vorsitzenden. 6. Über die Sitzung des Stiftungsvorstands ist eine Niederschrift zu fertigen.

§ 10

Kurator

1. Der Kurator führt die laufenden Geschäfte der Stiftung in eigener Verantwortung nach Maßgabe der Beschlüsse des Stiftungsrats und den Richtlinien und Weisungen des Stiftungsvorstands. Er trifft alle Maßnahmen, die zur Erreichung oder Förderung des Stiftungszwecks erforderlich sind.
2. Der Kurator vertritt die Stiftung gerichtlich und außergerichtlich. Willenserklärungen werden gegenüber der Stiftung verbindlich, wenn sie gegenüber dem Kurator abgegeben werden.
3. Der Kurator wird vom Stiftungsrat auf vier Jahre bestellt. Er kann nicht Mitglied des Stiftungsvorstands sein. Die Wahl eines Stiftungsratsmitglieds zum Kurator ist zulässig.
4. Die Bestellung des Kurators ist jederzeit widerruflich; er kann sein Amt jederzeit durch schriftliche Erklärung gegenüber dem Vorsitzenden des Stiftungsrats zur Verfügung stellen. Bis zur Bestätigung seiner Erklärung durch den Vorsitzenden des Stiftungsvorstands, die unverzüglich zu erfolgen hat, ist er zur Fortführung der Geschäfte verpflichtet.
5. Gegenüber dem Kurator wird der Stiftungsvorstand durch seinen Vorsitzenden vertreten. Im Falle der Verhinderung des Kurators werden seine Aufgaben kommissarisch von dem Vorsitzenden des Stiftungsrats wahrgenommen.
6. Der Kurator führt seine Geschäfte ehrenamtlich. Er hat Anspruch auf Ersatz seiner Auslagen. Der Auslagenersatz wird pauschaliert und zwischen Stiftungsvorstand und Kurator ausgehandelt. Die Berufung eines hauptamtlichen Kurators ist zulässig.

§ 11

Hilfspersonen

Stiftungsvorstand und Kurator sind berechtigt, sich zur Vorbereitung ihrer Entscheidungen der Hilfe und des Rates von Sachverständigen zu bedienen. Der Kurator bestellt den Sachverständigen im Einvernehmen mit dem Stiftungsvorstand.

§ 12

Geschäftsjahr

Das Geschäftsjahr ist das Kalenderjahr.

§ 13

Satzungsänderungen

Beschlüsse über eine Satzungsänderung mit Ausnahme der Änderung des Stiftungszwecks bedürfen einer Mehrheit von ¾ der erschienenen Stiftungsratsmitglieder. Die Satzungsänderung bedarf der Genehmigung der Stiftungsbehörde.

§ 14

Zweckänderung und Auflösung der Stiftung

1. Beschlüsse zur Änderung des Stiftungszwecks bedürfen der Zustimmung von ¾ der Stiftungsratsmitglieder. Zu einer Versammlung in der über die Änderung des Stiftungszwecks beschlossen wird, sind alle Mitglieder durch Einschreiben einzuladen. Die Ladungsfrist beträgt einen Monat. Das gleiche gilt für einen Beschluss über die Auflösung der Stiftung.
2. Die Beschlüsse über die Änderung des Stiftungszwecks oder die Auflösung der Stiftung sind der Stiftungsbehörde durch den Vorsitzenden des Stiftungsvorstands unverzüglich anzuzeigen. Sie bedürfen für Ihre Gültigkeit der Genehmigung der Stiftungsbehörde.

§ 15

Vermögensanfall

1. Bei Auflösung oder Aufhebung der Stiftung sowie bei Wegfall ihres gemeinnützigen Zwecks fällt das Stiftungsvermögen an das Saarland, das es den Zielen der Stiftung entsprechend für ähnlich gemeinnützige Zwecke, gegebenenfalls durch Zuweisung an eine andere rechtsfähige Stiftung oder naturschutztreibende Vereine verwenden soll. Die Vermögensverwendung darf nicht steuerschädlich sein.
2. Hiervon ausgenommen sind die Zustiftungen der Arbeitskammer des Saarlandes (Körperschaft des öffentlichen Rechts), die in diesen Fällen an diese zurückfallen.

Saarbrücken, den 5. Juli 2006

4   Genehmigungsurkunde

 SAARLAND
DER MINISTER
FÜR UMWELT, RAUMORDNUNG
UND BAUWESEN

6600 SAARBRÜCKEN,
HARDENBERGSTRASSE 8 · POSTFACH 1010
TELEFON 0681 · 50: ·1

G e n e h m i g u n g s u r k u n d e
=======================================

Gemäß § 80 des Bürgerlichen Gesetzbuches i.V. mit der Verfügung des preußischen Ministers des Innern vom 9.2.1920 (RMBl. S. 53) genehmige ich die "Naturlandstiftung - Saar".

Die Stiftung entsteht mit dieser Genehmigung.

Saarbrücken, den 6. Dezember 1976

Lacht

5 Liste der Stifter und Zustifter (Stand: 31. Dezember 2011)

STIFTER/ZUSTIFTER		VERTRETER	FUNKTION
Dr. Rainer Wicklmayr	Stifter	Dr. Rainer Wicklmayr	Vorstand
Saarwaldverein	Stifter	Aribert von Pock	Vorstand
NABU Saarland	Stifter	Karl-Rudi Reiter	Vorstand
Vereinigung der Jäger des Saarlandes	Stifter	Johannes Schorr	Vorstand
BUND Saar	Stifter	ausgeschieden	
Fischereiverband Saar	Zustifter	Werner Becker	Vorstand
Verband der Gartenbauvereine Saarl./Rhl.-Pfalz	Zustifter	Monika Lambert-Debong	Stiftungsrat
Delattinia	Zustifter	Rolf Klein	Stiftungsrat
Förderverein der NLS	Zustifter	vakant	
Schutzgemeinschaft Deutscher Wald	Zustifter	Günther von Bünau	Stiftungsrat
Bauernverband Saar	Zustifter	Hans Lauer	Stiftungsrat
Landkreistag des Saarlandes	Zustifter	Thomas Jackl	Stiftungsrat
Neunkircher Zoologischer Garten	Zustifter	Dr. Norbert Fritsch	Stiftungsrat
Ministerium für Umwelt, Energie und Verkehr	Zustifter	Dr. Simone Peter bis 6. März 2012	Vorsitzende
Landesdenkmalamt	Zustifter	Dr. Rupert Schreiber	Stiftungsrat
Institut für Landeskunde	Zustifter	Prof. Dr. Dr. Olaf Kühne	Stiftungsrat
Saarländischer Privatwald-Besitzerverband	Zustifter	Helmut Kliver	Stiftungsrat
SaarForst Landesbetrieb	Zustifter	Hans-Albert Letter	Stiftungsrat
Verband der Landwirte im Nebenberuf Saarland	Zustifter	Dr. Hans-Werner Wagner	Vorstand
Arbeitskammer des Saarlandes	Zustifter	Heribert Schmitt	Stiftungsrat
Landesentwicklungs-Gesellschaft Saar	Zustifter	Reinhold Jäger	Stiftungsrat

6 Organigramm der NLS

VORSITZENDER/VORSITZENDE

↑ wählt

VORSTAND

- Dr. Rainer Wicklmayr
- Saarwald-Verein
- Naturschutzbund D *LV Saar*
- Ministerium für Umwelt
- Fischereiverband Saar
- Vereinigung der Jäger des Saarlandes
- Verband der Landwirte im Nebenberuf Saar

Stiftungsrat bestellt auf 3 Jahre den → **VORSTAND**

Stiftungsrat bestellt auf 4 Jahre den → **KURATOR**

STIFTUNGSRAT

Stifter

- Dr. Rainer Wicklmayr
- Bund für Umwelt und Naturschutz D *LV Saar*
- Saarwald-Verein
- Naturschutzbund D *LV Saar*
- Vereinigung der Jäger des Saarlandes

Zustifter

- Fischereiverband Saar
- Verband der Gartenbauvereine Saarland-RP
- Delattinia
- Förderverein Naturlandstiftung Saar
- Schutzgemeinschaft Deutscher Wald *Sektion Saar*
- Bauernverband Saar
- Landkreistag des Saarlandes
- Neunkircher Zoologischer Garten
- Ministerium für Umwelt
- Landesdenkmalamt
- Institut für Landeskunde
- Saarländischer Privatwaldbesitzerverband
- SaarForst Landesbetrieb
- Verband der Landwirte im Nebenberuf Saar
- Arbeitskammer des Saarlandes
- Landesentwicklungsgesellschaft Saarland

7 Liste der Vorsitzenden und Kuratoren der NLS

VOSITZENDE DER NLS

Dr. Rainer Wicklmayr	1976–1988	Heiko Maas	1998–1999
Jo Leinen	1988–1994	Stefan Mörsdorf	1999–2009
Prof. Willy Leonhard	1994–1998	Dr. Simone Peter	2010–2012

KURATOREN

Erich Matheis	1977–1979	Eberhard Veith	1990–2005
Klaus Speicher	1979–1981	Ludger Wolf	ab 2005
Karl-Heinz Unverricht	1981–1990		

8 Liste der Schutzgebiete der NLS

NR.	ORT	NAME DES SCHUTZGEBIETES	FLÄCHE (HA)	NSG	FFH VSCH
	Landkreis Merzig-Wadern				
1	Weierweiler	Bisems- und Weiherwiesen Weierweiler	10,4570	•	
2	Beckingen	Fischerberg Beckingen	0,6253	•	•
3	Morscholz	Jungenwaldswiesen Morscholz	5,8548		
4	Rimlingen	Bornigbachaue Rimlingen	8,5867		
5	Bachem	Seffersbachaue Bachem	4,7653		
6	Gehweiler	Umgebung Gehweiler	3,7341		
7	Nunkirchen	Nunkircher Aue	15,7867		
8	Rappweiler	Hölzbachaue, Wachtelkopf Rappweiler	43,8488		•
9	Büschdorf	Steinbachtal Büschdorf	7,7284	•	•
10	Bietzen	In Geiern Bietzen	1,6726	•	•
11	Büschfeld	Aue Losh. Bach u. Hachenbach Büschf.	10,9699		
12	Eft-Hellendorf	Biotopverbund Eft-Hellendorf	4,1955		
13	Noswendel	Noswendeler Bruch	2,3410	•	•
14	Besseringen	Altarm Schwemlingen	0,1655	•	•
15	Perl	Hammelsberg Perl	3,7819	•	•
16	Britten	Panzbachtal Britten	0,9142	•	•
17	Beckingen	Saar-Altarm Beckingen	1,7436		
18	Nennig	Kalk-Steinbruch Nennig	5,3343		•
19	Bardenbach	Bardenbacher Fels	1,2894	•	•
20	Saarfels-Menningen	Saarhänge zwischen Saarfels u. Menningen	9,8953	•	•
21	Weiskirchen	Borstgrasrasen Weiskirchen	0,6825		
22	Nunkirchen	Stollen Nunkirchen	0,0836		
23	Wadrillaue	Wadrillaue zw. Wadern und Wedern	7,6885	•	•
24	Haustadt	Wolferskopf Ackerfläche Haustadt	0,2434	•	•
25	Wehingen-Wellingen	Biotopverbund Wehingen-Wellingen	5,9265		
26	Saarhölzbach	Saarhölzbachtal	0,9583		•
27	Erbringen	Wolferskopf Waldrandwiesen Erbringen	0,3425	•	•
	Summe Fläche MZG		**159,6156**		

NR.	ORT	NAME DES SCHUTZGEBIETES	FLÄCHE (HA)	NSG	FFH VSCH
Landkreis St. Wendel					
1	Eiweiler	Südhang Peterberg bei Eiweiler	82,9478		•
2	Nohfelden	Naheaue und Elsenfels bei Nohfelden	8,9003		•
3	Otzenhausen	Moosbruch bei Otzenhausen	1,0148	•	•
4	Werschweiler	Osteraue bei Werschweiler	0,5860	•	•
5	Hasborn-Dautweiler	Oberes Wiesbachtal bei Hasborn-Dautweiler	0,6718	•	•
6	Oberthal	Oberthaler Bruch	0,1423	•	•
7	Löstertal	Borstgrasrasen Lösertal Bierfeld	0,2702		•
8	Otzenhausen	Pfaffenbruch u. Ellernbruch Otzenhausen	6,6753		•
9	Sitzerath	Borstgrasrasen Sitzerarth	4,3229		•
10	Sötern	Blumenwiese Sötern	2,0928		•
11	Sötern	Borstgrasrasen Söterbachtal	4,4909		•
12	Steinberg-Deckenhardt	Borstgrasrasen Steinberg-Deckenhardt	3,4296		•
13	Walhausen	Borstgrasrasen Walhausen	4,4532		•
14	Gonnesweiler	Naheaue bei Gonnesweiler	6,5900		•
15	Theley	Hoftgut Imsbach Theley	7,2328		•
16	Marpingen	Alsbachtal bei Marpingen	0,2866	•	•
Summe Fläche WND			**134,1073**		
Landkreis Neunkirchen					
1	Dirmingen	Alte Backsteinfrabrik Dirmingen	9,6768	•	•
2	Welschbach	Kiesgrube Welschbach	10,3911	•	•
3	Ottweiler	Wehtbachaue bei Ottweiler	2,9407		
4	Schiffweiler	Fahrbachtal bei Schiffweiler	6,2109		
5	Fürth	Osteraue bei Fürth	0,3858		
6	Wellesweiler	Alte Lehmbrube Wellesweiler	3,0334		
7	Wiebelskirchen	Bliesaue Wiebelskirchen	0,3384	•	•
8	Dirmingen	Obstwiese Dirmingen	5,2720		•
Summe Fläche NK			**38,2491**		

NR.	ORT	NAME DES SCHUTZGEBIETES	FLÄCHE (HA)	NSG	FFH VSCH
	Saarpfalz-Kreis				
1	Reinheim, Wolfersheim, Ballweiler	Auf der Lohe Reinheim	86,6481	•	•
2	Blickweiler-Breitfurt	Bliesaue zwischen Blieskastel und Reinheim	72,3576	•	•
3	Bebelsheim	Ober der Rohrwies Bebelsheim	11,7012		•
4	Ommersheim	Obertal bei Ommersheim	4,3030		
5	Wörschweiler	Marksweiher Wörschweiler	1,7218		
6	Habkirchen	Blieshänge bei Habkirchen	2,7480	•	•
7	Medelsheim	Kotbachtal, Hasenbrunner Döll Medelsheim	19,0479		•
8	Peppenkum	Bickenalbtal zw. Altheim u. Peppenkum	7,2910		•
9	Peppenkum	Becherbachtal Peppenkum	2,7500		•
10	Niedergailbach	Himsklamm Niedergailbach	14,5310	•	•
11	Erfweiler-Ehlingen	Obstanlage Erfweiler-Ehlingen	1,9688		
12	Homburg	Höllengraben Bliesaue Homburg	14,2399	•	•
13	Kirrberg	Alte Bunkeranlage Kirrberg	0,3170		
14	Wittersheim	Wingertsberg Wittersheim	0,6810		•
15	Brenschelbach	Schwalbaue bei Brenschelbach	2,8380	•	
16	Utweiler	Schlosshübel Utweiler	10,1060	•	•
17	Bliesmengen-Bolchen	Spitzhübel Bliesmengen-Bolchen	2,4671	•	•
18	Altheim	Bickenalbtal-Hänge bei Altheim	9,5550	•	•
19	Habkirchen	Auwaldentwicklung Bliesaue Habkirchen	5,8340		
20	Niederbexbach	Kühnbruch Bliesaue Niederbexbach	0,9503	•	•
21	Böckweiler	Hetschenbachtal und Umgebung Böckweiler	10,6603		•
22	Brenschelbach	Heilige Ahnung Brenschelbach	3,8840		
23	Kirkel	Neuhäusler Arm Kirkel	0,2250	•	
24	Wolfersheim, Ballweiler	Kalbenberg-Hänge zwischen Ballweiler und Wolfersheim	0,8400		•
25	Gersheim	Wald am Weißreich bei Gersheim	1,3920	•	•

NR.	ORT	NAME DES SCHUTZGEBIETES	FLÄCHE (HA)	NSG	FFH VSCH
26	Habkirchen	Guldenfeld Habkirchen	0,2689	•	•
27	Bliesdalheim	Eiskeller Bliesdalheim	0,7831		
28	Bliesmengen-Bolchen	Letschenfeld bei Gräfinthal	0,1190	•	•
29	Bruchhof-Sanddorf	Königsbruch bei Bruchhof-Sanddorf	6,9947	•	•
30	Lautzkirchen, Alschbach	Würzbacher Berg Lautzkirchen	0,5660		
	Summe Fläche HOM		**297,7897**		

Stadtverband Saarbrücken

1	Fechingen	Birzberg, Honigsack, Kappelberghang Fechingen	32,7668	•	•
2	Berschweiler	Wahlbachtal bei Berschweiler	0,1736		
3	Malstatt-Burbach	Netzbachtal Malstatt-Burbach	1,9030	•	•
4	Niedersalbach	Feldgehölz Niedersalbach	0,1480		
5	Saarbrücken	Geschäftsstelle St. Arnual	0,1477		
	Summe Fläche SB		**35,1391**		

Landkreis Saarlouis

1	Hüttersdorf	Engelgrund-Girtelwiese Hüttersdorf	16,2500	•	
2	Knorscheid	Knorscheider Mühle	1,2277	•	
3	Gerlfangen	Weinberg Gerlfangen	1,7770		•
4	Niedaltdorf	Niedaue bei Niedaltdorf	4,8491	•	•
5	Niedaltdorf	Nashuf, Oberster Wald Niedaltdorf	10,2836		
6	Berus	Kretenborn Berus	0,2579		
7	Kerlingen-Leidingen	Biotopverbund Kerlingen-Leidingen	4,5411		
8	Differten	Eulenmühle bei Differten	0,3572	•	•
9	Berus/Felsberg	alter Kalk-Steinbruch bei Felsberg	12,2495		•
10	Ensdorf	Saaraue Nonnenwiese Ensdorf	0,1021	•	
11	Steinbach	Steinbruch bei Steinbach	3,1116		
	Summe Fläche SLS		**55,0068**		
	Gesamtfläche NLS		**719,9076**		

9 Liste der Eigentumsflächen der ÖFM nach Gemarkungen

NR.	GEMARKUNG	FLÄCHE (HA)	NR.	GEMARKUNG	FLÄCHE (HA)
	Landkreis Merzig-Wadern				
1	Bardenbach	1,8036	14	Münchweiler	1,3280
2	Beckingen	1,5304	15	Münzingen	0,5681
3	Besseringen	3,8824	16	Niederlöstern	1,5869
4	Borg	4,6846	17	Noswendel	2,5729
5	Büschfeld	0,5924	18	Nunkirchen	22,1425
6	Dagstuhl	0,3007	19	Oberleuken	1,7048
7	Eft-Hellendorf	7,0104	20	Saarhölzbach	0,7599
8	Faha	9,3716	21	Schwemlingen	0,3234
9	Gehweiler (Wadern)	0,6678	22	Tettingen-Butzdorf	1,5319
10	Haustadt	0,9005	23	Wadrill	2,0769
11	Hilbringen	1,3209	24	Wahlen	1,0014
12	Honzrath	3,0804	25	Weierweiler	1,6736
13	Menningen	0,3055			
	Summe Flächen MZG				72,7215
	Landkreis St. Wendel				
1	Alsweiler	2,1610	14	Mühlfeld	0,5357
2	Bliesen	5,3008	15	Neunkirchen (Nahe)	0,0674
3	Bosen	61,4735	16	Niederlinxweiler	0,1438
4	Braunshausen	0,9938	17	Oberkirchen	33,4077
5	Dörrenbach	0,4450	18	Oberthal	2,8309
6	Eisen	1,0528	19	Osterbrücken	4,0189
7	Eiweiler	4,4066	20	Saal	30,2919
8	Freisen	1,7597	21	Schwarzenbach	1,0248
9	Gonnesweiler	21,1703	22	Selbach	1,8586
10	Grügelborn	52,9889	23	Sötern	46,4642
11	Haupersweiler	0,3237	24	Theley	88,7792
12	Leitersweiler	7,9201	25	Winterbach	0,4890
13	Marpingen	56,5535	26	Wolfersweiler	5,9065
	Summe Flächen WND				432,3683

Nr.	Gemarkung	Fläche (ha)	Nr.	Gemarkung	Fläche (ha)
Landkreis Neunkirchen					
1	Dirmingen	4,5739	6	Stennweiler	12,4533
2	Fürth	3,8492	7	Wiebelskirchen	34,0596
3	Illingen	2,6537	8	Wiesbach	1,9231
4	Ottweiler	0,0546	9	Wustweiler	6,4480
5	Schiffweiler	0,2740			
	Summe Flächen NK				66,2894
Saarpfalz-Kreis					
1	Altheim	5,1140	9	Jägersburg	13,8653
2	Beeden-Schwb.	0,6000	10	Limbach-Kirkel	5,8400
3	Brenschelbach	1,5520	11	Medelsheim	1,5840
4	Bruchhof-Sanddorf	84,3494	12	Niederbexbach	4,5377
5	Habkirchen	3,4890	13	Pinningen	0,3100
6	Hassel	0,3580	14	Walsheim	10,2788
7	Heckendalheim	3,6144	15	Wittersheim	1,8510
8	Homburg	4,9820	16	Wörschweiler	2,9445
	Summe Flächen HOM				145,2701
Stadtverband Saarbrücken					
1	Bischmisheim	3,1851	6	Malstatt-Burbach	7,1868
2	Dorf im Warndt	0,6841	7	Nassweiler	10,7939
3	Ensheim	51,4552	8	Niedersalbach	1,0819
4	Eschringen	0,3370	9	St. Nikolaus	29,0341
5	Fechingen	3,2183			
	Summe Flächen SB				106,9764
Landkreis Saarlouis					
1	Bedersdorf	3,9873	6	Düren	2,9538
2	Berus	7,0865	7	Eimersdorf	4,2368
3	Bous	0,1206	8	Felsberg	0,4071
4	Diefflen	0,1336	9	Gerlfangen	6,2408
5	Differten	0,1176	10	Gisingen	0,2149

NR.	GEMARKUNG	FLÄCHE (HA)	NR.	GEMARKUNG	FLÄCHE (HA)
11	Gresaubach	0,2791	20	Leidingen	7,0750
12	Großhemmersdorf	3,7252	21	Limbach/Schmelz	0,6388
13	Hostenbach	6,2648	22	Niedaltdorf	3,2889
14	Hüttersdorf	0,5642	23	Rammelfangen	0,5465
15	Ihn	23,0613	24	Schwalbach	0,0618
16	Ittersdorf	12,0633	25	Schwarzenholz	0,2550
17	Kerprich-Hemmersdorf	3,7000	26	Siersdorf	2,8608
18	Knorscheid	0,4486	27	Wadgassen	1,4074
19	Labach	6,0796	28	Wallerfangen	0,7620
	Summe Flächen SLS				**98,5813**

Rheinland-Pfalz

1	Berschweiler (RP)	4,1894	
	Gesamtfläche ÖFM		**926,3964**

10 Eckdaten der Naturschutzgroßvorhaben

Naturschutzgroßvorhaben »Wolferskopf«

Förderzeitraum	1989 bis 1994
Finanzvolumen	3,6 Mio. EURO
Projektträger	Zweckverband »Naturschutzgebiet Wolferskopf«, Feldmannstraße 85, 66119 Saarbrücken
Gründung des Zweckverbands	17. März 1989
Mitglieder des Zweckverbands	Gemeinde Beckingen, Stadt Merzig, Landkreis Merzig-Wadern, Naturlandstiftung Saar
Geschäftsführung	Naturlandstiftung Saar
Projektförderer	Bundesministerium für Naturschutz, Umwelt und Reaktorsicherheit/Bundesamt für Naturschutz, Ministerium für Umwelt des Saarlandes und Zweckverband »Wolferskopf«
Projektgebietsgröße	340 Hektar
Eigentumsflächen	172 Hektar
Ausweisung des Projektgebiets zum Naturschutzgebiet	21. August 1995
Größe des Naturschutzgebiets »Wolferskopf«	340 Hektar

Naturschutzgroßvorhaben »Saar-Blies-Gau/Auf der Lohe«

Förderzeitraum	1995 bis 2012
Finanzvolumen	8,6 Mio. EURO
Projektträger	Zweckverband »Saar-Blies-Gau/Auf der Lohe«, Feldmannstraße 85, 66119 Saarbrücken
Gründung des Zweckverbands	12. Dezember 1994
Mitglieder des Zweckverbands	Gemeinde Gersheim, Gemeinde Mandelbachtal, Saarpfalz-Kreis, Naturlandstiftung Saar
Geschäftsführung	Naturlandstiftung Saar
Projektförderer	Bundesministerium für Naturschutz, Umwelt und Reaktorsicherheit/Bundesamt für Naturschutz, Ministerium für Umwelt des Saarlandes und Zweckverband »Saar-Blies-Gau/Auf der Lohe«
Projektgebietsgröße	2.357 Hektar

Eigentumsflächen	663 (Stand: 31. Dezember 2011)
Ausweisung des Projektgebiets zum Naturschutzgebiet	26. März 2004
Größe des Naturschutzgebiets »Südl. Bliesgau/Auf der Lohe«	1.575 Hektar

Naturschutzgroßvorhaben »Gewässerrandstreifenprogramm ILL«

Förderzeitraum	1992 bis 2005
Finanzvolumen	16,6 Mio. EURO
Projektträger	Zweckverband »Illrenaturierung«, In der Meulwies 1, 66646 Marpingen-Berschweiler
Gründung des Zweckverbands	7. November 1990
Mitglieder des Zweckverbands	Gemeinde Eppelborn, Gemeinde Illingen, Gemeinde Marpingen, Gemeinde Merchweiler, Naturlandstiftung Saar
Geschäftsführung	Zweckverband »Illrenaturierung«
Projektförderer	Bundesministerium für Naturschutz, Umwelt und Reaktorsicherheit/Bundesamt für Naturschutz, Ministerium für Umwelt des Saarlandes und Zweckverband »Illrenaturierung«
Projektgebietsgröße	1.161 Hektar
Eigentumsflächen	408 Hektar
Ausweisung des Projektgebiets zum Naturschutzgebiet	1. Februar 2005
Größe des Naturschutzgebiets »Täler der ILL und ihre Nebenbäche«	1.045 Hektar

11 Liste der Rückbauprojekte

Teichanlage Bous

Gebäude Hundedressurplatz in der Losheimer Bachaue/Nunkirchen

Teichanlage Wadgassen

Teichanlage Diefflen

Teichanlage Krembachaue/Niedersalbach

Wochenendgrundstück Fürth

Teichanlage Dörrenbach

Teichanlage Imsbach

Wochenendgrundstück/Hemmersdorf

Teichanlage Bliesen

Teichanlage Schwarzenholz

Campingplatz Wackenmühle/Hemmersdorf

Gebäude und Teichanlage Hofgut Thalmühle

Gebäude St. Nikolaus (ehemalige Schachtanlage Merlebach)

Campingplatz Hetschermühle/Eimersdorf

Industriebrache Burbachtal

Stallungen Zinkweiler

Betriebsgebäude Steinbruch Nennig

Teichanlage Dörrenbach/Wadrill

Industriebrache Wiebelskirchen

Grünlandhof Bosen

Gebäude Oligbach/Gerlfangen

Birkenhof Nunkirchen

Teichanlage Gresaubach

12 Brief Dr. Wicklmayr

LANDTAG DES SAARLANDES

6600 Saarbrücken, den 11.04.1988
Franz-Josef-Röder-Straße 7 — Tel. (0681) 50 02-1
Fernschreibanschluß 44-21 120 ldtg d
Postanschrift: 6600 Saarbrücken 2 - Postfach 11 88

Abgeordneter

Dr. Rainer Wicklmayr

An die
Mitglieder des
Stiftungsrates der
Naturlandstiftung-Saar

Betr.: Stiftungsratsitzung am 14.04.1988

Sehr geehrte Herren!

Nach einer Reihe von Gesprächen, die ich in letzter Zeit geführt habe, habe ich mich entschlossen, nicht mehr für die Position des Vorsitzenden der Naturlandstiftung-Saar zu kandidieren. Ich mußte erkennen, daß mein Verbleiben in diesem Amt unter den gegenwärtigen politischen Verhältnissen im Land der Naturlandstiftung zum Nachteil gereichen könnte. Dies zu verhindern, ist das einzige Motiv für meinen Verzicht. Aus Interesse an der Sache bin ich jedoch zu einer weiteren Mitarbeit im Rahmen des Vorstandes bereit.

Mit freundlichen Grüßen

13 Abkürzungsverzeichnis

ABM	Arbeitsbeschaffungsmaßnahme
ABS	Access and Benefit Sharing
APEMAF	African Pesticide and Environment Management Foundation
BAB	Bundesautobahn
BBU	Bundesverband Bürgerinitiativen Umweltschutz
BeQu	Beschäftigungs- und Qualifizierungsgesellschaft des Landkreises Merzig-Wadern mbH
BfN	Bundesamt für Naturschutz
BMELV	Bundesministerium für Ernährung, Landwirtschaft und Verbraucherschutz (vorher BMVEL)
BML	Biomasse Logistik GmbH
BMVEL	Bundesministerium für Verbraucherschutz, Ernährung und Landwirtschaft
BNO	Bund Naturschutz Ostertal
BUND	Bund Naturschutz Deutschland
BZV	Beschleunigtes Zusammenlegungsverfahren
CSL	Conservatoire des Sites Lorrains
DBV	Deutscher Bund für Vogelschutz
DGL	Deutsche Gesellschaft für Landentwicklung
ELER	Europäischer Landwirtschaftsfonds für die Entwicklung des ländlichen Raums
ELKE	Etablierung einer extensiven Landnutzungsstrategie auf der Grundlage einer Flexibilisierung des Kompensationsinstrumentariums der Eingriffsregelung
EU	Europäische Union
FAO	Food and Agriculture Organization of the United Nations (Ernährungs- und Landwirtschaftsorganisation der Vereinten Nationen)
FFH	Fauna-Flora-Habitat
FlurbG	Flurbereinigungsgesetz
GAP	Gemeinsame Agrarpolitik
GIB	Gesellschaft für Infrastruktur und Beschäftigung
GPS	Global Positioning System
HLG	Hessische Landesgesellschaft mbH
IfaS	Institut für angewandtes Stoffstrommanagement
Interreg	Gemeinschaftsinitiative des Europäischen Fonds für regionale Entwicklung
IRMA	Interreg-Rhein-Maas-Aktivitäten

IVEG	Imsbach Verwaltungs- und Entwicklungsgesellschaft mbH
KOM	Kommission
KUP	Kurzumtriebsplantage
LEG	Landesentwicklungs-Gesellschaft
LENA	Landschaft Entsiegeln – Natur Aktivieren
LIFE	L'Instrument Financier pour l'Environnement
MdL	Minister des Landtags
NABU	Naturschutzbund
NLS	Naturlandstiftung Saar
NSG	Naturschutzgebiet
OB	Oberbürgermeister
ÖFM	Naturland Ökoflächen-Management GmbH
PEPL	Pflege- und Entwicklungsplan
RNOB	Réserves Naturelles et Ornithologiques de Belgique
SIGU	Staatliches Institut für Gesundheit und Umwelt
SNG	Saarländisches Naturschutzgesetz
SRU	Sachverständigenrat für Umweltfragen
THW	Technisches Hilfswerk
VJS	Vereinigung der Jäger des Saarlandes
VSch-RL	Vogelschutz-Richtlinie
WRRL	Europäische Wasserrahmenrichtlinie
WSD	Wasser- und Schifffahrtsdirektion
WWF	World Wide Fund For Nature

14 Literaturverzeichnis

Fallstudien, Gutachten, Diplomarbeiten, Veröffentlichungen aus den Schutzgebieten der NLS sowie der Naturschutzgroßvorhaben im Auftrag der NLS, der ÖFM und der Zweckverbände »Wolferskopf«, »Saar-Blies-Gau/Auf der Lohe« und »Illrenaturierung«

Arbeitsgemeinschaft für Ökologie (1986): **Antrag auf Unterschutzstellung als NSG Knorscheider Mühle.** Projektleitung: G. Kaule. Bearbeitung: S. Maas. Erstellt im Auftrag des Ministers für Umwelt. – Saarbrücken.

Arbeitsgemeinschaft für Ökologie (1990): **NSG – Vorschlag Rebenklamm, Pfaffenwinkel, Auf der Lohe.** Gutachten im Auftrag des Ministers für Umwelt [unveröffentl.]. – Saarbrücken.

Arbeitsgemeinschaft für Tier- und Pflanzengeographische Heimatforschung – Delattinia (2008): Life-Projekt **»Erhaltung und Regeneration von Borstgrasrasen Mitteleuropas«.** Managementplan FFH-Gebiet 6407-305 »Löstertal« [unveröffentl.]. – Landsweiler-Reden.

Arbeitsgemeinschaft für Tier- und Pflanzengeographische Heimatforschung – Delattinia (2008): Life-Projekt **»Erhaltung und Regeneration von Borstgrasrasen Mitteleuropas«.** Managementplan FFH-Gebiet 6307-302 »Hofberg bei Reitscheid« [unveröffentl.]. – Landsweiler-Reden.

Arbeitsgemeinschaft für Tier- und Pflanzengeographische Heimatforschung – Delattinia (2008): Life-Projekt **»Erhaltung und Regeneration von Borstgrasrasen Mitteleuropas«.** Managementplan FFH-Gebiet 6308-302 »Wiesenkomplex bei Eisen« [unveröffentl.]. – Landsweiler-Reden.

Arbeitsgemeinschaft für Tier- und Pflanzengeographische Heimatforschung – Delattinia (2008): Life-Projekt **»Erhaltung und Regeneration von Borstgrasrasen Mitteleuropas«.** Managementplan FFH-Gebiet 6610-301 »Closenbruch« [unveröffentl.]. – Landsweiler-Reden.

Arbeitsgemeinschaft für Tier- und Pflanzengeographische Heimatforschung – Delattinia (2008): Life-Projekt **»Erhaltung und Regeneration von Borstgrasrasen Mitteleuropas«.** Managementplan FFH-Gebiet 6408-308 »Südteil des Nohfeldener Rhyolithmassivs« [unveröffentl.]. – Landsweiler-Reden.

Arbeitsgemeinschaft für Tier- und Pflanzengeographische Heimatforschung – Delattinia (2008): Life-Projekt **»Erhaltung und Regeneration von Borstgrasrasen Mitteleuropas«.** Managementplan FFH-Gebiet 6307-302 »Westlich Otzenhausen« [unveröffentl.]. – Landsweiler-Reden.

Arbeitsgemeinschaft für Tier- und Pflanzengeographische Heimatforschung – Delattinia (2008): Life-Projekt **»Erhaltung und Regeneration von Borstgrasrasen Mitteleuropas«.** Managementplan FFH-Gebiet 6409-304 »Wiesen nördlich Reitscheid« [unveröffentl.]. – Landsweiler-Reden.

Arbeitsgemeinschaft für Tier- und Pflanzengeographische Heimatforschung – Delattinia (2008): **Life-Projekt »Erhaltung und Regeneration von Borstgrasrasen Mitteleuropas«.** Managementplan FFH-Gebiet 6307-301 »Wiesen bei Wadrill und Sitzerath« [unveröffentl.]. – Landsweiler-Reden.

Arbeitsgemeinschaft für Tier- und Pflanzengeographische Heimatforschung – Delattinia (2008): **Life-Projekt »Erhaltung und Regeneration von Borstgrasrasen Mitteleuropas«.** Managementplan FFH-Gebiet 6407-307 »Wiesenlandschaft bei Überroth« [unveröffentl.]. – Landsweiler-Reden.

Arbeitsgemeinschaft für Tier- und Pflanzengeographische Heimatforschung – Delattinia (2008): **Life-Projekt »Erhaltung und Regeneration von Borstgrasrasen Mitteleuropas«.** Managementplan FFH-Gebiet 6408-302 »Söterbach« [unveröffentl.]. – Landsweiler-Reden.

Arbeitsgemeinschaft für Tier- und Pflanzengeographische Heimatforschung – Delattinia (2008): **Life-Projekt »Erhaltung und Regeneration von Borstgrasrasen Mitteleuropas«.** Managementplan FFH-Gebiet 6407-302 »Wadrilltal« [unveröffentl.]. – Landsweiler-Reden.

Arbeitsgemeinschaft für Tier- und Pflanzengeographische Heimatforschung – Delattinia (2008): **Life-Projekt »Erhaltung und Regeneration von Borstgrasrasen Mitteleuropas«.** Managementplan FFH-Gebiet 6409-305 »Weisselberg« [unveröffentl.]. – Landsweiler-Reden.

Arnold, A. (2004): **Inventarisierung der Gefäßpflanzen zur Charakterisierung von Gebieten der Naturlandstiftung Saar im Raum Wellingen/Saargau unter Einbeziehung der faunistischen Wertigkeit.** – Saarbrücken (Diplomarbeit, Universität des Saarlandes, FR Biogeographie).

Austgen, M., Köhne, E., Melchert, H. & M. Siersdorfer (1994): **»Metzerbachtal«.** Biogeographische Fallstudie [unveröffentl.]. – Saarbrücken.

Bernd, C. (2002): **Möglichkeiten der dauerhaften Erhaltung und Förderung einer Wiederausbreitung des isolierten Kammmolchbestandes im NSG Tongrube Dirmingen.** Gutachten im Auftrag des Zweckverbandes »Illrenaturierung« [unveröffentl.].

Berwian, K. (1977): **Landschaftsökologische Untersuchung des Ellmachbachtälchens und Aufstellung eines Einrichtungs- und Pflegeplanes für das geplante Biotopschutzgebiet.** – Wiesbaden (Examensarbeit, Fachhochschule Wiesbaden, Abteilung Geisenheim).

Bettinger, A. & J. Thös (2002): **Extensive Beweidung als zentrales Element zur Erhaltung und Entwicklung der saarländischen Kulturlandschaft.** Gutachten im Auftrag des Ministeriums für Umwelt [unveröffentl.]. – Saarbrücken.

Biwer, A., Balkan, J. & E. Geibel (1999): **Kulturlandschaft östlich »Neunkircher Heck« (Niedaltdorf).** Biogeographische Fallstudie [unveröffentl.]. – Saarbrücken.

Bock, W., Lauer, K. & W.D. Spang (1988): **Schutzgebiet »Jungenwaldwiesen«.** Gutachten im Auftrag der Naturlandstiftung Saar [unveröffentl.]. – Saarbrücken.

Böhme, I., Essling, A., Fischer, A., Hartmann, D. & L. Philipp (1994): **Knorscheider Mühle.** Biogeographische Fallstudie [unveröffentl.]. – Saarbrücken.

Böhme, M., Harbusch, C. & P. Petermann (1986): **Die Bliesaue zwischen Mimbach und Blickweiler.** Biogeographische Fallstudie im Auftrag des DBV-Landesverbandes Saarland [unveröffentl.]. – Saarbrücken.

Büro Dr. Philippi (1990): **Antrag auf Unterschutzstellung als Naturschutzgebiet Labachtal.** Gutachten (Vorentwurf) im Auftrag des Ministers für Umwelt [unveröffentl.]. – Saarbrücken.

Büro für Landschaftsökologie (1994): **Unterhaltungsplan Altarm Beckingen.** Erläuterungsbericht und Anhang. Gutachten im Auftrag der Wasser- und Schifffahrtsverwaltung Saarbrücken [unveröffentl.]. – St. Wendel.

Büro für Landschaftsökologie (1994): **Unterhaltungsplan Altarm Niedmündung.** Erläuterungsbericht und Anhang. Gutachten im Auftrag der Wasser- und Schifffahrtsverwaltung Saarbrücken [unveröffentl.]. – St. Wendel.

Büro für Landschaftsökologie (1994): **Unterhaltungsplan Altarm Rehlingen II und III.** Erläuterungsbericht und Anhang. Gutachten im Auftrag der Wasser- und Schifffahrtsverwaltung Saarbrücken [unveröffentl.]. – St. Wendel.

Büro für Landschaftsökologie (1994): **Unterhaltungsplan Altarm Schwemlingen.** Erläuterungsbericht und Anhang. Gutachten im Auftrag der Wasser- und Schifffahrtsverwaltung Saarbrücken [unveröffentl.]. – St. Wendel.

Büro für Landschaftsökologie (1994): **Unterhaltungsplan Dillinger See »Ökosee«.** Erläuterungsbericht und Anhang. Gutachten im Auftrag der Wasser- und Schifffahrtsverwaltung Saarbrücken [unveröffentl.]. – St. Wendel.

Büro für Ökologie und Planung (1992): **Naturschutzvorhaben »Wolferskopf«.** Pflege- und Entwicklungsplan. Gutachten im Auftrag des Zweckverbandes »Wolferskopf« [unveröffentl.]. – Saarlouis.

Büro für Ökologie und Planung (1995): **Gewässerrandstreifenprogramm ILL.** Pflege- und Entwicklungsplan. Endbericht. Gutachten im Auftrag des Zweckverbandes »Illrenaturierung« [unveröffentl.]. – Saarlouis.

Büro für Ökologie und Planung (1995): **Gewässerrandstreifenprogramm ILL.** Pflege- und Entwicklungsplan. Floristisch-faunistische und gewässerökologische Bestandserhebung im Kerngebiet. Bd.1 Flora und Vegetation mit Materialband, Bd.2 Laufkäfer, Bd.3 Tagfalter, Bd.4 Heuschrecken, Bd.5 Amphibien/Reptilien, Bd.6 Vögel, Bd.7 Libellen, Bd.8 Fische, Bd.9 Gewässergüte, Bd.10 Gewässerstruktur [unveröffentl.]. – Saarlouis.

Büro für Ökologie und Planung (1995): **Naturschutzgroßvorhaben »Wolferskopf«**. Effizienzkontrollen 1995. Gutachten im Auftrag des Zweckverbandes »Wolferskopf« [unveröffentl.]. – Saarlouis.

Büro für Ökologie und Planung (1996): **Muschelkalkhänge zur Blies im saarländisch-lothringischen Grenzgebiet**. Projektantrag für das EU-Umweltförderprogramm »Life« [unveröffentl.]. – Saarlouis 47 S.

Büro für Ökologie und Planung (1997): **Saar-Blies-Gau/Auf der Lohe**. Pflege- und Entwicklungsplan. Endbericht. Gutachten im Auftrag des Zweckverbandes »Saar-Blies-Gau/Auf der Lohe« [unveröffentl.]. – Saarlouis.

Büro für Ökologie und Planung (1997): **Naturschutzgroßvorhaben des Bundes »Saar-Blies-Gau/Auf der Lohe«**. Pflege- und Entwicklungsplan. Floristisch-faunistische Bestandserhebungen. Bd.1 Vegetation, Bd.2 Laufkäfer, Bd.3 Tagfalter, Bd.4 Heuschrecken, Bd.5 Amphibien, Bd.6 Reptilien, Bd.7 Vögel, Bd.8 Spinnen [unveröffentl.]. – Saarlouis.

Büro für Ökologie und Planung (1998): **Naturschutzgroßvorhaben »Wolferskopf«**. Effizienzkontrollen 1998. Gutachten im Auftrag des Zweckverbandes Wolferskopf [unveröffentl.]. – Saarlouis.

Büro für Ökologie und Planung (2003): **Life-Projekt »Regeneration und Erhaltung von Trockenrasen in Deutschland«**. Natura 2000-Gebiet »Hammelsberg«. Managementplan. Gutachten im Auftrag der Naturlandstiftung Saar [unveröffentl.]. – Saarlouis.

Büro für Ökologie und Planung (2003): **Life-Projekt »Regeneration und Erhaltung von Trockenrasen in Deutschland«**. Natura 2000-Gebiet »Wolferskopf – Teilgebiet Saarfels«. Managementplan. Gutachten im Auftrag der Naturlandstiftung Saar [unveröffentl.]. – Saarlouis.

Büro für Ökologie und Planung (2003): **Naturschutzgroßprojekt »Saar-Blies-Gau/Auf der Lohe«**. Pflege- und Entwicklungsplan für das Erweiterungsgebiet im Auftrag des Zweckverbands »Saar-Blies-Gau/Auf der Lohe« [unveröffentl.]. – Saarlouis.

Büro für Ökologie und Planung (2009): **»Naturschutzgroßprojekt »Gewässerrandstreifen-Programm ILL« 1992 – 2005**. Abschlussbericht im Auftrag des Zweckverbands »Illrenaturierung« [unveröffentl.]. – Saarlouis.

Büro für Ökologie und Planung (2010): **Monitoring Beweidung Bröttelhümes bei Marpingen**. Überwachung des FFH-Lebensraumtyps 6510. Bericht 2010. Gutachten im Auftrag der Naturlandstiftung Saar [unveröffentl.]. – Saarlouis.

Büro für Ökologie und Planung (2011): **Monitoring Beweidung Bröttelhümes bei Marpingen**. Überwachung des FFH-Lebensraumtyps 6510. Bericht 2011. Gutachten im Auftrag der Naturlandstiftung Saar [unveröffentl.]. – Saarlouis.

DBV-Ortsgruppe Fechingen-Kleinblittersdorf (1989): **Jahresbericht der Ortsgruppe 1989.** – Fechingen.

Doebritz, K., Ewen, A. & P. Hillbrand (1994): **Alter Weinberg, Gemeinde Habkirchen.** Biogeographische Fallstudie [unveröffentl.]. – Saarbrücken.

Dr. Maas, Büro für Ökologie und Planung (1992): **Pflege- und Entwicklungsplan »In Geiern«.** Gutachten im Auftrag des Ministers für Umwelt [unveröffentl.]. – Saarbrücken.

Eberhardt, R., Elle, O. & I. Meister (1994): **»Grundwiese« auf dem Buchenberg bei Obergailbach (Lothringen).** Biogeographische Fallstudie [unveröffentl.]. – Saarbrücken.

Eisinger, D. (1991): Die Laufkäferfauna der Gemarkung »Auf der Lohe«. Schriftl. Mitteilung.

Elsässer, D., Hohn, T., Lotz, A., Ritter, D. & A. Schäfer (1996): **Südhang des Peterbergs bei Eiweiler (Kreis St. Wendel).** Biogeographische Fallstudie [unveröffentl.]. – Saarbrücken.

Ewen, A., Heintz, U. & G. Melchior (1984): **Wissenschaftliche Bestandsaufnahme sowie Empfehlungen von Pflegemaßnahmen zur Erhaltung der Flora und Fauna im Bereich des Schutzgebietes der Naturlandstiftung Saar auf dem Fischerberg bei Beckingen.** Gutachten im Auftrag des Saarwaldvereins [unveröffentl.]. – Saarbrücken.

Fischereiverband Saar (1991): **Elektrobefischung der ILL, Nied und Bickenalb.** Unveröffentlichte Ergebnisse des Fischereiprogrammes Saar. Im Auftrag des Ministers für Umwelt. – Saarbrücken.

Geoconcept Saar (2009): **Pflege- und Entwicklungsplan »Naturschutzgroßvorhaben »Saar-Blies-Gau/Auf der Lohe«.** 2. Erweiterung. Im Auftrag des Zweckverbands »Saar-Blies-Gau/Auf der Lohe« [unveröffentl.]. – Spiesen-Elversberg.

Gesellschaft Für Umweltschutz Und Gewässerökologie (1995): **Fischereibiologische Untersuchung der Saar- Auengewässer Schwemlingen, Niedmündung, Beckingen, Rehlingen und des Ökosees Dillingen.** Gutachten im Auftrag der Wasser- und Schifffahrtsverwaltung Saarbrücken [unveröffentl.]. – Beckingen 105 + 81 S.

Gläsel, B., Meier, A. & A. Trouvain (1996): **»Nunkircher Bruch«.** Biogeographische Fallstudie [unveröffentl.]. – Saarbrücken.

Gross, A (2000): **Zur Ökologie ausgewählter Fließgewässerabschnitte und Stillgewässer des ILL-Einzugsgebiets unter besonderer Berücksichtigung der durch die Renaturierungsmaßnahmen bedingten Veränderungen.** – Saarbrücken (Diplomarbeit, Universität des Saarlandes, FR Biogeographie).

Gross, A., Moschel, E. & A. Ney (1997): **»Medelsheim«.** Biogeographische Fallstudie [unveröffentl.]. Saarbrücken.

Hans, F. (1987): **Schutzwürdigkeit des Feuchtgebietes Nashuf bei Niedaltdorf.** Gutachten Im Auftrag der Naturlandstiftung Saar [unveröffentl.]. – Saarbrücken.

Harbusch, C. (2010): **Bericht über die Erfassung der Fledermausfauna im Bereich des ehemaligen Kalkbergwerkes »Auf der Lohe« in Gersheim.** Gutachten im Auftrag des Zweckverbands »Saar-Blies-Gau/Auf der Lohe«. [unveröffentl.]. – Kesslingen.

Hayo, L. (1990): **Vogelkartierung im Auftrag der AfÖ (Arbeitsgemeinschaft für Ökologie).** Schriftl. Mitteilung. – Völklingen-Lauterbach.

Hayo, L. (1991): **Vogelfauna im Naturschutzgebiet »Engelgrund«.** Schriftl. Mitteilung.

Hiery, I. & C. Rechtenbach (1987): **»Bei Ringel«.** Biogeographische Fallstudie im Auftrag der Naturlandstiftung Saar [unveröffentl.]. Saarbrücken.

Hönel, B. & R. Kohl (1986): **Trichopterenfauna aus Frohnsbach, Geissbach und Obertaler Bach bei Niederwürzbach, Saarland.** Faunistisch-floristische Notizen Saarland 18 (4): 485–498.

Huckert, F., Meschenbier, I. & E. Sommer (1984): **Schutzgebiet »Im Bornich«, Rimlingen.** Biogeographische Fallstudie 1984. Gutachten im Auftrag des Saarwaldvereins [unveröffentl.]. – Saarbrücken.

Jäger, J., Miedreich, H. & A. Wahl (1997): **»Birzberg«.** Biogeographische Fallstudie [unveröffentl.]. – Saarbrücken.

Jansen, A., Hartz, A. & H. Carius (1990): **Nassbrachen im Rückstaubereich der Bliesmühle von Breitfurt.** Courier Forschungsinstitut Senckenberg 126: 145–148.

John, R. (2001): **Effizienzkontrollen im Rahmen des »Gewässerrandstreifenprogramms ILL«.** Gutachten im Auftrag des Zweckverbands Illrenaturierung [unveröffentl.].

Kartes, B. & M. Redslob (1987): **Schutzwürdigkeitsstudie Birzberg – Honigsack – Kappelberg.** – Hannover (Diplomarbeit, Universität Hannover, Institut für Landschaftspflege und Naturschutz).

Krautsberger, T., Nieder, R. & E. Rabanus (1986): **Das Obertal zwischen Ommersheim und Niederwürzbach.** Biogeographische Fallstudie im Auftrag der Naturlandstiftung Saar [unveröffentl.]. – Saarbrücken.

Maas, S. (1994): **Errichtung und Sicherung schutzwürdiger Teile von Natur und Landschaft mit gesamtstaatlich repräsentativer Bedeutung. Projekt: ILL, Saarland.** Natur und Landschaft 69(7/8): 356–361.

Maas, S. (1996): **Errichtung und Sicherung schutzwürdiger Teile von Natur und Landschaft mit gesamtstaatlich repräsentativer Bedeutung. Projekt: Saar-Blies-Gau/Auf der Lohe, Saarland.** Natur und Landschaft 71(7/8): 330–336.

Maas, S., Paulus, M. & R. Ulrich (1982): **Engelgrund in Schmelz-Hüttersdorf.** Untersuchung, Bestandsaufnahme und Schutz-, Pflege- und Entwicklungsmöglichkeiten in zur Ausweisung vorgesehenen Naturschutzgebieten im Saarland. Gutachten im Auftrag der Obersten Naturschutzbehörde [unveröffentl.]. – Saarbrücken.

May-Didion, H. & A. Bettinger (1991): **Auweia – neues Naturschutzprojekt Bliesaue.** – Naturschutz im Saarland 1–2/91: 24–26.

May-Didion, H. & A. Didion (1986): **Gutachten für die Unterschutzstellung NSG Moosbruch.** Gutachten im Auftrag des Ministers für Umwelt. – Saarbrücken.

Minister Für Umwelt (1989): **Schutzkonzept für die saarländischen Flussauen. Niedaue.** Projektgruppe »Schutz der Auen und Fließgewässer des Saarlandes«. – Saarbrücken.

Minister Für Umwelt (1989): **Schutzkonzeption für die saarländischen Flussauen. Naheaue.** Projektgruppe »Schutz der Auen und Fließgewässer des Saarlandes«. – Saarbrücken.

Minister Für Umwelt (1989): **Schutzkonzeption für die saarländischen Flussauen. Bliesaue.** Projektgruppe »Schutz der Auen und Fließgewässer des Saarlandes«. – Saarbrücken.

Naturland Ökoflächen-Management GmbH (2005): **Floristisch-faunistische und vegetationskundliche Begleituntersuchungen zu den Pilotprojekten extensiver Beweidung im Saarland.** Gutachten im Auftrag von Vis-à-Vis – Regionen aktiv [unveröffentl.]. – Saarbrücken.

Naturland Ökoflächen-Management GmbH (2010): **Ersatzmaßnahme Homanit. Monitoring der Zielarten Großer Feuerfalter (Lycaena dispar) und Nachtkerzenschwärmer (Proserpinus proserpina) in der Nunkircher Aue.** Untersuchungsperiode 2006, 2008 und 2010 [unveröffentl.]. – Saarbrücken.

Naumann, J. (2008): **Das Hofgut Imsbach.** Bestandsaufnahme im Auftrag der Naturland Ökoflächen-Management GmbH [unveröffentl.].

Neis, A. (2005): **Dokumentation der Wasseramselnistkästen nach Kontrolle im Projektgebiet des Zweckverbands Illrenaturierung – Effizienzkontrolle Wasseramsel (Cinclus cinclus) im Illrenaturierungsgebiet.** – Bericht [unveröffentl.].

Ornithologischer Beobachterring Saar (1985): **Ornithologisches Gutachten über den Nunkircher Bruch** [unveröffentl.].

Peters, E. (2008): **Zwischenbericht zum Projekt »Wiederansiedlung des Europäischen Nerzes (Mustela lutreola) im FFH-Gebiet »Täler der ILL und ihren Nebenbächen« im Saarland** [unveröffentl.].

Planungsgruppe AGL (2002): **Life-Projekt »Regeneration und Erhaltung von Trockenrasen in Deutschland«. FFH-Gebiet 86 »Westlich Böckweiler«. Managementplan.** Gutachten im Auftrag der Naturlandstiftung Saar [unveröffentl.]. – Saarbrücken.

Planungsgruppe AGL (2003): **Life-Projekt »Regeneration und Erhaltung von Trockenrasen in Deutschland«. FFH-Gebiet 4 »Bickenalbtal«. Managementplan.** Gutachten im Auftrag der Naturlandstiftung Saar [unveröffentl.]. – Saarbrücken.

Redeker, K. & S. Reiter (1986): **Die Bliesaue zwischen Blickweiler und Breitfurt.** Gutachten im Auftrag des Landesamtes für Umweltschutz [unveröffentl.]. – Saarbrücken.

Schäfer, M. & H. Wey (1980): **Das Ellmachtal – Eine Raumbewertung auf floristisch-soziologischer Grundlage.** Biogeographische Fallstudie [unveröffentl.]. – Saarbrücken.

Scherfose, V., Bürger, K., Klär, C., Niclas G., Sauerborn, J., Steer, U. & Z. Zvolsky (1994): **Naturschutzgroßprojekte des Bundes.** – Natur und Landschaft 69 (7/8): 291–299.

Scherfose, V., Forst, R., Gregor, T., Hagius, A., Klär, C., Niclas, G., & U. Steer (1998): **Naturschutzgroßprojekte des Bundes.** – Natur und Landschaft 73 (7/8): 295–301.

Scherfose, V., Hagius, A., Klär, C., Niclas, G., Sauerborn, J., Schweppe-Kraft, B. & U. Steer (1996): **Naturschutzgroßprojekte des Bundes.** – Natur und Landschaft 71 (7/8): 283–286.

Schreiber, H. (1986): **Die Schutzgebiete der Naturlandstiftung Saar.** In: Naturlandstiftung Saar [Hrsg.]: 10 Jahre Naturlandstiftung Saar 1976–1986. – Saarbrücken (Eigenverlag der Naturlandstiftung Saar) S. 31–75.

Schug, S. & R. Hassdenteufel (1986): **Die »Bisems- und Weiherwiesen« bei Weierweiler.** Gutachten im Auftrag der Vereinigung der Jäger des Saarlandes [unveröffentl.]. – Saarbrücken.

Sinnewe, C. & C. Wolf (1992): **Kiesgrube Ahrweiler bei Welschbach – Gemeinde Illingen.** Biogeographische Fallstudie [unveröffentl.]. – Saarbrücken.

Sommerfeld, M., Bender, J. & M. Ruf (1996): **Faunistische-floristische Untersuchungen zur Raumbewertung und Vorschläge für ein Pflegekonzept Krehberg (Wittersheim, Gemeinde Mandelbachtal).** Biogeographische Fallstudie [unveröffentl.]. – Saarbrücken.

Sosson, C. (1994): **Vegetationskundliche Untersuchungen einer Kulturlandschaft an der Bickenalb unter Berücksichtigung der potentiellen natürlichen Vegetation.** – Saarbrücken (Diplomarbeit, Universität des Saarlandes, FR Biogeographie).

Stein, V. (1985): **Der Marksweiher bei Limbach.** Gutachten im Auftrag des Ministers für Umwelt [unveröffentl.]. – Saarbrücken.

Stoll, A. & H.-J. Flottmann. (1999): **Floristische und faunistische Erfassung im Zuge der Illrenaturierungs-Bereiche »Illaue zwischen Urexweiler und Hirzweiler« sowie »Ahlenbach«.** Abschlussbericht [unveröffentl.].

Stürmer, K. (2003): **Auswirkung von Renaturierungsmaßnahmen auf die Reproduktion von Fließgewässerfischen im Bereich ILL.** – Saarbrücken (Diplomarbeit, Universität des Saarlandes, FR Phys. Geographie).

Thielen, A. (1992/1993): **Konzeption für eine ökologisch wertvolle Kulturlandschaft.** Weihenstephan (Diplomarbeit, Fachhochschule Weihenstephan, Fachbereich Landespflege) 253 S. + Karten.

Trockur, B. & A. Didion (1991): **Schutzgebiete und Beteiligung an Naturschutzgroßprojekten der Naturlandstiftung Saar.** In: Naturlandstiftung Saar [Hrsg.]: 15 Jahre Naturlandstiftung Saar 1976–1991. – Saarbrücken (Eigenverlag der Naturlandstiftung Saar) S. 19–86.

Ugb Eco-Log (1992): **Pflege- und Entwicklungsplan für das Naturschutzgebiet »Höllengraben«.** Gutachten im Auftrag des Ministers für Umwelt [unveröffentl.]. – Saarbrücken.

Ulrich, R. (1982): **Die Bestandsschwankungen der Tagfalter in der Umgebung Illingen in den Jahren 1972–1980.** – Illingen (Examensarbeit für das Lehramt an Realschulen).

Ulrich, R. (1992): Bd.3: **Tagfalter.** In: Dr. Maas, Büro für Ökologie und Planung: Gewässerrandstreifenprogramm ILL. Pflege- und Entwicklungsplan. Floristisch-faunistische und gewässerökologische Bestandserhebung im Kerngebiet«. Gutachten im Auftrag des Zweckverbandes Illrenaturierung [unveröffentl.]. – Eppelborn.

Ulrich, R. (2004): **Optimierungsmaßnahmen für Tagfalter in 11 ausgewählten Biotopen im Gebiet des Zweckverbandes Illrenaturierung/Großnaturschutzgebiet Illaue mit Nebenflächen.** Gutachten im Auftrag des Zweckverbands »Illrenaturierung« [unveröffentl.].

Ulrich, R. (2009): **Der Goldene Scheckenfalter (Euphydryas aurinia) im Gebiet Lohe-Ost (Biosphärenregion Bliesgau): Untersuchung der Population im Jahr 2008 und Vorschläge für die Pflege** [unveröffentl.].

Ulrich, R. (2010): **Die Tagfalter im ehemaligen Kalkbergwerk Gersheim (Biosphärenregion Bliesgau). Untersuchungen zur Population in den Jahren 2008 und 2009 und Vorschläge für die Nutzung des Gebiets** [unveröffentl.].

Ulrich, R. (2010): **Der Goldene Scheckenfalter (Euphydryas aurinia) im NSG Niedergailbach – Himsklamm. Untersuchungen der Population im Jahr 2009 und Vorschläge für die Pflege** [unveröffentl.].

Vögeli, H. (1999): **Auswirkungen von Rekultivierungsmaßnahmen im Oberlauf von ILL und Ahlenbach auf die Auenvegetation.** Saarbrücken (Diplomarbeit, Universität des Saarlandes, FR Biogeographie).

Werno, A & D. Weber (2008): **»Zillas Felsenkeller« in Nunkirchen (Saarland), ein künstlicher Hohlraum mit herausragender Evertebratenfauna.** Abh. Delattinia 34: 139–146.

15 Bildnachweis

Ron Christmann (S. 4)
Bernd Konrad (Titelfoto, S. 55, 157)
Archiv Naturlandstiftung Saar (S. 8, 29, 89, 99)
Axel Didion (alle anderen Fotos)

16   Übersicht der Schutzgebiete der NLS

16 Übersicht der Schutzgebiete der NLS

#	Name	#	Name
1	Bisems- und Weiherwiesen, Weierweiler	39	Borstgrasrasen, Steinberg-Deckenhardt
2	Fischerberg, Beckingen	40	Borstgrasrasen, Walhausen
3	Jungenwaldswiesen, Morscholz	41	Naheaue, Gonnesweiler
4	Bornigbachaue, Rimlingen	42	Hoftgut Imsbach, Theley
5	Seffersbachaue, Bachem	43	Alsbachtal, Marpingen
6	Umgebung Gehweiler	44	Alte Backsteinfrabrik, Dirmingen
7	Nunkircher Aue	45	Kiesgrube, Welschbach
8	Hölzbachaue u. Wachtelkopf, Rappweiler	46	Wehtbachaue, Ottweiler
9	Steinbachtal, Büschdorf	47	Fahrbachtal, Schiffweiler
10	In Geiern, Bietzen	48	Osteraue, Fürth
11	Aue Losheimer Bach u. Hachenbach, Büschfeld	49	Alte Lehmbrube, Wellesweiler
12	Biotopverbund Eft-Hellendorf	50	Bliesaue, Wiebelskirchen
13	Noswendeler Bruch	51	Obstwiese, Dirmingen
14	Altarm Schwemlingen	52	»Auf der Lohe«, Reinheim
15	Hammelsberg, Perl	53	Bliesaue zw. Blieskastel und Reinheim
16	Panzbachtal, Britten	54	»Ober der Rohrwies«, Bebelsheim
17	Saar-Altarm, Beckingen	55	Obertal, Ommersheim
18	Kalk-Steinbruch, Nennig	56	Marksweiher, Wörschweiler
19	Bardenbacher Fels	57	Blieshänge, Habkirchen
20	Saarhänge zw. Saarfels u. Menningen	58	Kotbachtal u. Hasenbrunner Döll, Medelsheim
21	Borstgrasrasen, Weiskirchen	59	Bickenalbtal zw. Altheim und Peppenkum
22	Stollen, Nunkirchen	60	Becherbachtal, Peppenkum
23	Wadrillaue zw. Wadern und Wedern	61	Himsklamm, Niedergailbach
24	Wolferskopf Ackerfläche, Haustadt	62	Obstanlage, Erfweiler-Ehlingen
25	Biotopverbund Wehingen-Wellingen	63	Höllengraben Bliesaue, Homburg
26	Saarhölzbachtal	64	Alte Bunkeranlage, Kirrberg
27	Wolferskopf Waldrandwiesen, Erbringen	65	Wingertsberg, Wittersheim
28	Südhang Peterberg, Eiweiler	66	Schwalbaue, Brenschelbach
29	Naheaue u. Elsenfels, Nohfelden	67	Schlosshübel, Utweiler
30	Moosbruch, Otzenhausen	68	Spitzhübel, Bliesmengen-Bolchen
31	Osteraue, Werschweiler	69	Bickenalbtal-Hänge, Altheim
32	Oberes Wiesbachtal, Hasborn-Dautweiler	70	Auwaldentwicklung Bliesaue, Habkirchen
33	Oberthaler Bruch	71	Kühnbruch Bliesaue, Niederbexbach
34	Borstgrasrasen Lösertal, Bierfeld	72	Hetschenbachtal u. Umgebung Böckweiler
35	Pfaffenbruch u. Ellernbruch, Otzenhausen	73	Heilige Ahnung, Brenschelbach
36	Borstgrasrasen, Sitzerarth	74	Neuhäusler Arm, Kirkel
37	Blumenwiese, Obersötern	75	Kalbenberg-Hänge zw. Ballweiler u. Wolfersheim
38	Borstgrasrasen Söterbachtal, Obersötern		

Projektgebiet »Birzberg« bei Saarbrücken

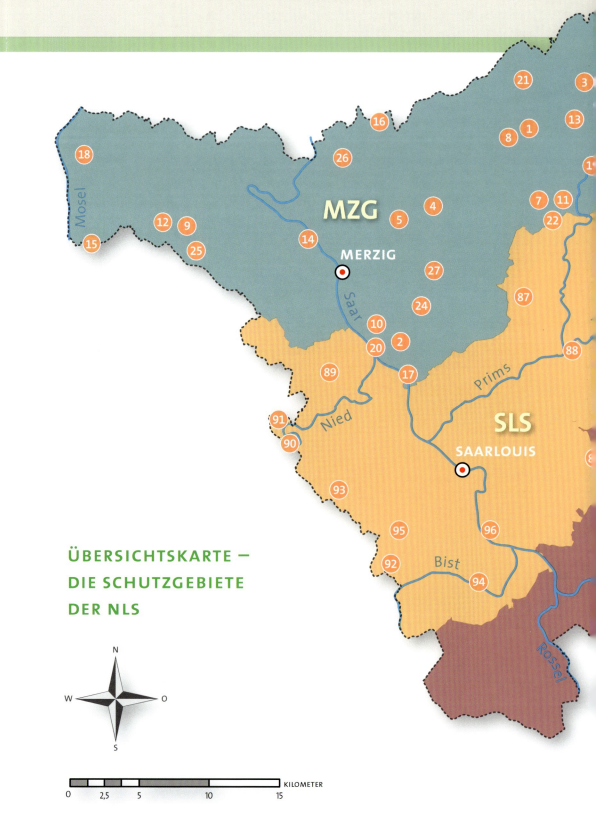

76	Wald am Weißreich, Gersheim
77	Guldenfeld, Habkirchen
78	Eiskeller, Bliesdalheim
79	Letschenfeld, Gräfinthal
80	Königsbruch, Bruchhof-Sanddorf
81	Würzbacher Berg, Lautzkirchen
82	Birzberg-Honigsack-Kappelberghang, Fechingen
83	Wahlbachtal, Berschweiler
84	Netzbachtal, Malstatt-Burbach
85	Feldgehölz, Niedersalbach
86	Geschäftsstelle, St. Arnual
87	Engelgrund-Girtelwiese, Hüttersdorf
88	Knorscheider Mühle
89	Weinberg, Gerlfangen
90	Niedaue, Niedaltdorf
91	Nashuf u. Oberster Wald, Niedaltdorf
92	Kretenborn, Berus
93	Biotopverbund Kerlingen-Leidingen
94	Eulenmühle, Differten
95	Alter Kalk-Steinbruch, Felsberg
96	Nonnenwiese Saaraue, Ensdorf
97	Steinbruch, Steinbach

ÜBERSICHTSKARTE – DIE SCHUTZGEBIETE DER NLS

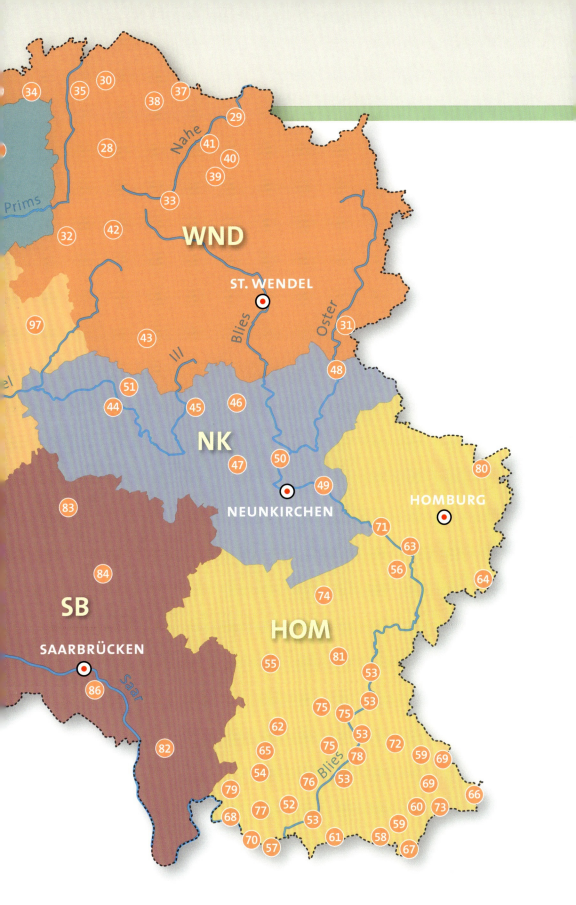

17 Übersicht der Maßnahmengebiete der ÖFM

17 Übersicht der Maßnahmengebiete der ÖFM

1. Altarm, Beckingen
2. Teich, Hilbringen
3. Biotopvernetzung, Eft-Hellendorf
4. Kläranlage, Wustweiler
5. Renaturierung Naheaue, sw Gonnesweiler
6. Lösteraue, Niederlöstern
7. Biotopvernetzung Saar-Niedgau
8. Retentionsraum Nunkircher Bachaue
9. Biotopvernetzung Wahlener Platte
10. Hofgut Thalmühle, Bischmisheim
11. Biotopvernetzung Rappweiler
12. Streuobstwiese, Illingen
13. Renaturierung Wehtbach, Ottweiler
14. Rodung Fichtenforst Wehtbachaue, Ottweiler
15. Auwaldentwicklung Bliesaue, Blieskastel
16. Schmelz
17. Streuobstpflanzung Hosterhof
18. WRRL Gliederbach, Münzingen
19. Auwaldpflanzung Osteraue, Fürth
20. Renaturierung Leuk, Eft-Hellendorf
21. Streuobstanlage, Wiebelskirchen
22. Rückbau Teichanlage, Bous
23. Altarm, Wallerfangen
24. Grünlandentwicklung Saaraue, Schwemlingen
25. Illingen
26. Rückbau Teichanlage, Wadgassen
27. Renaturierung Teichanlage, Bliesen
28. Reaktivierung Saaraue, Hostenbach
29. Auwaldentwicklung Bliesaue, Reinheim
30. Auwaldentwicklung Bliesaue, Habkirchen
31. Renaturierung Teichanlage, Niedersalbach
32. Auwaldentwicklung Bliesaue, Lautzkirchen
33. Streuobstpflanzung, Dirmingen
34. Renaturierung Teichanlage, Dörrenbach
35. Renaturierung Teichanlage, Schwarzenholz
36. Anlage Grabensystem Nunkircher Bachaue
37. Ensheimer Hof
38. Losheim
39. Gehölzpflanzung, Dirmingen
40. Waldsaumpflanzung, Wustweiler
41. Aufwertung Saaraue, Wadgassen
42. Gehölzpflanzung, Limbach/Wörschweiler
43. Anlage Flutmulden, Lautzkirchen
44. Saaraue, Hilbringen
45. Streuobstpflanzung, Humes
46. Campingplatz Hetscher Mühle, Eimersdorf
47. Streuobstpflanzung, Illingen
48. Auwaldentwicklung Bliesaue, Niederbexbach
49. Renaturierung Oster, Fürth
50. Renaturierung Lauterbach, Wadgassen
51. Graubrunner Floß, Malstatt-Burbach
52. Grünlandenxtensivierung, Büschdorf
53. Streuobstpflanzung, Habach
54. Renaturierung Taubental, Limbach/Wörschweiler
55. Renaturierung Campingplatz Hetscher Mühle
56. Renaturierung, Hoxberg
57. Renaturierung Wochenendgrundstück, Fürth
58. Grünlandentwicklung, Freisen
59. Renaturierung Speekenbach, Bardenbach
60. Renaturierung Hölzbach, Niederlosheim
61. Renaturieung Röllbach, Tettingen-Butzdorf
62. Renaturierung Feilbach, Bexbach
63. Auwaldentwicklung Bliesaue, Blickweiler
64. Renaturierung Kondeler Bach, Beckingen
65. Renaturierung Bommersbach, Elm
66. Renaturierung Mezterbach, Gerlfangen

ÜBERSICHTSKARTE – DIE MASSNAHMENGEBIETE DER ÖFM

67	Renaturierung Gombach, Oberthal
68	Renaturierung Oster, Fürth
69	Streuobstanlage Gebelsberg, Illingen
70	Quierschied
71	Grünlandentwicklung Zinkweiler, Illingen
72	Hosterhof, Illingen
73	Landschaftspark Hofgut Imsbach, Theley
74	Rückbau Campingplatz Wackenmühle, Hemmersdorf
75	Feldgehölzpflanzung, Hüttersdorf
76	Waldentwicklung, Schwarzenbach
77	Renaturierung Teichanlage, Wadrill
78	Rückbau Teichanlage, Diefflen
79	Gehölzpflanzung, Borg
80	Renaturierung Naheaue, Neunkirchen
81	Renaturierung Saaraue, Beckingen
82	Streuobstwiese, Alsweiler
83	Renaturierung Osteraue, Fürth
84	Rückbau Industriebrache Burbachtal, Malstatt-Burbach
85	Fotovoltaikanlage, St. Nikolaus
86	Gehölzpflanzung Bliesaue, Webenheim
87	Anlage Fischteich, Siersburg
88	Pappelhof, Wiebelskirchen
89	Rückbau Wochenendhaus, Hemmersdorf
90	Streuobstpflanzung, Fechingen
91	Streuobstpflanzung, Gronig
92	Sauberg, Felsberg
93	Wiesenentwicklung Lauberberghang, Saal
94	Renaturierung Ohligbach, Gerlfangen
95	Retentionsraum, Gonnesweiler
96	Extensivierung Hofgut Nackberg, Hilbringen
97	Entwicklung Nasswiesen, Sötern
98	Renaturierung Teichanlage, Gresaubach
99	ELKE-Projekt, Marpingen
100	Beweidungsprojekt, Marpingen
101	Saaraue Bauabschnitt II, Hostenbach
102	Renaturierung Nahequelle, Selbach
103	Flächen bei Berus
104	LENA Rückbau Grünlandhof, Bosen
105	Beweidungsprojekt, Freisen
106	Waldumbau Tascher Hof, Bruchhof
107	WRRL Mühlenbach, Beckingen
108	WRRL Naheaue, Nohfelden
109	WRRL Freisbach, Freisen
110	Betzelbacher Mühle, Leitersweiler
111	Bahnhof Jägersburg
112	Bahnhof Schiffweiler
113	Waldumbau, Stennweiler
114	Hof, Walsheim
115	Birkenhof, Naßweiler
116	LENA Rückbau Birkenhof, Nunkirchen
117	Biotopvernetzung Saar-Niedgau 2
118	Biotopvernetzung Saar-Niedgau 3
119	Biotopvernetzung Saar-Niedgau 4
120	Auwaldentwicklung Haselmühle, Faha
121	Feldgehölzpflanzung, Wörschweiler
122	Gehölzentwicklung, Habkirchen
123	Hufhof, Eiweiler
124	Waldumbau, Bosen
125	Römersberg, Sötern
126	Kreuzhof, Marpingen
127	Teilableitung Hölzbach, Nunkirchen
128	Umwandlung Waldweg, Malstatt-Burbach
129	Umwandlung alte Landstraße, Von-der-Heydt
130	Umwandlung Fichtenforst, Burbach
131	Umwandlung Fichtenforst, Malstatt-Burbach
132	Rückbau Rohrdurchlässe Burbachtal, Malstatt-Burbach
133	Entwicklkung Seitenbach Burbach, Malstatt-Burbach
134	Entwicklung Grünland Eiselskist
135	Entwicklung Magerrasen Eiselskist
136	Weidelandschaft Eiselskist

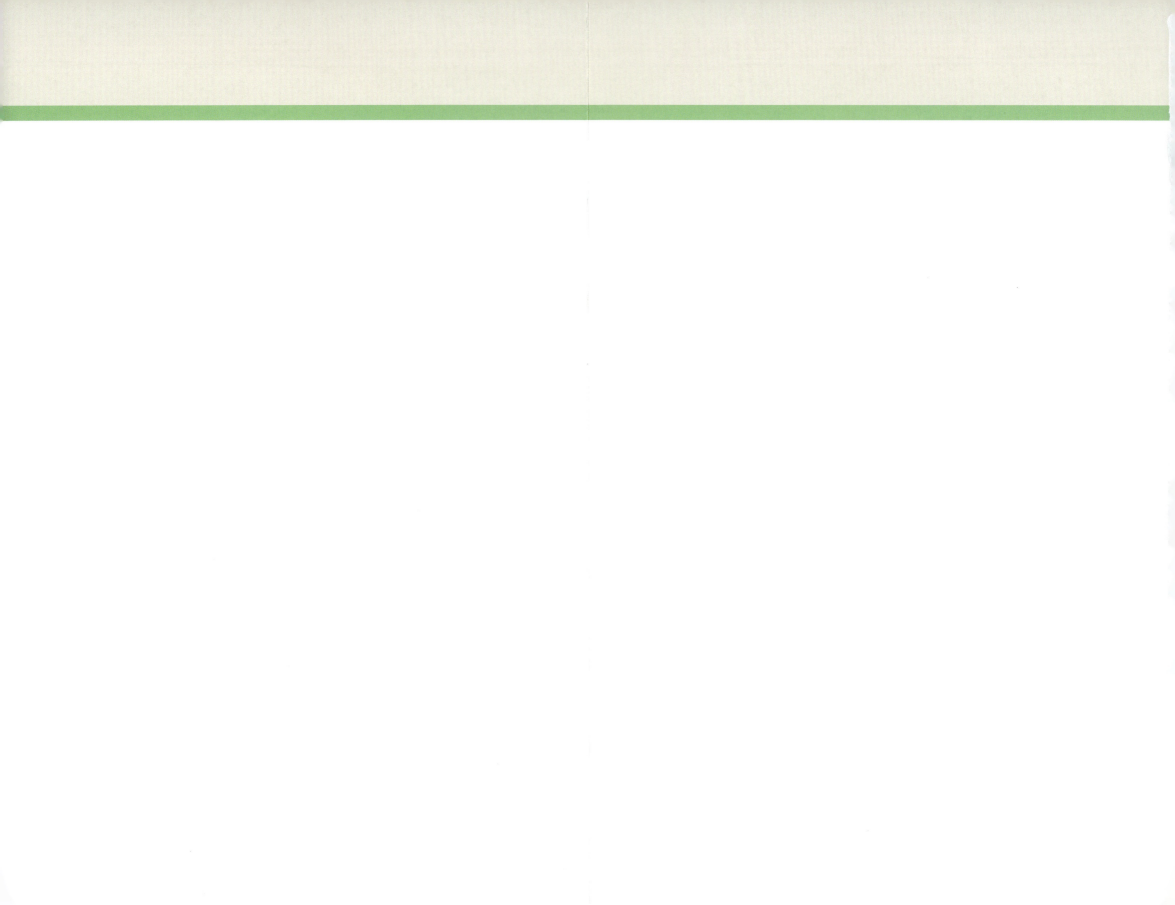

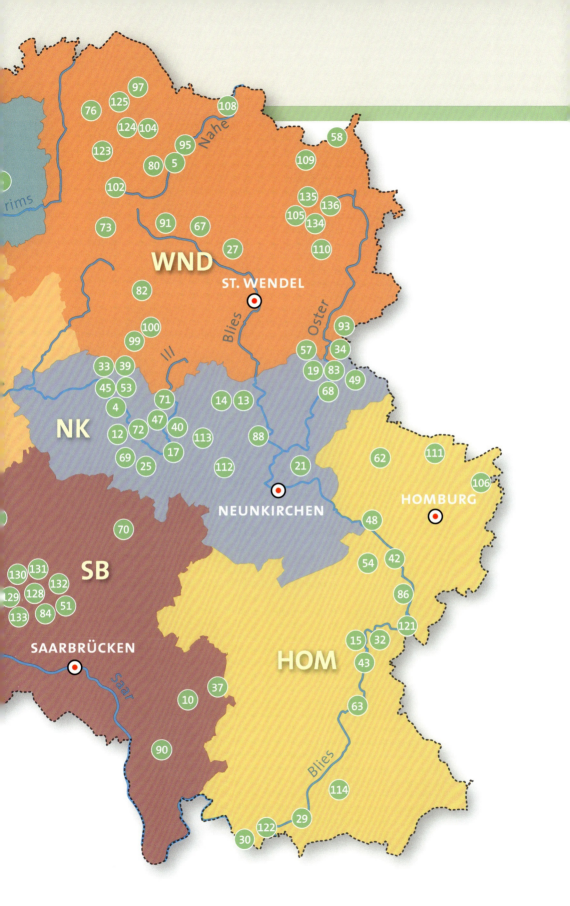